AF541868

हिन्दी आलोचना का दूसरा पाठ

निर्मला जैन

राजकमल प्रकाशन

'हिन्दी आलोचना की बीसवीं सदी' का
संशोधित, परिवर्द्धित और अद्यतन संस्करण'

ISBN : 978-81-267-2351-5

मूल्य : ₹795

पहला संस्करण : 2012
This book is printed on **Print on Demand** Technology : 2026

प्रकाशक : राजकमल प्रकाशन प्रा.लि.
1-बी, नेताजी सुभाष मार्ग, दरियागंज
नई दिल्ली-110 002

शाखाएँ : अशोक राजपथ, साइंस कॉलेज के सामने, पटना-800 006
पहली मंजिल, दरबारी बिल्डिंग, महात्मा गांधी मार्ग, प्रयागराज-211 001
1, अनमोल सोराबजी संतुक लेन, धोबी तलाव, मरीन लाइंस, मुम्बई-400 002

वेबसाइट : www.rajkamalprakashan.com
ई-मेल : info@rajkamalprakashan.com

HINDI ALOCHANA KA DOOSRA PATH
Criticism by Dr. Nirmala Jain

भूमिका

हिन्दी-आलोचना के विकास को सही परिप्रेक्ष्य में समझने के लिए, आलोचनाधर्मी विविध प्रयासों के बीच 'ठेठ' आलोचना का स्पष्ट-बोध जरूरी है। अनुसन्धान, सिद्धान्त-निरूपण, पांडित्यपूर्ण-अध्ययन, साहित्येतिहास आदि आलोचना के लिए उपयोगी हो सकते हैं, खुद आलोचना नहीं हो सकते। आलोचना के इस वास्तविक स्वरूप का उद्घाटन आचार्य रामचन्द्र शुक्ल बहुत पहले कर चुके थे। वे सही अर्थ में हिन्दी के पहले इतिहासकार थे। अपने इतिहास में कवियों के मूल्यांकन के सन्दर्भ में उन्होंने अनेक आलोचनात्मक सूत्र प्रस्तुत किए। ये सूत्र आज भी आलोचनाकर्मियों के लिए प्रेरणादायक हैं। स्वयं आचार्य शुक्ल के मन में इस विषय में किसी प्रकार के भ्रम की गुंजाइश नहीं थी। कालक्रम में भारतेन्दु का 'नाटक' शीर्षक शास्त्रीय निबन्ध पहले प्रकाशित हो चुका था, पर शुक्ल जी ने हिन्दी में 'समालोचना' के सूत्रपात का श्रेय बालकृष्ण भट्ट और चौधरी बदरीनारायण 'प्रेमघन' को ही दिया, क्योंकि 'समालोच्य पुस्तक के विषयों का अच्छी तरह विवेचन करके गुण-दोष के विस्तृत निरूपण की चाल उन्हीं ने चलाई।' शुक्ल जी के उपर्युक्त कथन से उनकी आलोचना सम्बन्धी अवधारणा ही स्पष्ट नहीं होती, 'समालोचना' का वास्तविक स्वरूप भी उद्घाटित होता है।

शुक्ल जी ने यह भी कहा कि 'समालोचना काव्य-सिद्धान्त-निरूपण से स्वतन्त्र एक विषय ही हो गया।' पृथ्वीराजरासो की प्रामाणिकता सम्बन्धी अनुसन्धानपरक निबन्धों और 'शिवसिंह सरोज' तथा 'मिश्रबन्धु विनोद' जैसे इतिहासपरक ग्रन्थों का

उल्लेख भी उन्होंने आलोचना के अन्तर्गत नहीं किया। आलोचना की ऐसी सुस्पष्ट अवधारणा और व्याख्या के बावजूद यदि आज हिन्दी-आलोचना के इतिहास के अन्तर्गत अनुसन्धान, इतिहास, काव्य-सिद्धान्त, अलंकारशास्त्र, सौन्दर्यशास्त्र आदि विषयों से सम्बन्धित ग्रन्थों और ग्रन्थकारों का बखान किया जाता है, तो यह घनघोर घपला ही कहा जाएगा। ऐसे सर्वग्रासी प्रयासों से हिन्दी आलोचना की समृद्धि का भ्रम भले ही विस्तार पाता हो, वास्तविक आलोचना के विकास की पहचान धुँधली ही होती है। कहना न होगा कि आलोचना का कोई इतिहास, इस कुहासे को साफ़ करके ही अपनी सार्थकता का दावा कर सकता है।

आलोचना का सही सन्दर्भ और उसकी सार्थकता की सच्ची कसौटी रचना ही हो सकती है और होती है। कहने की आवश्यकता नहीं कि समकालीन रचनात्मक साहित्य की समीक्षा सार्थक आलोचना की पहली जिम्मेदारी है। इस दृष्टि से आलोचना के विकास में गम्भीरता से की गई पुस्तक-समीक्षाओं की भूमिका असन्दिग्ध है। ऐसी ही समीक्षाओं के बीच से अक्सर आलोचना का विकास होता है—बशर्ते समीक्षक की वस्तुनिष्ठता और ईमानदारी सन्देहातीत हो। उल्लेखनीय है कि हिन्दी में आलोचना का सूत्रपात ऐसी ही समीक्षाओं के बीच हुआ।

साहित्य की ऐसी महत्त्वपूर्ण और सार्थक समीक्षाओं के माध्यम से समकालीन साहित्य का मूल्यांकन ही नहीं होता, सामान्य सिद्धान्तों और प्रतिमानों का निर्माण भी होता चलता है। इसी क्रम में पूर्ववर्ती रचनाओं और रचनाकारों के पुनर्मूल्यांकन के प्रयास भी सामने आते हैं। सिद्धान्त-निरूपण और पूर्वकालीन कृतियों की ये व्याख्याएँ समकालीन रचनाओं की समीक्षा के सन्दर्भ में ही प्रासंगिकता प्राप्त करती हैं। यही प्रासंगिकता आलोचना के विकास-क्रम में किसी नए या पुराने कवि की समीक्षा तथा सैद्धान्तिक-आधार के संग्रह-त्याग की कसौटी होती है। हिन्दी आलोचना के किसी इतिहास का मुख्य लक्ष्य इसी प्रासंगिकता की प्रतिष्ठा होना चाहिए। इस दृष्टि से देखने पर हिन्दी आलोचना का पूरा परिदृश्य ही नए रूप में उद्घाटित होता है।

आज आवश्यकता हिन्दी आलोचना के इतिहास को उसके समुचित परिदृश्य में रखने की ही है। इस कृति में इसी परिदृश्य का साक्षात्कार करने का प्रयास किया गया है। हमारा प्रयत्न रहा है कि आलोचना के इतिहास के साथ उसकी अद्यतन काल-सीमा तक यात्रा की जाए (अन्तिम बिन्दु तक नहीं)। ज़ाहिर है कि समीक्षात्मक लेखों की गहमागहमी के बीच से जिक्र उन्हीं का उचित जान पड़ा, जिन्हें एक हद तक 'समय' की कसौटी ने भी मान्यता दे दी।

पुस्तक में ग्रहण-त्याग, विस्तार-संकोच और पारस्परिक अनुपात का निर्वाह निजी विवेक (पसन्द नहीं) के आधार पर ही किया जा सकता है। ऐसा ही करने का प्रयास किया गया है। इस विवेक से सबकी सहमति हो, न यह सम्भव है, न ही इसकी कोई आकांक्षा या दावा है।

प्रयास अपनी जगह है। सफलता-असफलता का निर्णय तो उनके हाथ है, जो इसके सम्भावित विज्ञ पाठक होंगे।

गुरु पूर्णिमा
जुलाई, 1992

—निर्मला जैन
24/8, माल रोड, दिल्ली-110007

दूसरा पाठ

मूल पुस्तक का यह दूसरा संस्करण बीस वर्ष के बाद प्रकाशित हो रहा है। इस बीच आलोचना की दुनिया में कुछ ऐसा घटित ही नहीं हुआ जिसके कारण संशोधन और परिवर्तन करने का दबाव महसूस किया जाता। पिछली सदी के अन्त में उत्तरआधुनिक मुहावरों का प्रयोग करते हुए कुछ अतार्किक ढंग का विखंडन और फिकरेबाजी, और उसके बाद विमर्शों का दौर-दौरा जिसमें आलोचना-दृष्टि में विस्तार की संभावनाएँ, इसे आरक्षित-क्षेत्र की कार्रवाई बनाने के हठाग्रह के कारण बाधित ही हुई।

जीवन में मूल्य-बोध और विचारधारात्मक चिन्तन का जिस हद तक क्षरण हुआ है, उसका प्रभाव साहित्यिक गतिविधि में सबसे अधिक आलोचना कर्म पर पड़ा है। उसके मुख्य दायित्व-प्रतिमानों का कमोबेश निर्धारण, पूर्ववर्ती रचनाओं का पुनःपाठ नई कृतियों की विवेक-सम्मत व्याख्या और अन्ततः उनका मूल्यांकन, गौण हो चले हैं। बचा है प्रायोजित विवरणधर्मी प्रशंसात्मक समीक्षाओं का अम्बार। ऐसा करना या फिर आलोचना कर्म से विरत हो जाना गम्भीर आलोचक की विवशता हो गई है। क्योंकि वस्तुनिष्ठ आलोचना का आग्रह तो बहुत है पर उसे सहने की ताब नहीं के बराबर। अगर आलोचना अनुकूल नहीं है, तो वह बदनियती या नासमझी से प्रेरित मानी जाएगी। यानी आलोचना के राजमार्ग पर वही चले जिसने बचाव के रास्ते पहले खोज रखे हों। वरना करिए लोकार्पण/विमोचन, पाइए पुष्पगुच्छ, दीजिए आशीर्वाद–पानेवाला प्रसन्न और देनेवाला निरापद। और लिखने-छपने का व्यापार यूँ ही फलता-फूलता रहे–घालमेली, ब्रांडधर्मी रचनाओं से।

ऐसे माहौल में आलोचना अकाल-ग्रस्त होने के लिए अभिशप्त है। पर दूर-दूर तक फैले इस रेगिस्तान में हरियाली के जो कुछ द्वीप नजर आ रहे हैं, उन्हें चीन्हते और उनकी उपस्थिति दर्ज करते रहना भी उतना ही जरूरी है क्योंकि भविष्य तो आखिर इन्हीं में निहित है।

इस संस्करण में ऐसे ही बिन्दुओं को रेखांकित करने का प्रयास किया गया है। इनकी सराहना में पाठकों की साझेदारी की अपेक्षा है–

रक्षा बन्धन
2 अगस्त, 2012

–निर्मला जैन

अनुक्रम

: 1 :

हिन्दी-आलोचना के इतिहास को प्रायः रीतिकाल तक और कभी-कभी उससे भी पीछे खींचकर ले जाने का प्रयास अक्सर किया जाता है। इस तरह की हर कोशिश के पीछे यह विश्वास रहता है कि परम्परा का बल हमेशा गरिमा और महत्त्व प्रदान करता है। यह बात अलग है कि परम्परा के नाम पर बैठाए गए ये सम्बन्ध-सूत्र अक्सर दुराग्रहपूर्ण होते हैं, पर फिर भी हम एक अतर्क्य मोह से उनके साथ चिपके रहना चाहते हैं।

आलोचना के इतिहास की सही समझ सिर्फ रचनात्मक साहित्य के सन्दर्भ में ही हो सकती है। साहित्य की जरूरतों से काटकर किसी स्वायत्त विचारधारा या शास्त्र के रूप में आलोचना को प्रतिष्ठित करने का हर प्रयत्न उसकी सार्थकता को शंकास्पद बना देता है। क्योंकि जीवन्त आलोचना साहित्य के हर मोड़ के साथ नए सन्दर्भों में ढलती है और अपनी सार्थकता को सिद्ध करती है।

आधुनिक काल की हिन्दी-आलोचना को रीतिकालीन लक्षण-ग्रन्थों की परिपाटी विरासत में मिली। परन्तु सहसा उस परिपाटी को छोड़कर जो एक नए आलोचना-मार्ग की आवश्यकता का अनुभव आधुनिक युग ने किया उसका एक बहुत बड़ा कारण साहित्य के पाठक-समुदाय का बदल जाना था।

आलोचना के इतिहास की बात करते हुए इस तथ्य को ध्यान में रखना बहुत जरूरी है कि आधुनिक युग में जो खास बात घटित हुई वह यह थी कि साहित्य व्यक्ति-सत्ता या वर्ग-सत्ता से हटकर समाज-सत्ता की वस्तु हो गया। इस युग में पत्र-पत्रिकाओं का निकलना एक बहुत बड़ी बात है। यह बात इसलिए और महत्त्वपूर्ण है कि ये पत्रिकाएँ जिस पाठक-समुदाय के लिए निकलीं वह राज-दरबार का सहृदय रसिक नहीं, बल्कि मध्य-वर्ग का शिक्षित पाठक था। इसलिए सवाल दरबारों और गोष्ठियों में वाहवाही लूटने का नहीं

रह गया, बल्कि जन-सामान्य की रुचि का ध्यान रखते हुए उसके सन्दर्भ में अपनी सार्थकता सिद्ध करने का हो गया। यह साहित्य का जनतन्त्रीकरण था। जाहिर है, आलोचना का दायित्व भी इसी पाठक-समुदाय की रुचि से सम्बद्ध हो गया।

इसी कारण उस समय की पत्र-पत्रिकाओं में अपने समय के मध्यवर्गीय जन-समुदाय की रुचि को ध्यान में रखते हुए समसामयिक साहित्य को स्थान मिला। परिणाम यह हुआ कि आलोचना भी मुख्यतः इसी साहित्य और उससे उत्पन्न होने वाले प्रश्नों से सम्बद्ध हो गई। यह नहीं कहा जा सकता कि पुराने विषयों को इन पत्रिकाओं ने ताक पर रख दिया। इन पत्रिकाओं में अक्सर प्राचीन लेखकों और साहित्य पर लेख प्रकाशित होते थे। परन्तु उनका स्वर परिचयात्मक था, और उद्देश्य अपनी परम्परा का पुनरान्वेषण। इसी दिशा में अनेक प्राचीन ग्रन्थों का सम्पादन किया गया, पांडुलिपियों की खोज हुई और शोध-पत्रिकाओं का आरम्भ बीते हुए या विस्मृत साहित्य के पुनरुद्धार और पुनराविष्कार की दृष्टि से किया गया। अतीत की ओर सम्मान और आशा के भाव से लौटना पुनर्जागरण की एक प्रमुख मुद्रा है। पर वह बात अलग है।

हिन्दी-आलोचना ने इस समय जो दबाव महसूस किया, उसका सम्बन्ध अपने युग की बदली मनोरुचि से था। कहा जाता है कि इस युग में गद्य शैली और उपन्यास-नाटक आदि नई रचना-विधाओं का विकास आलोचना के लिए साधक हुआ। परन्तु ध्यान से देखा जाए तो यह बात का सरलीकरण है। बात सिर्फ इतनी नहीं है कि आलोचना का काम इसलिए आसान या कुछ अलग किस्म का हो गया कि उसे अभिव्यक्ति के लिए गद्य-शैली और विषय के लिए नई विधाएँ मिलीं। इस बदलाव का सम्बन्ध इससे कहीं अधिक गहरे उस नए ढंग की सामाजिकता से जुड़ा हुआ है जो इस साहित्य के माध्यम से सामने आई। भारतेन्दु के 'भारत दुर्दशा' या 'अन्धेर नगरी' जैसे नाटकों अथवा समसामयिक प्रश्नों पर लिखी कविताओं के किसी भी तरह के मूल्यांकन के लिए प्राचीन लक्षण-ग्रन्थों की पूरी सम्पदा जैसे बेकार हो गई। यह बात जितनी सही है, उतना ही यह भी सच है कि बदलाव जिस तेजी से रचनात्मक साहित्य में आया उसी बराबरी से आलोचना में नहीं। आलोचना में अब भी बहुत कुछ ऐसा था जिस पर परम्परा-मोह की गहरी छाया थी, पर कुछ ऐसा भी था जिसमें उससे मुक्ति की छटपटाहट दिखाई पड़ने लगी थी। इस प्रकार उन्नीसवीं शताब्दी को आलोचना का संक्रमण काल कहा जा सकता है। इस शताब्दी

के उत्तरार्द्ध से बीसवीं शताब्दी की आलोचना को विरासत में निम्नलिखित प्रवृत्तियाँ प्राप्त हुईं :

1. **सैद्धान्तिक ग्रन्थ** और **निबन्ध** जैसे भारतेन्दु का **नाटक** (1883 ई.) जगन्नाथप्रसाद 'भानु' का **छन्द प्रभाकर** (1897 ई.) और **नागरी प्रचारिणी पत्रिका** (1897 ई.) में प्रकाशित गंगाप्रसाद अग्निहोत्री का लेख **समालोचना।**

2. **विद्वत्तापूर्ण शोध-निबन्ध :** जिनका प्रकाशन प्रमुख रूप से नागरी प्रचारिणी पत्रिका में हुआ करता था। इन लेखों में किसी साहित्यकार के जीवन-वृत्त, रचनाकाल और रचनाओं के बारे में प्रामाणिक सूचनाएँ देना ही लेखक का उद्‌देश्य रहता था।

3. **साहित्येतिहास ग्रन्थ :** जिनके नाम पर हिन्दी में 'शिवसिंह सरोज' (1878 ई.) की रचना हुई। इस ग्रन्थ में प्राचीन कवियों के अत्यन्त संक्षिप्त और बहुधा अनुमानाश्रित जीवन-वृत्त और उनकी रचनाओं के उदाहरणों का संकलन किया गया है। इसका महत्त्व परवर्ती इतिहास ग्रन्थों के लिए आधार सामग्री प्रस्तुत करने की दृष्टि से ही है।

4. **पुस्तक-समीक्षाएँ :** जो मुख्य रूप से पत्र-पत्रिकाओं के माध्यम से सामने आईं। लाला श्रीनिवासदास के 'संयोगिता स्वयंवर' की एक 'सच्ची समालोचना' पं. बालकृष्ण भट्‌ट ने **हिन्दी प्रदीप** (1886 ई.) में लिखी और इसी के आसपास बदरीनारायण चौधरी 'प्रेमघन' ने **आनन्दकादम्बिनी** में इसी नाटक की समीक्षा प्रकाशित की। इसके अतिरिक्त उन्होंने गदाधर सिंह कृत 'बंग विजेता' नामक बँगला रचना के अनुवाद की समीक्षा भी प्रस्तुत की। इन आलोचनाओं की प्रकृति मुख्यतः गुण-दोष-निरूपण की थी, पर इनमें प्राचीन और समसामयिक रचनाओं को समान रूप से विषय बनाया जाता था। इस युग की आलोचना का सच्चा स्वरूप गुण-दोष-निरूपिणी पुस्तक-समीक्षाओं में मिलता है।

बीसवीं शताब्दी में इन्हीं पुस्तक-समीक्षाओं की परम्परा से हिन्दी-आलोचना का क्रम आगे बढ़ा। 1900 ई. में सरस्वती का आरम्भ इस दृष्टि से एक अत्यन्त महत्त्वपूर्ण घटना है। आगे चलकर 1903 ई. में **आचार्य महावीरप्रसाद द्विवेदी** ने 'सरस्वती' के सम्पादन का भार सँभाला। अगले ही वर्ष उन्होंने 'पुस्तक-परीक्षा' नाम से 'सरस्वती' में एक स्तम्भ चालू कर दिया। इस स्तम्भ का उनकी दृष्टि में कितना महत्त्व था इसका अनुमान इसी बात से लगाया जा सकता है कि इसमें प्रकाशित होने वाली परिचयात्मक पुस्तक-समीक्षाएँ वे स्वयं लिखा करते थे।

'सरस्वती' के अतिरिक्त कुछ पत्रिकाएँ पुस्तक-समीक्षा के उद्देश्य से ही प्रकाशित की गईं। 1902 ई. में जयपुर से **समालोचक** नामक पत्र का प्रकाशन आरम्भ हुआ। माधव मिश्र पहले ही 1900 ई. में बनारस से **सुदर्शन** निकाल चुके थे।

आरम्भ में इन पत्रिकाओं में प्रकाशित होने वाली पुस्तक-समीक्षाओं का स्वर परिचयात्मक था जो क्रमशः प्रचारात्मक हो चला और फिर धीरे-धीरे गुटबन्दी करके पुस्तकों की निन्दा-प्रशंसा की जाने लगी।

इस प्रकार के परिचयात्मक निबन्धों के अतिरिक्त इसी समय प्राचीन और समसामयिक साहित्य पर कुछ मूल्यांकनपरक लेख भी सामने आए। ध्यान से देखा जाए तो **हिन्दी आलोचना की नींव सही अर्थों में इन्हीं लेखों से पड़ी।** हिन्दी कवियों और उनके साहित्य को विषय बनाकर यह शुरुआत **मिश्रबन्धुओं** ने की। 1900 ई. की 'सरस्वती' में 'हम्मीर हठ' और श्रीधर पाठक पर, और 1904 ई. के 'समालोचक में महाकवि भूषण पर उनके आलोचनात्मक लेख प्रकाशित हुए।

परिचय और गुण-दोष-निरूपण के आगे बढ़कर यद्यपि इन लेखों में विवेच्य साहित्य और साहित्यकार के मूल्यांकन का प्रयत्न किया गया तथापि इनका आधार रीति-ग्रन्थों में प्रतिपादित शास्त्रीय सिद्धान्त ही रहे। इनका विवेचन-क्रम कुछ इस प्रकार रहा करता था–रसों का निरूपण, अलंकारों का विवेचन, गुणों की व्यंजना और दोषों के परिहार का निर्देश और अन्त में इसी आधार पर कृति की सफलता-विफलता का निर्णय। आलोचना की इस पद्धति में कहीं-कहीं बदली रुचि का आभास मिलने लगा था, पर जैसा आचार्य शुक्ल ने कहा है–**'उसका स्वरूप प्रायः रूढ़िगत (कंवेंशनल) ही रहा।'** (हिन्दी साहित्य का इतिहास, पृ. 638)।

इस पद्धति की आलोचना का चरम परिपाक 1910-1911 ई. के बीच **हिन्दी नवरत्न** के प्रकाशन में हुआ। इस ग्रन्थ के प्रकाशन से हिन्दी में शास्त्रीय ढंग की काव्यालोचना को तो बल मिला ही, साथ ही नवरत्नों में श्रेणी-क्रम-निर्धारण के कारण तुलनात्मक आलोचनाओं का सिलसिला भी शुरू हो गया। देव और बिहारी के बीच श्रेष्ठता का निर्णय करने के लिए आरम्भ होने वाले इस विवाद में द्विवेदी युग के सभी मान्य आलोचकों ने भाग लिया। **पं. पद्म सिंह शर्मा, पं. कृष्णबिहारी मिश्र, ला. भगवानदीन**–सभी ने इस बहस में हिस्सा लेने के अलावा तुलनात्मक समीक्षा के प्रति भी रुचि दिखाई। पं. पद्मसिंह शर्मा के तुलनात्मक

शैली में विविध विषयों पर लिखे गए अनेक स्फुट निबन्ध भी समय-समय पर 'सरस्वती' की संख्याओं में प्रकाशित होते रहते थे।

इस आलोचना की रूढ़िबद्धता का एक कारण यह भी रहा कि काव्य और नाटक की आलोचना की एक परिपाटी रीतिशास्त्र में पहले से मौजूद थी। परन्तु इनसे भिन्न **जो समीक्षात्मक लेख नए साहित्य-रूपों को विषय बनाकर लिखे गए उनमें एक अलग ढंग की आलोचना-दृष्टि का परिचय मिला।** ये लेख समसामयिक कथा-साहित्य पर विवादों के रूप में सामने आए।

इस प्रकार का एक विवाद बाबू देवकीनन्दन खत्री के उपन्यास **चन्द्रकान्ता** को लेकर 1902-03 ई. में **सुदर्शन** तथा **श्रीवेंकटेश्वर समाचार** के बीच हुआ। इस बहस को **समालोचक** पत्र ने अत्यन्त आत्मीय मज़ाकिया स्वर में समाप्त किया। यह घटना कुछ दृष्टियों से विशेष महत्त्वपूर्ण है। यह विवाद इस बात को प्रमाणित करता है कि जहाँ 'नागरी-प्रचारिणी पत्रिका' और 'सरस्वती' जैसी प्रतिष्ठित पत्रिकाओं में प्रकाशित आलोचनाओं के विषय मुख्य रूप से प्राचीन और मध्ययुगीन काव्य-ग्रन्थ और कवि रहे वहाँ अपेक्षाकृत कम प्रसिद्ध पत्रों का ध्यान समसामयिक लोकप्रिय साहित्य की ओर गया। प्रतिष्ठित पत्रिकाएँ जहाँ प्रतिष्ठित और समय-सिद्ध साहित्य को ही मान्यता देती रहीं, वहाँ इन पत्रों ने समसामयिक लोकप्रिय रचनाओं पर ध्यान दिया और इस प्रकार अधिक लोकोन्मुख और जीवन्त होने का प्रमाण प्रस्तुत किया।

यह बहस कथा-साहित्य से सम्बद्ध होने के कारण महत्त्वपूर्ण तो है ही, अपने विषय के कारण दिलचस्प भी है। बहस का मुद्दा है 'चन्द्रकान्ता' के सन्दर्भ में 'सम्भव-असम्भव' का प्रश्न। लेकिन बहस इतने पर ही खत्म नहीं होती। ऐयारी तिलिस्म और जासूसी कहानियों की अच्छाई-बुराई को लेकर जो सवाल उठाया जाता है वह परीक्षा-गुरु के समान उपदेशपूर्ण आख्यायिका की साहित्यिकता तक पहुँचता है। इस सन्दर्भ में 'सुदर्शन' की टिप्पणी ध्यान देने योग्य है : "यदि उपदेश ही ग्रहण करना है तो किसी आधुनिक लेखक की निर्जीव आख्यायिका का पाठ करने की जगह रामायण-गीता आदि धर्म-पुस्तकों का ही अवलोकन करना चाहिए।" (आलोचना 15, पृ. 56 से उद्धृत)। ऐसे प्रश्नों को लेकर जो बहस 'सुदर्शन' और 'श्रीवेंकटेश्वर समाचार' ने चलाई उसमें फिर क्रमशः **भारत मित्र, समालोचक, इन्दु** तथा **छत्तीसगढ़ मित्र** आदि सभी पत्र शामिल हो गए।

'चन्द्रकान्ता' के अलावा 'छत्तीसगढ़ मित्र' (1902 ई.) में श्रीनिवासदास के

उपन्यास–**परीक्षा गुरु** और नाटक **रणधीर प्रेममोहिनी** की समीक्षा प्रकाशित हुई। 'समालोचक' (1903 ई.) में प्रकाशित किशोरीलाल गोस्वामी के उपन्यास तारा की विस्तृत समीक्षा में श्लीलता-अश्लीलता के प्रश्न को प्रमुखता दी गई है। 'समालोचक' के ही 1903 ई. के अक्तूबर-नवम्बर अंक में **देवकीनन्दन खत्री** के उपन्यास **काजर की कोठरी** की समीक्षा प्रकाशित हुई। इन पत्रों के अलावा समकालीन उपन्यासों पर इक्की-दुक्की समीक्षाएँ 'सरस्वती' में भी प्रकाशित होती रहती थीं। **पं. बालकृष्ण भट्ट** के उपन्यास **नूतन ब्रह्मचारी** पर 1911 ई. की 'सरस्वती' में एक मनोरंजक समीक्षा प्रकाशित हुई।

कथा-साहित्य पर प्रकाशित इन समीक्षाओं में ध्यान देने वाली बात यह थी कि या तो इनमें पुस्तक के आकार-प्रकार की चर्चा रहती थी या फिर नैतिक-सामाजिक दृष्टि से उनकी विषय-वस्तु को लेकर विचार व्यक्त किए जाते थे। कभी-कभी लगे हाथों भाषा पर भी टीका-टिप्पणी कर दी जाती थी। लेकिन वहाँ भी भाषा में गुण, अलंकारादि का विवेचन न कर उसकी नागरिकता, संस्कृतपन, उर्दू, पंजाबी आदि के प्रभाव पर विचार करना ही प्रमुख रहा करता था। यह बात अलग है कि ऐसे शास्त्रनिष्ठ समीक्षकों की उस समय भी कमी न थी जो यह समझते थे कि "जब तक हिन्दी कहानियों मात्र की भाषा होगी, तब तक शास्त्रोपयोगी शब्दों की कल्पना नहीं हो सकती–इसलिए जब तक उपन्यासों का प्रचार रोका नहीं जाएगा तब तक यह शब्द-दारिद्र्य नहीं मिटेगा। उपन्यासों के कारण अब तक हिन्दी में कोई शास्त्र नहीं दिखाई देता...जिस भाषा में शास्त्र नहीं है, वह केवल गली-कूचों की भाषा है।" (विष्णुचन्द्र शर्मा के निबन्ध से 'आलोचना' 15, पृ. 62 पर उद्धृत)।

इस प्रकार बीसवीं शताब्दी के आरम्भ में पुस्तक-समीक्षाओं के माध्यम से आलोचना की दो स्पष्ट पद्धतियाँ उभरकर सामने आने लगीं–**काव्यालोचन की शास्त्रनिबद्ध रूढ़ पद्धति** और **कथा-समीक्षा की शास्त्रमुक्त पद्धति।** इनके अतिरिक्त आलोचना के नाम पर सैद्धान्तिक निबन्ध और विद्वत्तापूर्ण शोध-निबन्ध-रचना की जो प्रवृत्ति भारतेन्दु-युग में दिखाई पड़ी थी उसका भी सम्यक् प्रसार बीसवीं शती में होता रहा।

शास्त्रीय विषयों को लेकर इस युग में अनेक सैद्धान्तिक ग्रन्थों की रचना हुई। इन ग्रन्थों में रस, ध्वनि, अलंकार, दोष, गुण, छन्द आदि सभी विषयों का विवेचन-विश्लेषण किया गया, किन्तु प्रभुता अलंकारों की रही। इस प्रकार की उल्लेखनीय कृतियाँ हैं–**पं. कन्हैयालाल पोद्दार** की **काव्यकल्पद्रुम** (पूर्व रूप,

1902 ई.) और **ला. भगवानदीन** की **अलंकार मंजूषा**। इन ग्रन्थों का लक्ष्य मुख्य रूप से हिन्दी में साहित्यशास्त्र को सुलभ करना भर था, अतः इनमें मौलिकता का प्रयास नहीं है। संस्कृत के अतिरिक्त पाश्चात्य-काव्य-सिद्धान्तों का प्रभाव महावीरप्रसाद द्विवेदी के स्फुट आलोचनात्मक निबन्धों पर दिखाई पड़ने लगा था। अपनी परम्परा के प्रेमी होते हुए भी द्विवेदी जी ने अंग्रेजी व अन्य भारतीय भाषाओं से ग्रहण में उदारता का परिचय दिया।

विद्वत्तापूर्ण शोध-निबन्धों की भी इस युग में बहुलता रही। इनमें मुख्य रूप से तीन प्रकार के लेख सामने आए–1. संस्कृत कवियों–विशेषकर कालिदास की जीवनी और साहित्य पर लिखे गए लेख। स्वयं पं. महावीरप्रसाद द्विवेदी, किशोरीलाल गोस्वामी एवं गुलेरी जी आदि ने कालिदास और उनके साहित्य पर अनेक निबन्ध लिखे। 2. भक्ति-परम्परा के कवियों–तुलसीदास, सूरदास, नागरीदास आदि की जीवनी और साहित्य से सम्बद्ध शोधपूर्ण लेख। 3. नागरी प्रचारिणी सभा की खोज-रिपोर्टों के माध्यम से प्रकाश में आने वाले साहित्य को विषय बनाकर लिखे गए शोधपूर्ण लेख। **बाबू श्यामसुन्दरदास** द्वारा प्रस्तुत **बीसलदेव रासो** का विस्तृत विवरण इसी प्रकार का है। **पृथ्वीराज रासो** की प्रामाणिकता के प्रश्न को लेकर **गौरीशंकर हीराचन्द ओझा, मोहनलाल विष्णुलाल पांड्या** तथा **बाबू श्यामसुन्दरदास** के बीच का प्रसिद्ध विवाद भी इसी समय सम्पन्न हुआ।

साहित्येतिहास लेखन की परम्परा का विकास भी **मिश्रबन्धु विनोद** (1913 ई.) के प्रकाशन से हुआ। इस ग्रन्थ में पहली बार 3757 लेखकों का इतिवृत्त तीन भागों में सामने आया। दूसरे संस्करण (1925 ई.) में लेखक संख्या बढ़कर 4500 हो गई और इतिहास का विभाजन चार भागों में कर दिया गया।

कहने का तात्पर्य यह कि बीसवीं शताब्दी के आरम्भ में उन सभी आलोचना-पद्धतियों का प्रचार-प्रसार हुआ जो उन्नीसवीं शती के उत्तरार्द्ध से इस युग ने विरासत में पाई थीं।

: 2 :

अपने युग के आलोचकों में सबसे अधिक प्रखर और निर्मम स्वर कदाचित् स्वयं **आचार्य महावीरप्रसाद द्विवेदी** (1864–1938 ई.) का था। साहित्य की गतिविधि के नियमन-संचालन का भार उन्होंने स्वेच्छया उठा लिया था, जिसे वे पूरी निष्ठा और लगन से आजीवन निभाते रहे। कवियों की अवमानना, व्यंग्य, लानत-मलामत आदि अनेक विधियों से वे कर्तव्याकर्तव्य का निर्देश करते थे। इस भूमिका के निर्वाह में उन्होंने पूरी कड़ाई और जिम्मेदारी का परिचय दिया। परम्परा के दबाव से अधिक उन्हें अपने युग की आवश्यकताओं का ध्यान था। नायिका-भेद आदि विषयों पर रचित ग्रन्थों के विषय में उन्होंने स्पष्ट लिखा–''इन पुस्तकों के बिना साहित्य को कोई हानि न पहुँचेगी, उलटा लाभ होगा। इनके न होने ही से समाज का कल्याण है। इनके न होने ही से नववयस्क युवाजनों का कल्याण है। इनके न होने ही से इनके बनाने और बेचने वालों का कल्याण है।'' (**आचार्य महावीरप्रसाद द्विवेदी और उनका युग**–डॉ. उदयभानु सिंह, पृ. 337 से उद्धृत)

'कवि और कविता' शीर्षक निबन्ध में जड़ परम्परा के प्रेमी पुरातन-पन्थियों को उन्होंने फटकार बताते हुए कहा–''कविता प्रणाली के बिगड़ जाने पर यदि कोई नई तरह की स्वाभाविक कविता करने लगता है तो लोग उसकी निन्दा करते हैं, कुछ कहते हैं यह कविता ही नहीं। कुछ कहते हैं कि यह कविता तो 'छन्दोदिवाकर' में दिए गए लक्षणों से च्युत है, अतएव यह निर्दोष नहीं। बात यह है कि जिसे अब तक कविता कहते आए हैं, वही उनकी समझ में कविता है और सब कोरी काँव-काँव।'' (ज्ञान-भारती, पृ. 105-06)

'जिसे अब तक कविता कहते आए हैं' मात्र उसी को कविता न कहकर कविता के मूल तत्त्व को पकड़ने का आग्रह उनके कविता और छन्द के पारस्परिक सम्बन्ध पर व्यक्त विचारों में देखा जा सकता है। इस विषय में

द्विवेदी जी के दृष्टिकोण की आधुनिकता ध्यान देने योग्य है : "किसी प्रभावोत्पादक और मनोरंजक लेख, बात या वक्तृता का नाम कविता है, नियमानुसार तुली हुई सतरों का नाम पद्य है। जिस पद्य के पढ़ने या सुनने से चित्त पर असर नहीं होता, वह कविता नहीं। वह नपी-तुली शब्द-स्थापना मात्र है। गद्य और पद्य दोनों में कविता हो सकती है।" (वही, पृ. 10)

इतना ही नहीं, पिंगल के शास्त्र-विहित नियमों को वे कवि-स्वातंत्र्य के मार्ग में बाधक मानते थे। तुले हुए शब्दों में कविता करने और तुक, अनुप्रास आदि ढूँढ़ने से कवियों के विचार-स्वातंत्र्य में बड़ी बाधा आती है। पद्य के नियम कवि के लिए एक प्रकार की बेड़ियाँ हैं। उनसे जकड़ जाने से कवियों को अपनी स्वाभाविक उड़ान में कठिनाइयों का सामना करना पड़ता है। कवि का काम है कि वह अपने मनोभावों को स्वाधीनतापूर्वक प्रकट करे। (वही, पृ. 208)

छन्द के जिन बन्धनों के खुल जाने और वाणी के अयास बह निकलने का उद्‌घोष बाद में छायावाद के सुकुमार कवि पन्त ने किया उसका मार्ग द्विवेदी जी पहले ही प्रशस्त कर चुके थे।

काव्य-सृजन में द्विवेदी जी का मत सहजता के पक्ष में था। जो साहित्य अपने दृष्टिकोण, अपनी रचना-पद्धति में समय की आवश्यकताओं और सामाजिक मर्यादाओं को पूरा नहीं करता, उसे वे सत्साहित्य नहीं मानते थे; चाहे उसमें कितनी ही दूर तक शास्त्रीय रीति-नीति का पालन हुआ हो। परम्परागत काव्य-रचना के किस रूप को वे हीन मानते थे, इसका अनुमान उनके इस मन्तव्य से लगाया जा सकता है : "हिन्दी काव्य की हीन दशा को देखकर कवियों को चाहिए कि वे अपनी विद्या, अपनी बुद्धि और अपनी प्रतिभा का दुरुपयोग इस प्रकार के ग्रन्थ लिखने में न करें। अच्छे काव्य लिखने का उन्हें प्रयत्न करना चाहिए। अलंकार, रस और नायिका-निरूपण बहुत हो चुका।" (रसज्ञ-रंजन, पृ. 22)।

उन्होंने अपनी समय-सजग दृष्टि से भली-भाँति पहचान लिया था कि हिन्दी भाषा और साहित्य का कल्याण उसे जन-जीवन के निकट लाने से ही सम्भव है। इसीलिए 'कवि-कर्तव्य' का निर्देश करते हुए उन्होंने काव्यभाषा के सम्बन्ध में कहा कि 'बोलना एक भाषा और कविता में प्रयोग करना दूसरी भाषा प्राकृतिक नियमों के विरुद्ध है।' (वही, पृ. 20) काव्य-रचना के लिए जिस ब्रजभाषा माधुरी की अवहेलना भारतेन्दु प्रयत्न करके भी न कर सके थे

उस पर यह अन्तिम और निर्णायक प्रहार था। बोलने की भाषा में काव्य-रचना के आग्रह के पीछे द्विवेदी जी की जनवादी दृष्टि की प्रेरणा रही। इसका प्रमाण यह है कि वही द्विवेदी जी, जो कवियों को 'किसी आदर्श पुरुष के चरित्र का अवलम्बन करके एक अच्छा काव्य' लिखने का परामर्श देते थे। 'सदोष होने पर भी' **चन्द्रकान्ता सन्तति** का अनुमोदन इसलिए करते थे कि इस "उपन्यास के कारण पुरुषों और स्त्रियों में उपन्यास पढ़ने की रुचि उत्पन्न हुई।" स्वभावतः उन्होंने कविता की जो कसौटी प्रस्तुत की उसकी मूल दृष्टि जनतान्त्रिक थी : **"जब बोलचाल की भाषा की कविता को या आजकल के दूसरे पद्यों को साधारण लोग भी पढ़ने लगें, तब समझना चाहिए कि कविता और कवि लोकप्रिय हैं। आजकल संस्कृत-भरी कविता का रचा जाना और भी अधिक हानिकारक है।"** (वही. पृ. 30)

द्विवेदी जी अपने युग के कवियों को परम्परा के निर्जीव या क्षयोन्मुख अंश से छुटकारा भी दिलाते जाते थे और लगे हाथों एक नई काव्य-रुचि के निर्माण का दायित्व उनके कन्धों पर रखते जाते थे : "हिन्दी कवि का कर्तव्य यह है कि वह लोगों की रुचि का विचार रखकर अपनी कविता ऐसी सहज और मनोहर रचे कि साधारण पढ़े-लिखे लोगों में भी पुरानी कविता के साथ-साथ नई कविता पढ़ने का अनुराग उत्पन्न हो जाए। पढ़ने वालों के मन में नई-नई उपमाओं को, नए-नए शब्दों को और नए-नए विचारों को समझने की योग्यता उत्पन्न करना कवि ही का कर्तव्य है।" (वही, पृ. 29)

द्विवेदी जी की आलोचना-पद्धति की एक बहुत बड़ी विशेषता उनकी निर्भीकता थी। जब वे आलोचना करने बैठते थे तो हर मुलाहिजे को उठाकर ताक पर रख देते थे। कालिदास जैसे लब्धप्रतिष्ठ कवि की परम्परानुमोदित प्रशस्तियों से अनातंकित रहकर वे बेखटके उसकी 'निरंकुशता' को उजागर करते रहे। इतना ही नहीं दोष-दर्शन की इस प्रवृत्ति के समर्थन में उन्होंने परम्परा की साक्षी प्रस्तुत की : 'खंडन-मंडन और समालोचना की रीति परम्परा से चली आई है।' वस्तुतः द्विवेदी जी के लिए समालोचना का अर्थ 'खंडन-मंडन' और उसमें भी खंडन ही अधिक था।

द्विवेदी जी की आलोचना-पद्धति में जितनी निर्भीक कट्टरता मिलती है, ज्ञानार्जन में उतनी उदार ग्रहणशीलता। उनकी आलोचना दृष्टि के निर्माण में हिन्दी और संस्कृत ही नहीं अन्य भारतीय भाषाओं के साहित्य का भी योग था। वे उर्दू, बँगला, मराठी आदि का साहित्य पढ़ते ही नहीं थे, जो उन्हें

रुचिकर लगता उसे निस्संकोच ग्रहण कर लेते थे। इन प्रभावों को खुलेआम स्वीकार करते थे और जहाँ अन्य साहित्यों की तुलना में उन्हें हिन्दी में कुछ कमी दिखाई पड़ती थी, वहाँ वे ललकार कर हिन्दी के लेखक को चुनौती देते थे। इस मामले में उन्होंने कभी कोई मुरौवत नहीं बरती। **इस बेमुरौवती से पैदा होने वाला खरापन उनके बाद दुर्लभ हो गया।**

मिश्रबन्धु—श्री गणेशबिहारी मिश्र, रावराजा डॉ. श्यामबिहारी मिश्र, (1873-1947 ई.) और **रायबहादुर शुकदेव बिहारी मिश्र,** (1878-1951 ई.) की बन्धु-त्रयी को 'मिश्रबन्धु' नाम से जाना जाता है। आलोचना के इतिहास में इनके **हिन्दी नवरत्न** नामक ग्रन्थ का स्मरण तुलनात्मक आलोचना के पुरस्कर्ता होने के नाते किया जाता है। चार भागों में प्रकाशित इनके **मिश्रबन्धु विनोद** का उल्लेख आचार्य शुक्ल ने 'बड़ा भारी कविवृत्त-संग्रह' या 'प्रकांड कविवृत्त संग्रह' कहकर किया और उसके 'उत्साही और परिश्रमी संकलनकर्ताओं' को 'आधुनिक शिष्टता के अनुसार' धन्यवाद केवल इसलिए दिया कि 'रीकिाल के कवियों के परिचय के लिए प्रायः उक्त ग्रन्थ से ही विवरण लिये गए हैं।' परिणामतः 'मिश्रबन्धु विनोद' की ख्याति 'कविवृत्त-संग्रह' के रूप में हो चली और उसका उपयोग मुख्य रूप से सामग्री-ग्रहण के लिए ही किया जाने लगा। इतिहास की भूमिका में और कवियों के मूल्यांकन के क्रम में मिश्रबन्धुओं ने जिस आलोचना-दृष्टि का परिचय दिया था वह प्रायः उपेक्षित रह गई। इस बात की ओर कम ध्यान दिया गया कि आलोचना की जो पद्धति 'हिन्दी नवरत्न' में प्रतिफलित हुई है उसका मूल रूप 'मिश्रबन्धु विनोद' में ही बन चुका था। मिश्रबन्धु समालोचना का एक निश्चित उद्‌देश्य मानते थे :

'समालोचना केवल किसी कवि का हाल ही नहीं बताती, वरन् साधारण पाठक-समाज में औचित्य भी बढ़ाती है।' (हिन्दी नवरत्न, भूमिका, पृ. 18)। यह औचित्य क्या है, इसका स्पष्टीकरण करते हुए उन्होंने कहा : "प्रत्येक पाठक की रुचि भिन्न हुआ करती है, परन्तु वह अपनी रुचि के अनुरूप सब ग्रन्थ खोजने में सदैव समर्थ नहीं होता। समालोचना से हर एक ग्रन्थ का असली रूप साधारण पाठक के सम्मुख, बिना उसके पढ़े ही, उपस्थित हो जाता है। इस प्रकार समालोचना से उचित एवं उपयोगी पुस्तकों के चुनाव में भी लोगों को बड़ी सहायता मिलती है।" (वही, पृ. 18) इसीलिए शायद उनका आग्रह कवियों में श्रेणी-विभाग निर्धारण के प्रति था : 'कवियों की आपेक्षिक छोटाई-बड़ाई कैसे व्यक्त की जाए? अतः श्रेणी-प्रथा को हम नहीं हटा सकते।'

(मिश्रबन्धु विनोद, प्रथम भाग, भूमिका, पृ. 11)। अच्छे-बुरे के बीच अन्तर जानकर पाठक सही निर्णय कर पाए इसके लिए समालोचक का 'कर्तव्य है कि वह ग्रन्थों के ठीक-ठीक गुण-दोष बताकर ऐसे मनुष्यों की रुचियों की भी उचित उन्नति करे।' (हिन्दी नवरत्न, भूमिका, 17-18)।

समालोचक के लिए उन्होंने सहृदयता और विद्वत्ता दोनों के योग को आवश्यक बताया है क्योंकि "समालोचना लिखना भी कोई साधारण काम नहीं है। वही मनुष्य समालोचना लिख सकता है, जो ग्रन्थों को भली-भाँति समझ सके, और उनके विषयों से अच्छी **जानकारी** तथा **सहृदयता** रखता हो। इस योग्यता और सहृदयता के अतिरिक्त समालोचक को मूल ग्रन्थ का भली-भाँति अध्ययन तथा मनन करने में यथेष्ट समय भी देना पड़ेगा। अतः प्रकट है कि अच्छे विद्वान् के सिवा कोई साधारण मनुष्य समालोचक नहीं हो सकता।" (वही, पृ. 18) गरज ये कि समालोचना के लिए शास्त्र की शब्दावली में प्रतिभा, व्युत्पत्ति और अभ्यास तीनों अपेक्षित हैं। आलोचक को जितना प्रतिभा-सिद्ध होना चाहिए उतना ही उसकी आलोचना को श्रम-साध्य होना चाहिए।

मिश्रबन्धुओं का दावा था कि 'श्रेणियों में रखने के विचार में हमने केवल काव्य-प्रौढ़ता पर ध्यान दिया।' (मिश्रबन्धु विनोद, पृ. 11) परन्तु काव्य-प्रौढ़ता को मापने की उनकी यह कसौटी लचीली और उदार थी, इसका अनुमान उनके इस कथन से लगाया जा सकता है : 'यदि कोई पूछे कि किन गुणों के होने से हम काव्य को गौरवान्वित मानते हैं, तो हमें विवशतः कहना पड़ेगा कि इन गुणों एवं कारणों का कथन हर एक छन्द के लिए पृथक् है।' (वही, पृ. 12) अर्थात् रचना-विशेष की प्रकृति को ध्यान में रखकर वे किसी कृति के गुण-दोषों का निर्देश करने के पक्ष में थे और ऐसा करते हुए वे समालोचक की रुचि को प्रधानता देते थे : 'इन सब बातों पर समालोचक की रुचि प्रधान है। कोई किसी गुण को श्रेष्ठ मानता है और कोई किसी को' (वही, पृ. 12)। जहाँ तक उनकी अपनी रुचि का प्रश्न है, उसे उन्होंने 'स्फुट छन्दों के गुण-दोष परखने वाली अपनी प्रणाली' के कुछ उदाहरण प्रस्तुत करके प्रकट किया। अपनी आलोचना को यथासम्भव वैज्ञानिक और पक्षपातहीन बनाने के लिए मिश्रबन्धुओं ने जिस परीक्षा-पद्धति का आश्रय लिया वह विचित्र थी। वे कवियों के स्फुट पदों पर नम्बर देकर, जोड़-घटाकर उनका औसत निकालते थे और इस क्रम में प्राप्त होने वाले नम्बरों के आधार पर उनका श्रेणी-विभाग

करते थे। इस पद्धति से उनके निर्णयों की निष्पक्षता भले ही सिद्ध होती हो, पर इससे आलोचना की कसौटियाँ सामने नहीं आतीं। यद्यपि उन्होंने हर एक छन्द के लिए पृथक् गुणों और कारणों के कथन की छूट ली तथापि मोटे तौर से कविता में उन्होंने जिन बातों को विचारणीय माना उनसे यह तत्काल आभास हो जाता है कि उनकी **रुचि और काव्य-संस्कार रीतिबद्ध था।** वे किसी कविता के समालोचनार्थ निम्नलिखित विषयों को विचारणीय मानते थे– 'पदार्थ-निर्णय, पिंगल, गणागण, गुण, दोष, भाव, रस, वृत्ति, पात्र (नायिका-भेद के अनुसार), अलंकार, काव्यांग आदि।' यद्यपि उन्होंने अपनी अधिकांश व्यावहारिक आलोचना में, विशेषकर स्फुट छन्द-विवेचन में प्रायः इसी क्रम का निर्वाह किया तथापि उनके द्वारा की गई विभिन्न कवियों की आलोचनाओं से यह स्पष्ट है कि वे रचना की प्रकृति को भी ध्यान में रखते थे। अपनी आलोचना-शैली के उदाहरण के रूप में उन्होंने बिहारी और तुलसी के छन्दों की विशेषताओं का निरूपण करते हुए जो निष्कर्ष दिया है उसकी तुलना से यह बात स्पष्ट हो जाएगी। तुलसी के छन्द के बारे में उनका कहना है : 'सब बातों के ऊपर यहाँ रामचन्द्र का महत्त्व और कवि की उनमें प्रगाढ़ भक्ति मुख्य हैं, सो तात्पर्याख्यावृत्ति सर्व-प्रधान है। कुल बातों पर ध्यान देने से प्रकट है कि यह रचना उत्तम काव्य है।' (मिश्रबन्धु विनोद' पृ. 20) और बिहारी के दोहे के सम्बन्ध में उनका निष्कर्ष है कि 'व्यंग्य कविता का जीवन कहलाता है, सो यह रचना उत्कृष्ट है'। (वही, पृ. 21)

इसी प्रकार 'हिन्दी नवरत्न' में बिहारी के सम्बन्ध में उनकी यह उक्ति इस बात का प्रमाण है कि कविता के मर्म की पहचान और समझ उनमें पर्याप्त थी : 'इनकी कविता में काँइयाँपन भरा पड़ा है, अतः उसमें इशारेबाजी की भी कोई हद नहीं। इनके पद्य इतने अच्छे हैं कि बहुत से मसले से हो गए हैं– 'बातैं हाथी पाइए, बातैं हाथी पाँव' इत्यादि।' (पृ. 284)

वे अपने दृष्टिकोण में उदार और आधुनिक थे किन्तु उनके काव्य-संस्कार-निर्माण में रीति-काव्य का बहुत बड़ा हाथ था, यह बात उनके द्वारा व्यक्त सम्मतियों में रह-रहकर छलक उठती है। तुलसीकृत रामायण की प्रशंसा वे इस कारण करते हैं कि 'समस्त रामायण में इस प्रकार की स्तुतियाँ बहुतेरी होंगी। इसी प्रकार रामचन्द्र के नख-शिख वर्णनों का बाहुल्य है। इन दोनों विषयों की रचना में इन महाकवि ने अपनी अलौकिक कवित्व-शक्ति और पांडित्य का चमत्कार दिखलाया है।' (हिन्दी नवरत्न, पृ. 95)। तुलसी के

काव्य में कुल मिलाकर प्रशंसा-योग्य यदि कवित्व शक्ति और पांडित्य-चमत्कार ही दिखाई पड़े तो यह आलोचकों के पांडित्य-प्रेम का ही प्रमाण समझा जाएगा। **आधुनिक दृष्टिकोण से कोई नवीन मानदंड प्रस्तुत करने का प्रयास उन्होंने नहीं किया।** उनकी आलोचना की कसौटियाँ रीतिकालीन काव्यशास्त्र से ही प्रेरित थीं।

मिश्रबन्धुओं की आलोचना-दृष्टि मुख्य रूप से कृतिनिष्ठ थी और मूल्यांकन के निमित्त वे साहित्यिक प्रतिमानों को ही प्राथमिकता देते थे परन्तु राजनीतिक परिवर्तनों के कारण बदलते सामाजिक-वैचारिक सन्दर्भों की ओर भी ये यथासम्भव ध्यान देते चलते थे। 'तुलसी-काल' के बारे में उनका कहना था कि "इस काल-देश में जो इस प्रकार स्वराज्य-सा स्थापित हुआ, उससे हिन्दुओं में जातीयता की भी वृद्धि हुई। उपर्युक्त मुसलमान राज्य तो एक ही धक्के से ऐसे बिगड़े कि उनका पता तक न लगा, किन्तु छोटे-से हिन्दू राज्य मेवाड़ ने 20 वर्ष अकबर से लोहा बजा अपनी स्वतन्त्रता स्थापित ही रखी। भारत में यही पहला युद्ध था जो राज्य के कारण न होकर विचारों के लिए हुआ। कुल मिलाकर तुलसीदास में हम जातीयता की भी अच्छी वृद्धि देखते हैं और इस काल को स्वराज्य-सा पाते हैं।" (मिश्रबन्धु विनोद, पृ. 319)

सामाजिक-राजनीतिक परिवर्तनों के व्यापक परिदृश्य और उससे पैदा होने वाले वैचारिक सन्दर्भ में रखकर साहित्य को समझने का यह प्रयत्न उनकी दृष्टि की व्यापकता का संकेत देता है। कवियों के सन्दर्भ में भी वे जितना महत्त्व उनके साहित्य को देते थे उतना ही अपने इतिहास-प्रेम के कारण उनके जीवन-वृत्त को भी।

साहित्य के अतिरिक्त हिन्दी भाषा के विकास और उसकी स्वायत्त प्रतिष्ठा के प्रश्न को लेकर भी वे विशेष चिन्तित थे। संस्कृत के अनुशासन से मुक्त हिन्दी की निजी स्वायत्त आलोचना-पद्धति के विकास की ओर उन्होंने ध्यान ही नहीं दिया बल्कि एक ऐसी स्वतन्त्र आलोचना-प्रणाली के अस्तित्व की घोषणा एकाधिक स्थलों पर की है : 'हमारे यहाँ इतने आचार्य हो गए हैं कि हिन्दी वालों को संस्कृत-रीति-ग्रन्थ पढ़ने की अब कोई आवश्यकता नहीं रही है।' (वही, पृ. 30)।

वस्तुतः उनकी इस चिन्ता के पीछे हिन्दी साहित्य को अधिकाधिक लोकप्रिय बनाने की भावना काम कर रही थी। इस दृष्टि से उनका हिन्दी भाषा-विचार विशेष महत्त्वपूर्ण है। इस प्रसंग में विचार करते हुए उन्होंने इस

बात का विरोध किया कि 'हिन्दी में कम से कम लेखन-शैली प्रायः पूर्ण तथा संस्कृत व्याकरण से नियमबद्ध होनी चाहिए।' इस मत के समर्थकों से उन्हें शिकायत थी कि 'ऐसे महानुभाव यह बात प्रायः बिल्कुल भूल जाते हैं कि संस्कृत और हिन्दी दो अलग-अलग भाषाएँ हैं।' (वही, पृ. 41)।

मिश्रबन्धुओं ने अपने इतिहास की भूमिका में व्याकरण की दृष्टि से तो हिन्दी भाषा पर विचार किया ही है किन्तु भाषा के स्वरूप के बारे में उनकी दृष्टि की जनतान्त्रिकता का अनुमान उनके इस कथन से लगाया जा सकता है : "हिन्दी एक जन-समुदाय की सरल भाषा है और उसे दुर्गम एवं जटिल बना देने का एकमात्र परिणाम यही होगा कि पाँच-सात वर्षों के उत्कट परिश्रम बिना किसी को अपनी मातृ-भाषा का भी बोध न हो सकेगा। यह तो स्पष्ट ही है कि साधारण जन-समुदाय में एकदम विद्यानुराग जाग्रत् नहीं हो सकता, अतः अगत्या अपढ़ और कुपढ़ एवं साधारण पढ़े-लिखे लोगों की भाषा कोई और ही हो जाएगी।" (मिश्रबन्धु विनोद, पृ. 41)

व्याकरण के जिन प्रश्नों पर उन्होंने विचार किया उनमें भी उनकी दृष्टि मुख्यतः हिन्दी की स्वतन्त्र प्रकृति का समर्थन करने की ओर ही रही। विभक्ति, प्रत्यय, लिंग-भेद, नियम, शब्दों के नए रूप, लिपि-प्रणाली आदि अनेक व्याकरण सम्बन्धी विषय उनके विवेचन में इसलिए स्थान पा सके क्योंकि **वे हिन्दी को संस्कृत के भार से मुक्त 'जन-समुदाय की सरल भाषा' के रूप में देखना-दिखाना चाहते थे।**

अपने समय के **पं. श्रीधर पाठक** की रचनाओं को और बातों के अतिरिक्त मिश्रबन्धुओं ने इसलिए भी पसन्द किया कि "खड़ी बोली में रचना हमारे साहित्य में अब अत्यावश्यक है और हमारे पाठकजी ऐसे सुकवि ने इस ओर ध्यान दे हिन्दी भाषा की अच्छी सेवा की है। 'एकान्तवासी योगी' और 'जगत् सचाई सार' खड़ी बोली रचनाओं के आदर्श स्वरूप हैं।" (सरस्वती, 1900 ई.)

पाठक जी द्वारा रचित कविता 'हिमालय' की प्रशंसा उन्होंने जिन गुणों के लिए की है वे रीतिकालीन काव्यशास्त्र के मोह से बहुत कुछ मुक्त हैं : "यह सम्पूर्ण पद्य बड़ा ही विशद है और कवि जी की सूक्ष्मदर्शिता इससे पूर्णतया विदित होती है। इन्होंने वानरों का कौतूहल, जीवों का झरनों से जलपान करना, खेतों का तर ऊपर दृष्टिगोचर होना, प्रतिध्वनि का सुनाई देना, यह सब कुछ ऐसी रीति से लिखा है कि ज्ञात होता है यह केवल चित्त की उपज नहीं है।"

पर जब वे इन्हीं श्रीधर पाठक की आलोचना पर उतारू हुए तो उन्हें

छन्दोभंग का तथा समस्यापूर्ति और चित्रकाव्य करने का दोषी ठहराया। मिश्रबन्धुओं ने श्रीधर पाठक की कविता पर ध्यान देकर उसकी जो समीक्षा प्रस्तुत की उससे यह स्पष्ट है कि वे अपने समय की नवीन काव्य-चेतना के प्रति जागरूक थे। उनकी काव्य-रुचि मूलतः रीतिकालीन थी, पर उन संस्कारों से मुक्त खड़ी बोली की नई काव्य-प्रवृत्ति के वे उदार गुणग्राहक थे। श्रीधर पाठक के विभिन्न काव्यों पर अपनी राय देने का उत्साह उनकी भविष्योन्मुखता और पक्षपातहीनता को प्रमाणित करता है।

वस्तुतः आलोचना में वे पक्षपातहीनता के कायल थे। लेखक के कर्तव्य के बारे में उनका कहना था कि 'प्रत्येक लेखक का कर्तव्य है कि पक्षपातरहित मान्य समालोचनाओं द्वारा हिन्दी का भण्डार भरे।' (हिन्दी नवरत्न, पृ. 18) व्यवहार में इस पक्षपातहीनता का परिचय वे इतनी दूर तक देते थे कि वे आचार्य शुक्ल जो उन्हीं के शब्दों में 'मिश्रबन्धुओं का नाम सुनते ही जामे से बाहर हो जाते हैं' (मिश्रबन्धु विनोद, भाग 4, पृ. 364) उनके इतिहास के फुटकर खाते में स्थान ही नहीं प्रशंसा भी पाते हैं।

उनके आलोचक तो क्या, सफल इतिहास-लेखक होने के सम्बन्ध में भी शुक्ल जी ने शंका प्रकट की है (हिन्दी साहित्य का इतिहास, प्रथम संस्करण का वक्तव्य)। इसमें सन्देह नहीं कि 'मिश्रबन्धु विनोद' वृत्त-संग्रह है और वृत्त संग्रह इतिहास नहीं होता पर साथ ही इसमें भी सन्देह नहीं कि हिन्दी में साहित्येतिहास लिखने की परम्परा का आरम्भ इसी 'वृत्त-संग्रह' से हुआ। यदि मिश्रबन्धुओं ने शुक्ल जी से पूर्व इतनी सामग्री इकट्ठी करके प्रस्तुत न कर दी होती तो स्वयं शुक्ल जी के लिए इतिहास-लेखन का कार्य कहीं अधिक श्रमसाध्य हो गया होता। आज भी आकर ग्रन्थ के रूप में इस ग्रन्थ का महत्त्व यथावत् है।

मिश्रबन्धुओं ने अपने 'नवरत्न' में कवियों का जो श्रेणी-निर्धारण किया था उससे हिन्दी में तुलनात्मक आलोचना की नींव पड़ी। उनके उपरान्त **पंडित पद्मसिंह शर्मा** (1876-1932 ई.) ने बिहारी-सतसई पर आलोचनात्मक पुस्तक लिखी। इस ग्रन्थ को देखने से साफ पता चलता है कि और बातों के अतिरिक्त इसकी रचना की प्रेरणा 'नवरत्न' से मिली। पं. पद्मसिंह शर्मा ने 'आर्यासप्तशती' और 'गाथा सप्तशती' के अनेक पद्यों के साथ बिहारी के दोहों का मिलान किया। पूर्ववर्ती साहित्यिक परम्परा के बीच बिहारी को रखकर देखने का अत्यन्त विद्वत्तापूर्ण प्रयास किया। उन्होंने हिन्दी के दूसरे कवियों के

मिलते-जुलते पद्यों से तुलना करके भी बिहारी का तारतमिक महत्त्व-निरूपण किया। परन्तु यह भी स्पष्ट है कि इस पुस्तक की रचना मुख्य रूप से उन बहुत से आक्षेपों के परिहार के उद्देश्य से की गई थी जो देव को ऊँचा कवि सिद्ध करने के लिए बिहारी पर लगाए गए थे। जितने आग्रह से मिश्रबन्धुओं ने देव को बड़ा कवि सिद्ध करने का प्रयत्न किया था उतने ही आग्रह से पं. पद्मसिंह शर्मा ने बिहारी के प्रति अपना पक्षपात व्यक्त किया। वस्तुतः सतसई की व्याख्या तो वे अपने संजीवनी-भाष्य में ही प्रस्तुत कर चुके थे। यह ग्रन्थ और बातों के अतिरिक्त मुख्यतः बिहारी को देव से ऊँचा कवि सिद्ध करने के लिए लिखा गया था।

पं. पद्मसिंह शर्मा की समीक्षा-दृष्टि प्रधान रूप से परम्परागत है। उनके संजीवनी-भाष्य से स्पष्ट है कि दोहों में वे कौन-सी विशेषताओं पर मुख्य रूप से दृष्टि टिकाते हैं और किन बातों को व्याख्येय समझते हैं : ''कवि ने इस दोहे में कमाल किया है, फड़का देने वाले **अतिचमत्कृत** अर्थ के साथ शब्द-रचना और वाक्य-विन्यास भी बड़ा ही सुन्दर है। केवल 'बाल' और 'लाल' दोनों सम्बोधन पद ही लाल की जोड़ी से कम कीमत के नहीं हैं।'' (बिहारी सतसई, संजीवनी-भाष्य, पृ. 44)। जाहिर है कि चमत्कार खोजने वाले इस दृष्टिकोण की चरम परिणति इस वाहवाही में ही हो सकती थी : ''ये क्रोध से लाल नहीं है—इस 'चक्कादार' 'खुले हुए' उत्तर में वह बात कहाँ है, जो— 'लाल तिहारे दृगन की परी दृगनि में छाँह'—इस सीधी-सादी, तड़ाक-फड़ाक हाज़िर-जवाबी में है।'' (वही, पृ. 48) प. पद्मसिंह शर्मा की आलोचना-शैली का अन्दाज सर्वत्र यही है। इसे आचार्य शुक्ल ने 'खटकने वाली बात' के रूप में देखा है और 'बिना जरूरत के जगह-जगह चुहलबाजी और शाबाशी का महफ़िली तर्ज़' कहा है। (हिन्दी साहित्य का इतिहास, पृ. 637)

शर्मा जी कविता में चमत्कार खोजते थे और जहाँ कहीं उन्हें चमत्कार दिखाई पड़ता था वहाँ उसे चमत्कारपूर्ण शैली में पूरी तड़क-भड़क के साथ कहते थे। उनके अनुसार महाकवि वही है : 'शब्दार्थ में निराली नूतनता पैदा करके जो प्राचीन भाव को चमत्कृत बना देता है' (बिहारी सतसई, पृ. 35) यानी उनकी दृष्टि में अधिक महत्त्वपूर्ण भाव का नया-पुराना होना नहीं, चमत्कारपूर्ण होना है।

वे काव्य-रसिक थे। अतः उनके लिए **काव्य में विषय, रूप-रचना आदि से अधिक सरसता का महत्त्व था।** अपने समय की नीति-प्रधान खड़ी बोली

कविता को साहित्य के क्षेत्र में वे सूखी टहनी समझते थे। उनका विश्वास था कि 'जिस भावहीन, निर्जीव, भाव में नीरस, कर्ण कटु काव्यों की आज दिन सृष्टि हो रही है' (वही, पृ. 22) वह टिकाऊ नहीं क्योंकि 'और कामचलाऊपन के साथ भाषा में सरसता और टिकाऊपन भी अभीष्ट है तो इसके निस्सार शरीर में प्राचीन साहित्य के रस का संचार होना अत्यावश्यक है।' (वही)

मुक्तक बन्ध उन्हें इसलिए कवित्व शक्ति का चरमोत्कृष्ट रूप प्रतीत होता था क्योंकि 'उस अकेले ही पद्य में विभाव, अनुभाव आदि से परिपुष्ट इतना रस भरा हो कि उसके स्वाद से पाठक तृप्त हो जाए, सहृदयता की तृप्ति के लिए उसे अगली-पिछली कथा का सहारा' न ढूँढ़ना पड़े। (वही, पृ. 29)

स्पष्ट है कि पं. पद्मसिंह शर्मा का काव्य-संस्कार भी उसी हद तक रीतिकालीन था जिस हद तक मिश्रबन्धुओं का। केवल व्यक्त करने की शैलियाँ भिन्न थीं।

पं. पद्मसिंह शर्मा ने तुलना करते हुए प्रायः संस्कृत, उर्दू, फारसी तीनों भाषाओं की रचनाओं से उदाहरण लिये। इससे उनकी बहुज्ञता तो प्रमाणित होती ही है साथ ही उनकी शैली पर उर्दू शायरी की महफिली दाद के तौर-तरीके का प्रभाव भी समझ में आता है। किन्हीं दो रचनाओं की तुलना करते समय शर्मा जी का ध्यान मज़मून पर न रहकर अन्दाजे-बयाँ पर रहा करता था। उनका विश्वास था कि 'प्राचीन कवियों ने कोई बात नए कवियों के लिए ऐसी नहीं छोड़ी है, जिसे वे वर्णन न कर गए हों।' (वही, पृ. 33) लिहाज़ा परवर्ती कवियों के पास उन्हीं का अनुसरण करने के सिवाय चारा ही क्या था? अतः नए कवि की सफलता इसी में हो सकती थी कि वह प्राचीनों से मूल भाव ग्रहण कर उसे नया बाना पहना दे। इसे वे 'मज़मून छीन लेना' कहते थे।

वे बिहारी सतसई के दोहों की तुलना 'गाथा-सप्तशती', 'अमरुकशतक', तथा संस्कृत, हिन्दी और उर्दू के अन्य कवियों से निस्संकोच करते चलते हैं। जहाँ उन्हें समानता केवल संयोगजन्य दिखाई पड़ती है उसे वे मजमून छीन लेने के बजाय 'मज़मून लड़ जाना' कहते हैं, पर तुलना करने से बाज़ नहीं आते। यह इस बात का प्रमाण है कि **तुलनात्मक अध्ययन को वे आलोचक का प्रधान कर्तव्य समझते थे।** उनके अनुसार 'सतसई के सौष्ठव' का अर्थ है उसका तुलनात्मक सौष्ठव। यह बात अलग है कि इस दृष्टि से उन्हें बिहारी ही सर्वोत्तम कवि जान पड़ते हैं। उनके अनुसार भाव का ऐसा अपहरण चोरी नहीं

होती। उन्होंने 'बिहारी सतसई' में अर्थापहरण प्रकरण पर विस्तार से विचार किया है और संस्कृत के आचार्यों का साक्ष्य देते हुए उसका औचित्य-निरूपण किया है। बिहारी के एक दोहे पर गाथाकार के प्रभाव की व्याख्या वे इस रूप में करते हैं : ''पर बिहारीलाल भी तो एक काँइयाँ ठहरे, वह कब चूकने वाले हैं, पहलू बदलकर मज़मून को साफ ले ही उड़े। 'अज्यो न आए सहज रंग विरह दूबते गात' वाह उस्ताद क्या कहने हैं। क्या सफाई खेली है। काया ही पलट दी। कोई पहचान सकता है। वहाँ (गाथा में) केवल गुलझट पड़े केश ही थे यहाँ 'विरह दूबरे गात' हैं।'' (बिहारी सतसई, पृ. 42)

शैली की सारी सफाई और विदग्धता के बावजूद उनकी समीक्षा में अन्तर्निहित चमत्कारप्रेमी रीतिकालीन दृष्टि सर्वथा स्पष्ट है। कहीं-कहीं पुराने विषयों की व्याख्या में उन्होंने अपने युग के अनुरूप आधुनिकता का आभास दिया है। सात्त्विक भाव की परिभाषा वे इस प्रकार करते हैं–''सत्त्व कहते हैं, जीव शरीर-जीवित (जिन्दा) शरीर को, उसके जो धर्म (वे गुण या चिह्न जिनसे जीवन-सत्ता की प्रतीति हो–जिन्दगी का सबूत मिलता हो) हैं, वे सात्त्विक भाव कहलाते हैं।'' (संजीवन, भाष्य पृ. 55)। ऐसे स्थल बहुत बिरल हैं। मूलतः उनका संस्कार रीतिकालीन है और दृष्टि रूढ़िबद्ध। उनसे आचार्य शुक्ल की शिकायत सही थी कि 'दूसरे शृंगारी कवियों से अलग करने वाली बिहारी की विशेषताओं के अन्वेषण और अन्तःप्रवृत्तियों के उद्‌घाटन का–जो आधुनिक समालोचना का प्रधान लक्ष्य समझा जाता है–प्रयत्न इसमें नहीं हुआ है।' (हिन्दी साहित्य का इतिहास, पृ. 637)।

पं. पद्‌मसिंह शर्मा के अतिरिक्त तुलनात्मक आलोचना के इस दौर को जारी रखने का श्रेय **पं. कृष्णबिहारी मिश्र** (1890 ई.) को है। उन्होंने अपने ग्रन्थ 'देव और बिहारी' में इन दोनों कवियों के काव्य का तुलनात्मक विवेचन किया और 'मतिराम ग्रन्थावली' की भूमिका में सर्वाधिक पृष्ठ इसी प्रकार के तुलनात्मक अध्ययन को समर्पित किए। उनके समय में तुलनात्मक आलोचना का इतना बोलबाला था कि उन्होंने मतिराम से तुलना के लिए विभिन्न कालों के परस्पर सर्वथा भिन्न कवियों को विषय बनाया। भले ही उनमें विषय, भाव-बोध, शैली-शिल्प किसी दृष्टि से कोई समानता न हो। वे मतिराम की तुलना सूर-तुलसी से भी करते हैं और रसखान-रहीम से भी। देव-बिहारी, चिन्तामणि से भी और रवीन्द्रनाथ ठाकुर से भी। तुलना के लिए दृष्टिकोण की यह व्याप्ति कहाँ तक उचित कही जा सकती है? ऐसी स्थिति में तुलना का

आधार एक ही हो सकता है–विषय-विशेष के अंकन में कवियों का कौशल?

वस्तुतः किसी भी कवि की तुलनात्मक आलोचना को वे आलोचक-कर्म का एक प्रमुख अंग समझते थे। समालोचक के दायित्व और उसकी कसौटियों के बारे में उनकी स्पष्ट राय थी : ''समालोचना से यह अभिप्राय है कि कवितागत गुण-दोषों पर विचार किया जाए। गुण-दोष क्या हैं? इसका पता काव्यशास्त्र के ग्रन्थों के अध्ययन से मालूम हो सकता है। काव्यशास्त्र में कविता की उत्तमता या हीनता की जो कसौटी दी हुई है, उसमें रस, अलंकार, भाषा, गुण, दोष, लक्षणा, व्यंजना आदि पर विचार करना पड़ता है।'' (मतिराम ग्रन्थावली, भूमिका, पृ. 23) मिश्र जी के इस कथन से उनके दृष्टिकोण की रीतिबद्धता स्पष्ट है। दिलचस्प बात तो यह है कि इन विषयों के विवेचन के लिए वे संस्कृत के मूल ग्रन्थों को छोड़कर रीतिकालीन ग्रन्थों को प्रमाण मानते हैं। 'ब्रजभाषा में इन विषयों पर अच्छी तरह विवेचन हुआ है। इस विषय के अनेकानेक ग्रन्थ मौजूद हैं' (वही)। सम्भवतः इसीलिए रस-प्रकरण में मिश्रजी सरदार कवि का उल्लेख पहले करते हैं, संस्कृत के कवियों का बाद में।

मिश्रबन्धुओं की ही तरह पं. कृष्णबिहारी मिश्र भी अंग्रेजी आलोचना के उत्कर्ष और प्रगति के विषय में विशेष सजग थे। शायद भीतर ही भीतर वे उसे कहीं स्वस्थ प्रतिस्पर्धा का विषय मानते थे। उस युग में समालोचना की एक बहुत बड़ी उपयोगिता इस बात में समझी जाती थी कि वह सत्साहित्य के प्रचार में योग देती है और कृतियों का गुण-दोष विवेचन करके सत्साहित्य के चुनाव में पाठकों की सहायता करती है। मिश्रबन्धुओं के समान पं. कृष्णबिहारी मिश्र ने भी आलोचना के विषय में इस प्रकार का मत प्रकट किया है।

पं. कृष्णबिहारी मिश्र ने काव्य-सम्बन्धी कुछ अन्य विषयों के बारे में भी अपनी धारणाएँ व्यक्त की हैं। शब्द-अर्थ के ऐसे सान्निध्य को वे काव्य मानते थे जो रमणीय हो। और रमणीयता को वे आनन्द की उत्पत्ति का हेतु स्वीकार करते थे। कविता की रमणीयता से उत्पन्न आनन्द को उन्होंने लोकोत्तर कहा और अपने मत की पुष्टि में क्रमशः कुलपति मिश्र, मम्मटाचार्य, रवीन्द्रनाथ ठाकुर और अंग्रेजी कवियों वर्ड्सवर्थ, कॉलरिज आदि के मत उद्धृत किए हैं। काव्य का उपभोक्ता उन्होंने सहृदय रसिकजन को माना। रस, अलंकार व शब्द-चित्र आदि को उन्होंने रमणीयता का पोषक कहा और ध्वनिवादियों का

अनुकरण करते हुए व्यंजनाप्रधान काव्य को सर्वोत्तम माना (मतिराम ग्रन्थावली, भूमिका, पृ. 10)। कुल मिलाकर वे रसवादी आचार्य विश्वनाथ की अपेक्षा ध्वनिवादी आचार्य जगन्नाथ के अधिक निकट पड़ते हैं। पं. कृष्णबिहारी मिश्र काव्य में आनन्दवादी मूल्यों को नैतिक उपयोगितावादी मूल्यों से कहीं ऊँचा स्थान देते थे। नैतिक मूल्यों को वे कदाचित् काव्येतर मूल्य मानते थे। शृंगारिक कविता के सम्बन्ध में उनका कहना था : "विषय, रस में सराबोर कविता में भी रमणीयता है, इसलिए चाहे वह उपयोगिनी न हो, और चाहे उसके द्वारा समाज में किसी प्रकार के कुरुचि के भावों को आश्रय मिला हो, परन्तु वह कविता अवश्य है। कविता-क्षेत्र से उसका बहिष्कार नहीं किया जा सकता।" (वही, पृ. 11)

वे कवि को नैतिक मुलाहिजों से पूरी तरह मुक्त रखने के पक्ष में थे। प्रेम-वर्णन के लिए 'वेश्या और स्वकीया' के बीच चुनाव की स्वतन्त्रता वे चित्रकार को देते थे। इतना ही नहीं उन्होंने साहित्य में आचार्य महावीरप्रसाद द्विवेदी द्वारा चलाए गए शुद्धता और नैतिकता के अभियान का स्पष्ट शब्दों में विरोध किया : "हम कुरुचि-प्रवर्तक कविता के समर्थक नहीं है। परन्तु शृंगार कवित्व के विरुद्ध जो आजकल धर्म-युद्ध-सा जारी कर रखा गया है उसकी घोर निन्दा करने से भी नहीं हिचकते हैं...कविता के लिए केवल रस-परिपाक चाहिए उपयोगितावाद के चक्कर में डालकर ललित कला का सौन्दर्य नष्ट करना ठीक नहीं।" (देव और बिहारी, पृ. 82)

उन्होंने 'देव और बिहारी' तथा 'मतिराम ग्रन्थावली' की भूमिका में विस्तार से शृंगार के रस-राजत्व को प्रमाणित किया। ऐसा करते हुए भिन्न कवियों और विचारकों के मतों से अपने मत की पुष्टि भी की और इसी क्रम में नायिका-भेद के अपने विस्तृत ज्ञान का प्रमाण दिया।

मिश्रजी के दृष्टिकोण की रीतिबद्धता का प्रमाण उनकी व्यावहारिक आलोचना में मिलता है। किसी पद्य में उनकी आलोचना के विषय इस प्रकार होते हैं : पिंगल, रस, गुण, वृत्ति-रीति, पात्र, ध्वनि, दोष, अलंकार। मतिराम के काव्य में और बातों के अतिरिक्त वे उनके प्रकृति-विज्ञान और लोक-प्रसिद्ध ज्ञान के कायल हैं। यद्यपि मतिराम के काव्य में दोषों की चर्चा करते हुए उनके काव्य में कहीं-कहीं तन्मयता की कमी की शिकायत भी की गई है पर मिश्रजी उनके 'कला-नैपुण्य' से बहुत प्रभावित हैं, यह छिपा नहीं।

अपने इस रीति-प्रेम के बीच कहीं-कहीं मिश्रजी ने विवेचन में आधुनिकता

का परिचय दिया है–विशेषकर भाषा-सौन्दर्य विवेचन के सन्दर्भ में। अच्छी भाषा के लिए वे जिन गुणों की आवश्यकता समझते हैं वे महत्त्वपूर्ण हैं–'भाव प्रकट करने की पूर्ण सामर्थ्य', पाठक को लेखक या कवि के अभिप्राय तक पहुँचा देने की क्षमता, 'ठीक मतलब की बात बहुत थोड़े से शब्दों में प्रकट कर' देना। इसके अतिरिक्त–'सरलता', 'कृत्रिमता का अभाव', 'स्वाभाविकता', 'तरोताज़गी और नव भाव', 'आवश्यकता और परिस्थिति के अनुकूल झुक जाने की सामर्थ्य' यानी 'लचकीलापन' आदि। (मतिराम ग्रन्थावली, भूमिका, पृ. 72-73) कहने की आवश्यकता नहीं कि इस दृष्टिकोण के पीछे शास्त्रीयता का नहीं समय का अनुरोध है। पं. कृष्णबिहारी मिश्र ने भाषा-सम्बन्धी अपने विचारों को अपनी आलोचनाओं में व्यवहार में उतारा। उनकी आलोचना की भाषा सर्वथा स्पष्ट, सरल और सहज है। उसमें न आडम्बर है न चुहल। उन्होंने सीधे-सरल ढंग से आधुनिक भाषा में रस और तत्सम्बन्धी अन्य विषयों की पुनर्व्याख्या का प्रयत्न किया। शृंगार का रस-राजस्व सिद्ध करने के लिए आर्नल्ड, शैली आदि के मतों को उद्धृत कर अपने मत को अधिकाधिक पुष्ट बनाने का प्रयत्न किया। वे अत्यन्त सहृदय आलोचक थे और अपने दायित्व को बहुत गम्भीरता से निभाते थे। आचार्य शुक्ल ने इसीलिए उनकी रचना 'देव और बिहारी' को पुरानी परिपाटी की साहित्य-समीक्षा के भीतर 'अच्छा स्थान पाने के योग्य' माना है। इसीलिए तुलनात्मक आलोचना करने पर भी उनके निष्कर्षों में कहीं देव या मतिराम को लेकर किसी प्रकार की अनावश्यक हठवादिता या अनुचित पक्षपात नहीं मिलता। परन्तु उनकी सहृदयता की छटा रीतिकालीन कविताओं के व्याख्यान विश्लेषण में ही सर्वाधिक दिखाई पड़ती है। यत्र-तत्र आधुनिकता का आभास देते रहने पर भी वे मिश्रबन्धु एवं पं. पद्मसिंह शर्मा की तरह रीति-संस्कार के ही आलोचक कहे जाएँगे।

पं. कृष्णबिहारी मिश्र की 'देव और बिहारी' के जवाब में **लाला भगवानदीन** (1866-1930 ई.) ने 'बिहारी और देव' नाम की पुस्तक लिखी। उन्होंने उन आक्षेपों पर भी विचार किया जो मिश्रबन्धुओं ने बिहारी पर लगाए थे। उनकी शक्ति बिहारी पर लगाए आक्षेपों का उत्तर देने में अधिक खर्च हुई, बिहारी के काव्य-विवेचन में नहीं। बिहारी की रक्षा में लाला जी ने कहीं-कहीं विनोद का आश्रय लिया। कटुता से भरसक बचे रहकर भी कहीं-कहीं उन्होंने बदले में देव पर आक्षेप कर डाले।

बिहारी पर आक्षेप-परिहार के अतिरिक्त लाला भगवानदीन ने बिहारी और

केशव के काव्य पर जो टीकाएँ लिखीं उनसे उनकी रीतिकालीन काव्य की समझ और अध्यवसायी प्रकृति प्रमाणित होती है। इसके अतिरिक्त केशव की टीका का उपयोगिता की दृष्टि से विशेष ऐतिहासिक महत्त्व भी है। यदि लाला जी ने केशव-साहित्य को टीकाओं के माध्यम से सुलभ न किया होता तो केशव का पठन-पाठन सम्भव हो पाता, इसमें सन्देह है।

द्विवेदी-युग की आलोचना के लिए यह शुभ ही हुआ कि तुलनात्मक आलोचना की यह प्रवृत्ति बहुत आगे नहीं बढ़ी। रीतिकाल के कवियों को लेकर इस युग में जो विवाद हुआ उससे आलोचकों में कवि-विशेष की कविता को लेकर रुचि-भेद तो सिद्ध होता है किन्तु संस्कार-भेद नहीं। मिश्रबन्धु, पं. पद्मसिंह शर्मा, पं. कृष्णबिहारी मिश्र, लाला भगवानदीन आदि देव और बिहारी को लेकर परस्पर कितने ही जूझते रहे हों किन्तु उनके काव्य-विवेचन से यह स्पष्ट प्रमाणित होता है कि इन सभी का काव्य-संस्कार मूलतः रीतिकालीन था। वे अपने समय के साहित्य का अधिक से अधिक नोटिस ले सकते थे, उसका रसास्वाद नहीं कर सकते थे। वे मूल रूप से रीति-काव्य-मर्मज्ञ थे इसलिए लाला भगवानदीन को अपने समय की कविता में दोष ही दोष दिखाई पड़े।

कुछ लोगों ने इस युग के आलोचकों में 'प्रसिद्ध लेखक और पत्रकार श्री बालमुकुन्द गुप्त' को भी स्थान देने का प्रयास किया है (देखिए 'हिन्दी आलोचना' विश्वनाथ त्रिपाठी, पृ. 47) किन्तु यदि पत्र-पत्रिकाओं में प्रकाशित कुछ फुटकर लेख और पं. महावीरप्रसाद द्विवेदी से होने वाली नोक-झोंक उन्हें आलोचक पद का अधिकारी बना देती है तो अधिक उचित यह होगा कि उन बहुत से लेखकों का विवरण भी एकत्र किया जाए जो उस समय 'सरस्वती' एवं अन्य पत्रिकाओं में प्रकाशित छिटपुट आलोचनात्मक रचनाओं के माध्यम से सामने आए।

द्विवेदी-युग में कुल मिलाकर दो प्रकार की आलोचना-पद्धतियाँ प्रमुख रूप से सामने आईं। एक तो वे आलोचक जिनकी काव्य-रुचि रीतिबद्ध थी। जिन्होंने या तो रीतिकाल के कवियों को लेकर तुलनात्मक अध्ययन प्रस्तुत किए या उस काव्य के अर्थ-प्रकाशन पर ध्यान दिया। ये आलोचक निश्चय ही काव्य मर्मज्ञ थे। किन्तु इनकी साहित्य-रसिकता एक विशेष प्रकार के साहित्य तक सीमित थी। ये रीति साहित्य की मार्मिक एवं विशद व्याख्याओं एवं टीकाओं में संलग्न रहे। इस प्रकार की आलोचना से एक ओर तो इस

साहित्य को समझने-समझाने का मार्ग प्रशस्त हुआ और दूसरी ओर इनकी व्याख्याओं के माध्यम से इस साहित्य की शक्ति और सीमाएँ भी सामने आईं। इन आलोचकों को इस बात का श्रेय दिया जाना चाहिए कि इन्होंने रीतिकालीन साहित्य के अध्ययन की परम्परा को कायम रखा किन्तु इन्होंने आलोचना की जो पद्धति अपनाई उसका आधार भी यही साहित्य था, अतः अपने युग की नई चेतना के साथ ये न्याय न कर सके। इनकी आलोचना के प्रतिमान शुद्ध साहित्यिक प्रतिमान थे जिनमें काव्य के शैली-शिल्प के परीक्षण का विधान तो था किन्तु सामाजिक चेतना के अथवा कवि की अन्तश्चेतना के सन्दर्भ में साहित्य को देखने-परखने की कोई गुंजाइश नहीं थी। **वस्तुतः यह रीतिकाल की आलोचना-पद्धति का खड़ी बोली संस्करण था।**

आलोचना की दूसरी प्रवृत्ति उन आलोचकों में दिखाई पड़ी जिन्होंने अपनी समय-सजग दृष्टि से यह जान लिया था कि काव्य-रचना और आलोचना दोनों के लिए परम्परागत रीतिबद्ध दृष्टिकोण व्यर्थ हो चुका है। वे एक नई काव्य-रुचि के निर्माण की आवश्यकता का अनुभव करते जाते थे और अनुरोध भी। पर अपनी आलोचना में किन्हीं नए मानदंडों की खोज वे भी नहीं कर पाए। काव्य-भाषा के प्रश्न को लेकर महावीरप्रसाद द्विवेदी ने जिस विवाद को निर्णायक रूप दिया उससे निश्चय ही उनकी आधुनिकता और लोकदृष्टि का परिचय मिलता है। यह प्रयास केवल गद्य और पद्य की भाषा को एक करने का साहित्यिक प्रयास नहीं था बल्कि साहित्य और जीवन की भाषा को एक करने का विराट सामाजिक प्रयत्न था। जीवन के सन्दर्भ में साहित्य को जाँचने-परखने का आग्रह उनके 'नैतिक उपयोगितावाद' के रूप में भी दिखाई पड़ा। उनके समय की कतिपय अन्य रीतिबद्ध और कृति-केन्द्रित आलोचनाओं में भी एक अलक्षित परिवर्तन दिखाई पड़ने लगा था। मिश्रबन्धुओं जैसे रीतिबद्ध रुचि और संस्कार रखने वाले आलोचक भी यत्र-तत्र काव्य के मूल्यांकन के बदलते सामाजिक सन्दर्भों की ओर ध्यान देने लगे थे और नई चेतना के संवाहक श्रीधर पाठक जैसे कवियों के काव्य का मूल्यांकन कर उनके प्रति अपने झुकाव का प्रमाण प्रस्तुत कर रहे थे। काव्य-कृति के मूल्यांकन में उनके द्वारा प्रयुक्त परीक्षा पद्धति भले ही विशेष वैज्ञानिक न रही हो लेकिन उससे इतना तो सिद्ध होता है कि वे आलोचना को यथासम्भव वस्तुनिष्ठ और पूर्वग्रहमुक्त रूप में प्रस्तुत करने की आवश्यकता का अनुभव करते थे। इस आग्रह के बावजूद यह उस युग की आलोचना की विडम्बना ही कही जाएगी

कि आलोचकों द्वारा प्रस्तुत अधिकांश निर्णयों का आधार उनकी निजी रुचि ही रही है।

निष्कर्ष रूप में द्विवेदी-युग की आलोचना में कृति के गुण-दोष-निरूपण, तुलना, शैली-विवेचन आदि के अतिरित जीवन के सन्दर्भ में साहित्य की उपयोगिता की परख की ओर तो ध्यान दिया जाने लगा था किन्तु 'कवियों की विशेषताओं और उनकी अन्तःप्रवृत्ति की छानबीन' आरम्भ नहीं हुई थी।

: 3 :

बीसवीं शती के तीसरे दशक से हिन्दी आलोचना में जो परिवर्तन आया उसे लक्ष्य कर आचार्य शुक्ल ने कहा : 'इस तृतीय उत्थान (सन् 1918 ई.) में समालोचना का आदर्श भी बदला। गुण-दोष के कथन के आगे बढ़कर कवियों की विशेषताओं और अन्तःप्रवृत्ति की छानबीन की ओर भी ध्यान दिया गया।' (हिन्दी साहित्य का इतिहास, पृ. 516) इस कथन में शालीनतावश जिस बात का उल्लेख नहीं किया गया वह यह है कि हिन्दी आलोचना में 'कवियों की विशेषताओं और उनकी अन्तःप्रवृत्ति की छानबीन की ओर' पहले-पहल ध्यान स्वयं शुक्ल जी ने ही दिया था। किन्तु आलोचना का आदर्श बदलकर उसे युगानुरूप ढालने की जो आवश्यकता शुक्ल जी ने सहज ही अनुभव कर ली थी उसकी पृष्ठभूमि उन परिवर्तनों ने तैयार की थी जो एक बड़े पैमाने पर साहित्य के रंगमंच पर क्रमशः घटित हो रहे थे।

'सरस्वती' के सम्पादकत्व से आचार्य महावीरप्रसाद द्विवेदी का 1920 ई. में संन्यास ग्रहण करना जैसे आलोचना में एक युगान्त का सूचक था। 1916 ई. के आसपाद छायावाद का उदय हुआ। प्रेमचन्द ने साहित्य-रचना द्विवेदी जी के समय में ही आरम्भ कर दी थी। परन्तु उनकी महत्त्वपूर्ण कृतियों का सिलसिला तीसरा दशक आरम्भ होते ही शुरू हुआ। कथा-साहित्य के क्षेत्र में प्रेमचन्द स्वयं एक प्रवृत्ति थे। अतः कविता और गद्य दोनों में नवीन प्रवृत्तियों के उदय ने जैसे आलोचना के सामने एक चुनौती प्रस्तुत की। यह बात एक बार ही स्पष्ट हो गई कि इस साहित्य का मूल्यांकन रीतिकालीन मानदंडों से नहीं किया जा सकता। इस नए साहित्य के माध्यम से आने वाले सवाल नए थे। अतः उनके मूल्यांकन के पैमाने और दृष्टिकोण का भी नया होना जरूरी था। चूँकि 'नागरी प्रचारिणी पत्रिका' और 'सरस्वती' जैसी पत्रिकाएँ एक खास दृष्टिकोण का प्रतिनिधित्व करती थीं और एक विशेष आवश्यकता को पूरा

करती थीं इसलिए साहित्य की बदली हुई अपेक्षाओं की दृष्टि से वे शायद नाकाफी समझी गईं। इस समय 'माधुरी', 'मर्यादा', 'सुधा', 'इन्दु', 'श्रीशारदा' आदि अनेक पत्र-पत्रिकाओं का प्रकाशनारम्भ आकस्मिक नहीं है। इन पत्रिकाओं ने आलोचना की बदली हुई चेतना का वहन किया। छायावाद की विशेषताओं को स्पष्ट करते हुए मुकुटधर पांडेय ने इस विषय पर चार लेखों की पहली लेखमाला 'श्रीशारदा' 1920 ई. में प्रकाशित कराई।

साहित्य के क्षेत्र के अलावा इसी समय शैक्षिक जगत् में भी एक ऐसी महत्त्वपूर्ण घटना घटी जिसने हिन्दी आलोचना को बहुत दूर तक प्रभावित किया। देश में स्वतन्त्रता-आन्दोलन का तेजी से प्रचार-प्रसार हो रहा था। जनता और विशेषकर शिक्षित समाज में स्वभाषा और साहित्य के प्रति सजगता निरन्तर बढ़ रही थी। इसी गौरव-बोध के परिणामस्वरूप भारत के विश्वविद्यालयों में स्नातकोत्तर स्तर पर हिन्दी के अध्ययन-अध्यापन का सिलसिला आरम्भ हुआ। 1920 ई. के आसपास काशी विश्वविद्यालय में हिन्दी विभाग की स्थापना हुई। शिक्षा का विषय बन जाने के कारण अन्य विषयों की तरह हिन्दी साहित्य के अध्ययन-अध्यापन की सुव्यवस्थित प्रणाली का विकास आवश्यक हो गया। व्यक्तिगत रुचि और राग-द्वेष से मुक्त वातावरण में वाद-विवादों से ऊपर उठकर साहित्य के गम्भीर अध्ययन और मनन की आवश्यकता भी समझी जाने लगी और इसके लिए उपयुक्त अवसर भी उपस्थित हुआ।

इस प्रसंग का एक दूसरा पक्ष भी है। विश्वविद्यालयीय आलोचक के सामने यह खतरा हमेशा बना रहता है कि वह सर्जनात्मक साहित्य से दो कदम पीछे रहने के आग्रह के कारण पिछड़ जाता है और सन्तुलन एवं निष्पक्षता बनाए रखने के फेर में उसकी आलोचना अक्सर निष्प्राण हो जाती है। वह अन्य विषयों की भाँति एक निश्चित अनुशासन से बँधा रहकर विद्यार्थियों की शिक्षा के लिए शिक्षोपयोगी सामग्री जुटाता रहता है। परन्तु इन सारे खतरों के बावजूद खड़ी बोली हिन्दी में गम्भीर रूप से शास्त्रीय चिन्तन का आरम्भ उन्हीं ग्रन्थों से हुआ जो मूल रूप से स्नातकोत्तर स्तर के विद्यार्थियों के पाठ्य-क्रम में रखने के लिए तैयार किए गए थे।

बीसवीं शताब्दी का तीसरा दशक जैसे हिन्दी आलोचना का संक्रमण-काल है। साहित्य में नई प्रवृत्तियों के उदय ने समसामयिक साहित्य के साथ आलोचना के जीवन्त सम्पर्क की अनिवार्यता सिद्ध कर दी थी। रीतिकालीन संस्कार भी सर्वथा निःशेष नहीं हुआ था। विश्वविद्यालयों में शिक्षोपयोगी

व्यवस्थित और अनुशासित चिन्तन की माँग बढ़ रही थी। प्राचीन और मध्ययुगीन साहित्य से सम्बद्ध प्रश्नों पर पत्रिकाओं में अनेक विवाद चालू थे। पत्र-पत्रिकाओं में शोध-निबन्धों के माध्यम से बहुत-सी अप्राप्य सामग्री सामने लाई जा रही थी। सैद्धान्तिक चिन्तन की दिशा में एक ओर तो संस्कृत काव्यशास्त्र की उद्धरणी के प्रयत्नों का क्रम जारी था और दूसरी ओर पाश्चात्य साहित्यालोचन के सिद्धान्तों के आयात का सिलसिला भी चल निकला था। कहीं-कहीं इनके मिले-जुले रूप से हिन्दी में शास्त्रीय चिन्तन की अलग परम्परा का आरम्भ करने का प्रयास भी दिखाई पड़ रहा था।

संक्रमण-काल की इन विविधतापूर्ण प्रवृत्तियों के बीच **आचार्य रामचन्द्र शुक्ल** (1884-1940 ई.) अकेले ऐसे आलोचक हैं जिन्होंने परम्परागत आलोचना शैलियों के प्रति सम्मान का भाव रखकर भी अपने युग की आवश्यकताओं को पहचाना और उनके अनुरूप सही अर्थों में हिन्दी की अपनी आलोचना शैली को जन्म दिया। शुक्ल जी ने नागरी प्रचारिणी सभा में **'हिन्दी शब्द-सागर' के सम्पादन से आरम्भ किया** और विश्वविद्यालय में अध्यापन से इति। किन्तु इस यात्रा के बीच वे निरन्तर पत्र-पत्रिकाओं में लिखते रहे। अपने समय के सभी साहित्यिक विवादों के प्रति सजग रहकर उन्होंने उनके बारे में अपनी राय व्यक्त की। 'शब्द-सागर' की भूमिका के रूप में साहित्येतिहास की रचना की। 'पद्‌मावत' जैसी महत्त्वपूर्ण कृति का सम्पादन ही नहीं किया, व्याख्या द्वारा उसे समझने-समझाने का प्रयास भी किया। हिन्दी के तीन महान कवियों–तुलसी, जायसी, सूर के ग्रन्थों की भूमिकाएँ लिखीं। अपने इतिहास में और बातों के अतिरिक्त साहित्यकारों के कृतित्व के सम्बन्ध में मूल्यांकनपरक मत व्यक्त किए। मूल्यांकन-क्रम में जिन सिद्धान्तों को वे काम में लाते थे, लगे हाथों उन्हें शास्त्र-चिन्तन का रूप भी देते जाते थे। सबसे महत्त्वपूर्ण बात तो यह है कि अन्त में वे स्वयं विश्वविद्यालय के अनुशासन में बँध गए पर उनकी आलोचना शैक्षिक जड़ता से मुक्त रही। गरज़ ये कि आलोचना के इतिहास में शुक्ल जी की भूमिका युग-पुरुष की थी।

हिन्दी-आलोचना के जिस दौर को शुक्ल-युग कहा गया है वह हिन्दी में वास्तविक आलोचना का प्रस्थान बिन्दु है। यहीं से हिन्दी की आलोचना गुण-दोष-विवेचन, तारतमिक श्रेणी-विभाग या रीति कवियों के बीच श्रेष्ठत्व की ऊहापोह से आगे बढ़कर सही रूप और सार्थक भूमिका ग्रहण करती दिखाई पड़ती है।

आचार्य शुक्ल के हाथ हिन्दी आलोचना की बागडोर आते ही जो सबसे अधिक महत्त्वपूर्ण बात घटित होती है वह है साहित्यिक रुचि में परिवर्तन। 'देव और बिहारी' और 'बिहारी और देव' के तुलनात्मक अध्ययन से स्थानान्तरित होकर सारा बल भक्तिकालीन साहित्य पर जा टिकता है और इस प्रकार एक बार ही हिन्दी आलोचना का केन्द्र बदल जाता है। केवल तुलना के लिए ही नहीं टीका-व्याख्या के लिए भी अब तक हिन्दी के आलोचक रीतिसाहित्य को ही सर्वाधिक उपयुक्त विषय मानते थे। ऐसी पृष्ठभूमि में अवतरित होकर आचार्य शुक्ल ने पूरी साहित्यिक परम्परा का पुनर्गठन किया। बिना नम्बर दिए भी उन्होंने अपनी व्यावहारिक आलोचना के माध्यम से हिन्दी कवियों का जो तारतमिक मूल्यांकन प्रस्तुत किया, वह उनके समय की बदली रुचि का प्रमाण है और इस रुचि के निर्माण का श्रेय आचार्य शुक्ल को ही दिया जाएगा। पाठक में अच्छे-बुरे के बीच अच्छे साहित्य के चुनाव की पहचान पैदा करने को मिश्रबन्धु आलोचक का प्रमुख दायित्व मानते थे। शुक्ल जी ने भी जैसे यही काम किया पर मूल्यांकन की परीक्षा-पद्धति से नहीं (जिसे वे 'एक बेहूदा बात समझते थे') बल्कि व्याख्या-विश्लेषण की पद्धति से।

कोई आलोचक किन साहित्यिक मूल्यों को महत्त्व देता है, इसका प्रमाण उसकी साहित्यिक पसन्द-नापसन्द से मिलता है। अपने आलोचक-कर्म के दौरान वह किस प्रकार के साहित्य को मान्यता देता चलता है, साहित्य में वह किन विशेषताओं को तरजीह देता है और नापसन्दगी की स्थिति में किन बातों की निन्दा करता है, इससे उसके साहित्यिक मूल्य, उसकी जीवन-दृष्टि उभरकर सामने आती है।

आचार्य शुक्ल ने व्यवहार में ही अपनी रुचि भक्तिकालीन साहित्य के प्रति नहीं दिखाई, सिद्धान्त में भी रीति-ग्रन्थों के बुरे प्रभाव की चर्चा की। उनका विश्वास था कि अपने देश की साहित्यिक रुचि को जकड़बन्द करने में रीति-ग्रन्थों का बहुत बड़ा हाथ है। इन्हीं रीति-ग्रन्थों के कारण कवियों की 'दृष्टि संकुचित हो गई, लक्षणों की कवायद पूरी करके वे अपने कर्तव्य की समाप्ति मानने लगे, काव्य का **स्वरूप संघटित करने के स्थान पर** वे बाहरी सजावट में अधिक उलझने लगे।' (रस मीमांसा, पृ. 75)

शुक्ल जी का विरोध सजावट से उतना नहीं है जितना 'लक्षणों की कवायद' पूरी करने से और काव्य में उनके सापेक्ष महत्त्व से है। सजावट करने वाला व्यक्ति **'कला-निपुण'** हो सकता है और शुक्ल जी 'कला-निपुणता' और

'सहृदयता' को एक ही वस्तु न मानते हुए कवि के लिए दोनों की अनिवार्यता स्वीकार करते थे। जिसे उन्होंने 'काव्य का स्वरूप संघटित' करना कहा है उसका आधार सहृदयता ही हो सकती है। शुक्ल जी का रसवाद इसी अर्थ में रीति-ग्रन्थों के रस-निरूपण से भिन्न था कि वे उसमें 'गिनी-गिनाई बातों की निर्दिष्ट शैली के अनुसार' आँख मूँदकर कह देने की रस्म अदायगी के पक्ष में न थे। उन्होंने अपने रसवाद में अनुभूति को सर्वोपरि महत्त्व देकर उसे लोकमानस के व्यापक धरातल पर प्रतिष्ठित किया था। उनके यहाँ न विषयों की सीमा थी, न उनके स्वरूप की। केवल आवश्यकता थी तो 'मानव-प्रकृति के अन्वीक्षण की।' उन्होंने इसीलिए 'भावों के स्वरूप प्रदर्शन' और 'श्रोता के हृदय में उसके संचार' के बीच भेद किया है। सच्चे काव्य का प्रकृत लक्ष्य वे शास्त्र में गिनी-गिनाई बातों का इकट्ठा करना नहीं बल्कि 'पदार्थों के साथ भावों के प्रकृत सम्बन्ध का प्रत्यक्षीकरण—जगत् के साथ हमारी रागात्मिका वृत्ति का सामंजस्य' (वही. पृ. 77) सिद्ध करना मानते थे।

इस प्रकार शुक्ल जी के लिए काव्य की रसात्मकता का अभिप्राय था रागात्मकता या अनुभूति-प्रवणता। काव्य में सापेक्षता की दृष्टि से भी वे कल्पना और बुद्धि के ऊपर अनुभूति-तत्त्व को प्राथमिकता देते हुए अनुभूति-प्रधान काव्य को ही उत्तम काव्य समझते थे। परन्तु इस सम्बन्ध में एक बात ध्यान रखने की है, अनुभूति को प्रधानता देकर भी शुक्ल जी उसमें ऊँची-नीची भूमि का भेद करते थे। उन्हें 'बिहारी की रसव्यंजना का पूर्ण वैभव' उनके अनुभाव-विधान में दिखाई पड़ा। बिहारी के शृंगार-वर्णन का मूल्यांकन करते हुए उन्होंने कहा कि 'अनुभावों और हावों की ऐसी सुन्दर योजना कोई शृंगारी कवि नहीं कर सका है।' (हिन्दी साहित्य का इतिहास, पृ. 299) इसी प्रकरण में उन्होंने बिहारी के काव्य में संचारी भावों की व्यंजना की मर्मस्पर्शिता की प्रशंसा की पर साथ ही वे यह कहने से न चूके कि 'कविता उनकी शृंगारी है, पर प्रेम की उच्च भूमि पर नहीं पहुँचती, नीचे ही रह जाती है।' (वही, पृ. 303) इस प्रकार वे अनुभूति की एक उच्च भूमि अर्थात् अनुभूति के औदात्य के समर्थक थे।

काव्य में अनुभूति का समर्थन करते हुए भी शुक्ल जी को अनुभूति की ऐकान्तिक स्थिति मान्य न थी। इसीलिए उन्हें 'कामायनी' में प्रसाद का इड़ा-विरोधी श्रद्धावाद समझ में नहीं आया। क्योंकि "प्रत्येक 'भाव' का प्रथम अवयव विषय-बोध ही होता है।" इसलिए बोध-तत्त्व को भावभूमि से खारिज

नहीं किया जा सकता। कदाचित् इसी कारण शुक्ल जी ने जिसे प्रसाद का एकान्त श्रद्धावाद समझा, उसका विरोध कर उसमें इड़ा पक्ष के समन्वय का समर्थन किया।

शुक्ल जी की अनुभूति की अवधारणा एक बात में और विशिष्ट है। अनुभूति को प्रधानता देकर भी उन्होंने काव्य में विषयिप्रधानता को प्रश्रय नहीं दिया। अनुभूति की प्रकृत अभिव्यक्ति को उत्तर-छायावादी काव्य और आलोचना में भी महत्त्व दिया गया परन्तु शुक्ल जी ने इन आलोचकों की आत्माभिव्यक्ति-प्रधान अनुभूति से भिन्न जिस रसवाद की प्रतिष्ठा की उसमें व्यक्ति हृदय से आगे बढ़कर लोक-मानस और लोक-हृदय के साथ रागात्मक सम्बन्ध को प्रमुखता दी। 'लोक-हृदय में हृदय के लीन होने की दशा का नाम रसदशा है' (रस मीमांसा, पृ. 207)। उनका यह रसमार्ग अन्तर्मुखी न होकर बहिर्मुखी था। उन्होंने भारतीय रसवाद को जो लोक-सम्पृक्ति का आयाम दिया उसका निर्वाह प्रबन्ध के विस्तृत कलेवर में ही सम्भव था। इसीलिए वे मुक्तक को 'एक चुना हुआ गुलदस्ता' कहकर भी 'विस्तृत वनस्थली' के समान प्रबन्धकाव्य के सौन्दर्य के ही कायल थे। प्रबन्धकार कवि की भावुकता की सबसे बड़ी पहचान वे इस बात में समझते थे कि वह 'किसी आख्यान के अधिक मर्मस्पर्शी स्थलों को पहचान सका है या नहीं' (त्रिवेणी, पृ. 114)। इसीलिए वे एक निश्चित सीमा से आगे न मुक्तक काव्य का समर्थन कर सके न गीतात्मकता का। काव्य में जिस लोक-मंगल की साधना को वे काम्य मानते थे उनके अनुसार उसका निर्वाह जैसा प्रबन्धों में हो सकता था वैसा मुक्तक में नहीं। इसीलिए मुक्तक में भी अन्तर्मुखी गीत-रचना की अपेक्षा वे वस्तून्मुख या लोकोन्मुख स्फुट छन्दों को बेहतर समझते थे।

काव्य और कलाओं के माध्यम से सिद्ध होने वाले भावयोग या अनुभूतियोग को शुक्ल जी ज्ञानयोग और कर्मयोग के समकक्ष मानते थे : "मुक्त-हृदय मनुष्य अपनी सत्ता को लोक-सत्ता में लीन किए रहता है। इस अनुभूतियोग के अभ्यास से हमारे मनोविकारों का परिष्कार तथा शेष सृष्टि के साथ हमारे रागात्मक सम्बन्ध की रक्षा और निर्वाह होता है" (रस मीमांसा, पृ. 6)। अपने भाव-विवेचन में शुक्ल जी ने करुणा को जो अत्यधिक महत्त्व दिया है उसका कारण भी यही है कि वे करुणा को ही लोक-सत्ता से व्यष्टि-सत्ता को मिलाने वाला भाव मानते हैं। यही वह भाव है जो अविलम्ब आश्रय को आलम्बन के साथ जोड़ता है। आत्म-प्रसार का कारण बनता है और

अन्ततः जीवन में लोक-मंगल का विधान करता है।

शुक्ल जी के भाव और मनोविकार सम्बन्धी विवेचन से यह स्पष्ट है कि वे हर विषय का अध्ययन-विश्लेषण सामाजिकता के सन्दर्भ में करते थे। लोकमंगल की अवधारणा से संगति बैठाकर मानव-मन की अन्तर्वृत्तियों का जो विवेचन शुक्ल जी ने किया है, उससे उनके चिन्तन में व्याप्त एक अन्तस्संगति का स्पष्ट बोध होता है। उनका करुणा और प्रेम का विवेचन इसका प्रमाण है। नन्ददुलारे वाजपेयी ने इसीलिए शुक्ल जी की 'काव्य समीक्षा में बड़े समारोह के साथ सामाजिक सम्पर्क का आवाहन' (हिन्दी साहित्य, बीसवीं शताब्दी, पृ. 59) देखा है।

दरअसल शुक्ल जी की लोकमंगल की चिन्ता एक ऐसी मानवीय दृष्टि से उद्भूत है जिसके कारण काव्य की भावभूमि को वे न 'लोकोत्तर' बनाना चाहते हैं न 'लोकेतर', वे उसे केवल 'लोक-सामान्य' भर बनाना चाहते हैं। शास्त्र में रसानुभव की जिस लोकोत्तरता की चर्चा की गई उसकी जो व्याख्या शुक्ल जी करते हैं वह ध्यान देने लायक है : "हमारे यहाँ लक्षणग्रन्थों में रसानुभव को जो 'लोकोत्तर' और ब्रह्मानन्द-सहोदर आदि कहा है वह अर्थवाद के रूप में सिद्धान्त रूप में नहीं। उसका तात्पर्य केवल इतना ही है कि रस में व्यक्तित्व का लय हो जाता है।" (हिन्दी साहित्य का इतिहास, पृ. 687) व्यक्तित्व का लय हो जाना मनुष्य के हृदय का 'स्वार्थ-सम्बन्धों के संकुचित मंडल से ऊपर उठकर लोक-सामान्य' भावभूमि पर पहुँच जाना ही है। साहित्य के सन्दर्भ में शुक्ल जी की सारी चिन्ता इसी लोक-सामान्य की चिन्ता है। उनकी इसी जनतान्त्रिक दृष्टि से उनका सम्पूर्ण सैद्धान्तिक और व्यावहारिक विवेचन जुड़ा है। इसी कारण उन्हें तुलसी आदर्श कवि प्रतीत होते हैं। इसी दृष्टि को प्रधानता देते हुए वे भाव, विभाव, रस आदि की पुनर्व्याख्या अपनी सुविधा के अनुसार करते हैं। काव्य और कला के क्षेत्र में अध्यात्म शब्द को गैरजरूरी करार देते हैं और साधारणीकरण की पुनः प्रतिष्ठा कर व्यक्ति-वैचित्र्य का विरोध करते हैं।

इसका अभिप्राय यह नहीं कि लोकोत्तर स्तर से उतारकर शुक्ल जी काव्यानुभूति का अवमूल्यन कर रहे थे। योग, तन्त्र, रसायन आदि को रहस्य-मार्ग मानकर वे उनकी साधनात्मक महत्ता तो स्वीकार करते थे पर प्रकृत भावभूमि या काव्यभूमि से उनका सम्बन्ध नहीं बिठा पाते थे। इसीलिए उन्होंने कबीर के रहस्यवाद का विरोध किया और छायावादी काव्य में रहस्य-तत्त्व का।

रसानुभूति की लोकसिद्ध किन्तु उदात्त भूमि का उन्हें पूरा बोध था। इसलिए उन्होंने पूरे आक्रोश से पश्चिम के कलावाद और भारतीय काव्यशास्त्र के 'आनन्द', 'चमत्कार' आदि शब्दों पर प्रहार किया : ''मेरी समझ में रसास्वाद का प्रकृत स्वरूप 'आनन्द' शब्द से व्यक्त नहीं होता।...इस आनन्द शब्द ने काव्य के महत्त्व को बहुत कुछ कम कर दिया...उसे नाच-तमाशे की तरह बना दिया है।'' (रस मीमांसा, पृ. 80) शुक्ल जी कविता की भावभूमि की व्याप्ति लोक और जीवन के सभी पक्षों तक मानते थे। काव्य के विभागों की चर्चा करते हुए उन्होंने उसमें जीवन के प्रयत्न-पक्ष और उपभोग-पक्ष–साधनावस्था और सिद्धावस्था–दोनों को समेटकर सर्वोपरि महत्ता साधनावस्था को दी। साधनावस्था के अन्तर्गत उन्होंने 'विरुद्धों के सामंजस्य' में ही 'लोकधर्म का सौन्दर्य' देखा। इस प्रकार सौन्दर्य की परिधि में रूप के साथ कर्म, शील और शक्ति के सौन्दर्य का समाहार हुआ। सौन्दर्य के इस विराट् रूप का विधान उन्होंने प्रधान रूप से अमंगल के विरोध में माना। स्थायी संचारियों की शास्त्रीय सूची में जब उन्हें इस सौन्दर्य को धारण करने वाले नायक की वृत्ति के लिए कोई नाम न मिला तो उन्होंने 'बीज भाव' की कल्पना की और इसी बीज भाव में विरोधी भावों की सामंजस्यपूर्ण स्थिति और उनके स्फुरण की क्षमता स्वीकार की।

प्रकृति के भी कोमल रम्य रूपों की अपेक्षा 'उग्र, कराल या भयंकर' रूपों को उन्होंने अधिक महत्त्व दिया और सच्चे कवि-हृदय की पहचान यह बताई कि उसका हृदय प्रकृति के 'इन सब रूपों में लीन होता है।' (चिन्तामणि, भाग 1, पृ. 149)

शुक्ल जी ने काव्य के आलम्बन का जो परिधि-विस्तार किया उसमें नर-प्रकृति के साथ नरेतर प्रकृति भी समाहित हो गई। जो शुक्ल जी छायावाद के साम्प्रदायिक रहस्यवाद का विरोध करते थे वे ही प्राकृतिक रहस्यवाद के समर्थक थे। छायावादी काव्य और शुक्ल जी की आलोचना में जो प्रकृति-प्रेम दिखाई पड़ता है उसकी जड़ें एक ही युग के सामान्य भाव-बोध में निहित हैं। इसका प्रमाण यह है कि शुक्ल जी ने वहाँ तक छायावाद को ग्रहण कर लिया जहाँ तक उसका स्वरूप 'स्वच्छन्दतावाद के शुद्ध स्वाभाविक मार्ग' का था। पल्लव की रहस्यात्मक रचनाएँ उन्हें इसीलिए रास आईं क्योंकि ''पन्तजी की रहस्य-भावना स्वाभाविक है, साम्प्रदायिक (डॉगमैटिक) नहीं। ऐसी रहस्य-भावना इस रहस्यमय जगत् के नाना रूपों को देख प्रत्येक सहृदय व्यक्ति के मन में

कभी-कभी उठा करती है। व्यक्त जगत् के नाना रूपों और व्यापारों के भीतर किसी अज्ञात चेतन सत्ता का अनुभव-सा करता हुआ कवि इसे केवल अतृप्त जिज्ञासा के रूप में प्रकट करता है।'' (हिन्दी साहित्य का इतिहास, पृ. 842) इस प्रकार हृदय के धरातल पर प्रकृति के अनन्त रमणीय रूपों के प्रति जो स्वाभाविक जिज्ञासा कवि-हृदय में उठा करती है उसे वे मान्यता देते थे। नरेतर जगत् के उन आदिम रूपों का जिनका 'हमारे भावों के साथ मूल या सीधा सम्बन्ध है' काव्य के माध्यम से सामने लाया जाना शुक्ल जी अनिवार्य समझते थे। सभ्यता के आवरण को पार कर इन आदिम और वन्य रूपों और प्रवृत्तियों के प्रति उनका मोह उनके युग की रोमांटिक चेतना के साथ कहीं न कहीं उनकी आलोचना की संगति बैठाता है। शुक्ल जी ने अपनी आलोचना में जहाँ काव्य की लोकमंगल विधायिनी प्रकृति, काव्य के विषय, जगत् और जीवन के नाना रूपों से उसके सम्बन्ध पर विचार किया वहाँ रीति-ग्रन्थों में विहित अभिव्यक्ति की परिपाटी पर भी।

इस सम्बन्ध में ध्यान देने की पहली बात यह है कि आचार्य शुक्ल ने साहित्य की आलोचना और आलोचना के सिद्धान्तों में स्पष्ट अन्तर किया है। पहली को वे 'समालोचना' कहते हैं और दूसरे को 'काव्य-मीमांसा'। इसीलिए 'तृतीय उत्थान' के अन्तर्गत जब वे 'समालोचना और काव्य-मीमांसा' शीर्षक देकर विचार करते हैं तो बाबू श्यामसुन्दरदास के 'साहित्यालोचन' की चर्चा काव्य-मीमांसा के रूप में करते हैं।

उनके सिद्धान्त-विवेचन के बारे में ध्यान देने वाली दूसरी बात यह है कि साहित्य के ग्रन्थों में उपलब्ध लक्षण-नियम आदि को शुक्ल जी केवल 'विचार की व्यवस्था के लिए काव्य सम्बन्धी चर्चा के सुबीते के लिए' ही ग्रहण करने के पक्ष में थे। वे इस बात से चिन्तित थे कि 'इन लक्षणों और नियमों का उपयोग गहरे और कठोर बन्धन की तरह होने लगा।...जब कोई बात हद से बाहर जाने लगती है तब प्रतिवर्तन (रिएक्शन) का समय आता है।' (हिन्दी साहित्य का इतिहास, पृ. 690) इसलिए 'हमें सामंजस्य बुद्धि से काम लेकर अपना स्वतन्त्र मार्ग निकालना चाहिए।' (वही)

जब शुक्ल जी को पश्चिम के कलावाद में और मध्ययुग के अलंकारवाद में बात हद के बाहर होती दिखाई दी तो उन्होंने दोनों प्रवृत्तियों का विरोध भी किया और नई व्याख्या भी की। पश्चिम के कलावाद और अभिव्यंजनावाद की हिन्दी कविता में भद्दी नकल पर उन्होंने निर्ममता से प्रहार किया पर

छायावाद की अभिव्यंजना शैली का विवेचन करते हुए उन्होंने छायावादी कवियों की शैली में अलंकार-प्रयोग की नवीनता को लक्ष्य करके उसकी प्रशंसा भी की।

रीतिकाल में कल्पना का प्रयोग मुख्य रूप से अलंकार-विधान के साधन के रूप में किया जाता था। शुक्ल जी ने उसके कर्मक्षेत्र का परिधि-विस्तार किया और उसका स्थान अनुभूति के अधीन नियत कर दिया : "काव्य का आभ्यन्तर स्वरूप या आत्मा या भाव या रस है। अलंकार उसके बाह्य स्वरूप हैं। दोनों में कल्पना का काम पड़ता है।...जबकि रस ही काव्य में प्रधान वस्तु है तब उसके संयोजकों में जो कल्पना का प्रयोग होता है वही आवश्यक और प्रधान ठहरा। रस का आधार खड़ा करने वाला जो विभावन व्यापार है कल्पना का प्रधान कर्मक्षेत्र वही है। पर वहाँ उसे अनुभूति या रागात्मिका वृत्ति के आदेश पर कार्य करना पड़ता है।" (रस मीमांसा, पृ. 83)

शुक्ल जी रस का आधार खड़ा करने वाले विभावन-व्यापार को काव्य में सर्वोपरि महत्त्व देते थे। विभावन-व्यापार की प्रतिष्ठा दूसरे शब्दों में काव्य में वस्तु-तत्त्व व मूर्त्त विधान की प्रतिष्ठा है। प्रबन्ध के विस्तृत कलेवर में शुक्ल जी ने विभावन-व्यापार को वस्तु-विधान, चारित्र्य और दृश्य-योजना के रूप में देखा है और मुक्तक एवं गीतों में चित्रात्मकता और मूर्त्त-विधान के रूप में। काव्य की भाषा की विशिष्टता ही इस बात में है कि 'कविता में कही गई बात चित्र-रूप में हमारे सामने आनी चाहिए' (रस मीमांसा, पृ. 33) क्योंकि 'काव्य में अर्थग्रहण मात्र से काम नहीं चलता, बिम्बग्रहण अपेक्षित होता है।' (वही, पृ. 134) और वह 'बिम्बग्रहण निर्दिष्ट गोचर और मूर्त्त विषय का ही हो सकता है।' (वही) इस तरह एक ओर तो विभावन-व्यापार, गोचर और मूर्त्त विषय की बात कर शुक्ल जी ने काव्य में वस्तु-तत्त्व की प्रतिष्ठा की और दूसरी ओर मूर्त्त-विधान, चित्रात्मकता आदि को शैली के गुणों के रूप में स्वीकार किया। इस सन्दर्भ में उन्होंने काव्य-कला का सम्बन्ध दूसरी ललित कलाओं से जोड़कर देखा : 'जिस प्रकार मूर्त्त-विधान के लिए कविता चित्रविधा की प्रणाली का अनुसरण करती है उसी प्रकार नाद-सौष्ठव के लिए वह संगीत का कुछ सहारा लेती है' (रस मीमांसा, पृ. 37) इसी बात को आगे बढ़ाते हुए शुक्ल जी ने नाद-सौन्दर्य पैदा करने की पुरानी परिपाटी के भाव शून्य हो जाने का भी संकेत किया और इस बात पर जोर दिया कि नाद-सौन्दर्य का समावेश मूलतः 'भाव का रस की धारा का मन के भीतर अधिक प्रसार करने के लिए' होना अभीष्ट

है। और यह भी कि 'नाद-सौन्दर्य से कविता की आयु बढ़ती है।'(रस-मीमांसा, पृ. 38)

शुक्ल जी के विवेचन की सबसे बड़ी विशेषता यह थी कि वे किसी भी सिद्धान्त में उसके रूढ़ रूप को छोड़कर मूल मन्तव्य तक पहुँचने का प्रयास किया करते थे। जहाँ परम्परा उनका साथ नहीं देती थी वहाँ वे आवश्यकता और सुविधा के अनुकूल अपनी मौलिक व्याख्याएँ प्रस्तुत करते थे।

इसीलिए शुक्ल जी ने 'सौन्दर्य' शब्द की अपनी व्याख्या प्रस्तुत की। योरोपीय कला-समीक्षा और भारतीय अलंकार-शास्त्र दोनों में इस शब्द की अलग-अलग प्रयोग-परम्परा थी। शुक्ल जी ने इन दोनों से भिन्न सौन्दर्य की अपनी व्याख्या की। उन्होंने सौन्दर्य को रंग-रूप से आगे बढ़कर कर्म और मनोवृत्ति में खोजा और उसकी कसौटी इन शब्दों में निर्धारित की : 'जिस सौन्दर्य की भावना में मग्न होकर मनुष्य अपनी पृथक् सता की प्रतीति का विसर्जन करता है वह अवश्य एक दिव्य विभूति है।' (वही, पृ. 25)

शुक्ल जी के आलोचक व्यक्तित्व की एक बहुत बड़ी विशेषता उनकी व्यापक और सजग दृष्टि थी। अपने समय के हर साहित्यिक विवाद की तरफ उन्होंने ध्यान ही नहीं दिया उस पर राय भी दी। वह चाहे 'पृथ्वीराज रासो' की प्रामाणिकता का प्रश्न हो या विद्यापति की श्रृंगारिकता या भक्ति पर बहस हो। जितनी लगन से वे प्राचीन और मध्ययुगीन काव्य का विवेचन करते थे उतना ही ध्यान आधुनिक साहित्य और विषयों पर भी देते थे। छायावाद और छायावादी कवियों का उनका विवेचन इसका प्रमाण है।

जिस साहित्य में सदियों से कविता की प्रभुता रही हो, उसमें निबन्ध का विवेचन करते हुए यह कहना बहुत साहस की ही नहीं सूझबूझ की भी बात है कि 'यदि गद्य कवियों या लेखकों की कसौटी है तो निबन्ध गद्य की कसौटी है। भाषा की पूर्ण शक्ति का विकास निबन्धों में ही सबसे अधिक सम्भव होता है।' (हिन्दी साहित्य का इतिहास, पृ. 605)

उन्होंने अपने समय के गद्य-साहित्य की सभी पद्धतियों और प्रवृत्तियों को समझा, परखा और इतिहास में उनका विवेचन किया। छोटी कहानी, उपन्यास, नाटक, निबन्ध, समालोचना–सभी की मूल विशेषता को वे खूब पहचानते थे। प्रेमचन्द के उपन्यासों में यथार्थवादी जीवन-दृष्टि, भारतीयता और सामाजिकता को ही लक्ष्य कर वे उन्हें हिन्दी का सर्वश्रेष्ठ उपन्यासकार घोषित कर गए।

आचार्य शुक्ल के हाथों वस्तुतः हिन्दी की एक निजी प्रौढ़ आलोचना शैली

का विकास हो चुका था। यह शैली पश्चिम के कलावाद और हिन्दी के मध्ययुगीन अलंकार-रीतिवाद से भिन्न हिन्दी की अपनी ठेठ मौलिक आलोचना शैली थी। उनकी आलोचना की खास बात यह थी कि उन्होंने शास्त्र की सर्वथा मौलिक व्याख्या कर उसे आधुनिक और समयोपयोगी बनाया। द्विवेदी-युग में ही काव्य के प्रति जिस बदली रुचि का आभास मिलने लगा था वह शुक्ल जी के समय तक सर्वथा स्पष्ट हो गई थी। आलोचना के केन्द्र में रीतिकाल के देव, बिहारी और मतिराम आदि कवियों के स्थान पर भक्त कवि तुलसी और सूर प्रतिष्ठित हो गए थे। उनके मूल्यांकन के लिए रीति-अलंकार सिद्धान्त अपर्याप्त था। शुक्ल जी ने इसलिए अलंकारवाद के स्थान पर भारतीय रसवाद की पुनः प्रतिष्ठा की और उसे लोक-सम्पृक्ति का विस्तृत आयाम देकर आधुनिक और प्रासंगिक बनाया। उन्होंने प्राचीन भारतीय रसवाद से 'रागात्मक या अनुभूति प्रवणता' तो ली पर उसे अन्तर्मुखी वैयक्तिक साधना न मानकर अनुभूति-योग के नाम से लोक-मानस और लोक-हृदय के साथ रागात्मक सम्बन्ध का रूप दिया। जिन परवर्ती रसवादियों का काव्य-संसार उत्तर-छायावादी काव्य के रोमानवाद से निर्मित हुआ था उनकी आत्मनिष्ठ विषयिपरक रस-व्याख्याओं और शुक्ल जी के रसवाद में यही मौलिक अन्तर है कि शुक्ल जी ने अपनी रस-धारणा का निर्माण सामाजिकता के सन्दर्भ में किया था। उनका रसमार्ग अन्तर्मुख न होकर बहिर्मुख था। उनकी सारी चिन्ता व्यापक लोक-मानस की चिन्ता थी। इसीलिए उन्होंने रस की लोकोत्तरता का विरोध कर उसे लोक-भूमि पर उतारा। इसीलिए उन्होंने रूप-सौन्दर्य के समानान्तर कर्म या शील-सौन्दर्य को महत्त्व दिया और मुक्तक एवं प्रगीतों की तुलना में उन प्रबन्ध-काव्यों का समर्थन किया जिनमें जीवन के व्यापक स्तर पर इस कर्म-सौन्दर्य के चित्रण का अवकाश हो। स्थायी भावों में करुणा को सर्वाधिक महत्त्व देने के मूल में भी उनकी यही मानववादी दृष्टि है। आचार्य शुक्ल ने महावीरप्रसाद द्विवेदी के स्थूल नैतिक उपयोगितावाद को भावात्मक मानवतावाद का रूप देकर आलोचना के प्रतिमान के रूप में प्रतिष्ठित किया। उनके हाथों हिन्दी में पहली बार आलोचना को सृजनात्मक साहित्य के समतुल्य गरिमा मिली।

शुक्ल जी के बारे में यह शंका व्यक्त की गई है कि जितने कौशल से वे व्यावहारिक आलोचना करते थे उतनी सिद्धि उन्हें अपने द्वारा प्रयुक्त प्रतिमानों को सूत्रबद्ध करने में प्राप्त नहीं थी। परन्तु शुक्ल जी ने ऐसा प्रयास

न किया हो यह नहीं कहा जा सकता। 'रस मीमांसा' की रचना आलोचना के अपने प्रतिमानों को सिद्धान्तबद्ध करने का ही प्रयत्न है। पर सवाल दूसरा है—क्या सफल आलोचक इस बात के लिए बाध्य है कि वह अपनी आलोचना पद्धति को सैद्धान्तिक रूप जरूर दे?

शैक्षिक आवश्यकता के अनुरोध से हिन्दी में एकेडेमिक आलोचना की जो परम्परा विकसित हुई उसके समारम्भ का श्रेय **बाबू श्यामसुन्दरदास** (1875-1945 ई.) को है। बाबू श्यामसुन्दरदास ने **'साहित्यालोचन'** की भूमिका में स्वयं स्पष्ट किया है कि उन्होंने इस ग्रन्थ की रचना एम. ए. के पाठ्यक्रम में उपयुक्त आलोचनात्मक ग्रन्थ के अभाव को पूरा करने की लिए की। स्पष्ट है कि ऐसे ग्रन्थ का उद्‌देश्य विद्यार्थियों को विषय की अधिकाधिक जानकारी देना था। इस उद्‌देश्य की पूर्ति के लिए पहले से उपलब्ध सामग्री को एकत्र कर व्यवस्थित ढंग से प्रस्तुत करना ही पर्याप्त था। वस्तुतः बाबू श्यामसुन्दरदास ने इस ग्रन्थ के बारे में मौलिकता का कोई दावा भी नहीं किया। उन्होंने तो पहले संस्करण की भूमिका में ही स्वीकार कर लिया था कि इस ग्रन्थ की रचना करने के लिए उन्होंने अनेक भारतीय और पाश्चात्य ग्रन्थों को आधार बनाया था। ऐसे ग्रन्थों की सूची भी पुस्तक के अन्त में दी गई है। इसी विशेषता के कारण सम्भवतः आचार्य रामचन्द्र शुक्ल ने आपके विषय में कहा था : 'शिक्षोपयोगी तीन पुस्तकें—भाषा विज्ञान, हिन्दी भाषा और साहित्य तथा साहित्यालोचन—भी आपने लिखीं या संकलित की हैं।' (हिन्दी साहित्य का इतिहास, पृ. 622) ऐसी स्थिति में इस रचना का महत्त्व इस बात में है कि इसके द्वारा पहली बार हिन्दी समालोचना को एक स्वतन्त्र अनुशासन के रूप में गम्भीरता से अध्ययन-अध्यापन का विषय बनाकर प्रतिष्ठित किया गया। 'साहित्यालोचन' की रचना से बाबू साहब ने उस पूर्ण आलोचनाशास्त्र की नींव डाली जो पूर्व और पश्चिम के भेद से मुक्त 'शास्त्र' मात्र होता है। 'सम्पूर्ण ग्रन्थ के परिच्छेदों का क्रम, विषय का विभाग आदि अपने मन में बनाकर' उसकी रचना आरम्भ की गई। अतः लेखक के अनुसार मौलिकता ग्रन्थ की योजना में है। किन्तु ग्रन्थ के क्रम-विभाग, अध्यायों के शीर्षक आदि पर भी हडसन का गहरा प्रभाव है। बाबू साहब ने पाश्चात्य कला-विवेचन का अनुसरण करते हुए साहित्य का स्थान ललित कलाओं के बीच निर्धारित किया। साहित्य की विविध प्राचीन एवं नवीन विधाओं का विवेचन किया। ऐसा करते हुए उन्होंने परम्परागत और नवागत दोनों पद्धतियों को मान्यता

दी। उन्होंने 'रस' और 'अलंकार' जैसे परम्परानुमोदित विषयों का भी विवेचन किया और उपन्यास, कहानी, निबन्ध, आलोचना आदि नवीन विधाओं का भी। नाटक पर उन्होंने अलग से 'रूपक-रहस्य' की रचना की। उन्होंने परिशिष्ट में और बातों के अतिरिक्त हिन्दी साहित्य-शास्त्र के कुछ पारिभाषिक शब्दों की सूची भी दी है। उनका यह प्रयत्न हिन्दी के आलोचनाशास्त्र को स्वतन्त्र रूप में विकसित करने का प्रयत्न ही कहा जाएगा।

विद्यार्थियों की आवश्यकता को ध्यान में रखते हुए बाबू साहब ने 'हिन्दी भाषा और साहित्य' नाम से साहित्य का इतिहास भी लिखा। बाद में इतिहास वाले अंश का प्रकाशन स्वतन्त्र रूप से 'हिन्दी साहित्य का इतिहास' नाम से हुआ। इसके प्रकाशन से एक वर्ष पूर्व आचार्य शुक्ल का हिन्दी साहित्य का इतिहास प्रकाशित हो चुका था। शुक्ल जी के इतिहास के समकक्ष न तो इस पुस्तक में आलोचनात्मक विश्लेषण है और न 'मिश्रबन्धु विनोद' के समान साहित्यकारों के विषय में पर्याप्त सूचनाएँ हैं। फिर भी इस इतिहास की विशेषता इस बात में है कि इसमें साहित्य को भाषा और ललित कलाओं के विकास के व्यापक सन्दर्भ में रखकर देखा गया है। उनके दृष्टिकोण की व्यापकता का अनुमान इस बात से भी लगाया जा सकता है कि उन्होंने पश्चिम की समीक्षा-पद्धति में चर्चित फ्रायड के स्वप्न-सिद्धान्त, 'कला के लिए कला', 'यथार्थवाद' आदि का संक्षिप्त परिचय ही नहीं दिया अपनी समझ से उनकी ग्राह्यता-अग्राह्यता पर भी विचार किया। साहित्य के ऐतिहासिक अध्ययन को उन्होंने सांस्कृतिक आयाम भी दिया।

इसके अतिरिक्त बाबू श्यामसुन्दरदास ने व्यावहारिक आलोचना के क्षेत्र में 'कबीर-ग्रन्थावली' का विद्वत्तापूर्ण सम्पादन किया और अपने शिष्य पीताम्बरदत्त बड़थ्वाल से निर्गुण काव्यधारा पर शोध कराया।

बाबू श्यामसुन्दरदास की आलोचना में मौलिकता का चमत्कार, सृजनात्मक स्फूर्ति और पठनीयता भले ही बहुत न हो किन्तु उनका महत्त्व इसी बात में है कि उन्होंने काशी विश्वविद्यालय और नागरी प्रचारिणी सभा के माध्यम से हिन्दी साहित्य के अध्ययन-अध्यापन का गम्भीर वातावरण तैयार किया। उन्होंने शास्त्र की दिशा में कार्य करने वाले अध्यापकों और शोधार्थियों को प्रोत्साहन दिया और हिन्दी आलोचना के एक निजी व्यवस्थित शास्त्र के निर्माण की भूमिका तैयार की।

तीसरे दशक की आलोचना के विकास में **छायावादी कवियों** का भी

उल्लेखनीय योगदान है। छायावादी कवियों ने आलोचना को नई दिशा देने के लिए प्राचीन शास्त्रवादी साहित्यिक मूल्यों का ही विरोध नहीं किया बल्कि नए मूल्यों के प्रश्न पर आचार्य महावीरप्रसाद द्विवेदी और आचार्य रामचन्द्र शुक्ल से टक्कर भी ली। इस दृष्टि से **सुमित्रानन्दन पन्त** के **'पल्लव'** का **'प्रवेश'** (1926 ई.) नए सृजन का ही नहीं बल्कि आलोचना के नए प्रतिमानों का भी पहला प्रभावशाली घोषणा पत्र है।

आलोचना की शास्त्रवादी प्रणाली से असन्तोष प्रकट करते हुए पन्त ने 'प्रवेश' में लिखा कि "हिन्दी में सत्समालोचना का बड़ा अभाव है। रस गंगाधर काव्यादर्श आदि की वीणा के तार पुराने हो गए, वे स्थायी, संचारी, व्यभिचारी आदि भावों का जो कुछ संचार अथवा व्यभिचार करवाना चाहते थे, करवा चुके। जब तक समालोचना का समयानुकूल रूपान्तर न हो, वह विश्वभारती के आधुनिक विकसित तथा परिष्कृत स्वरों में न अनुवादित हो जाए, तब तक हिन्दी में सत्साहित्य की सृष्टि भी नहीं हो सकती।" इससे मुक्ति का द्वार उन्हें विश्वविद्यालयों में ही दिखाई पड़ा। पन्त ने आगे लिखा कि "बड़े हर्ष की बात है कि अब हिन्दी यूनिवर्सिटी की चिर वंचित उच्चतम कक्षाओं में भी प्रवेश पा गई, वहाँ उसे अपनी बहन अंग्रेजी के साथ वार्तालाप तथा हेलमेल बढ़ाने का अवसर तो मिलेगा ही, उनमें घनिष्ठता भी स्थापित हो जाएगी। आशा है, विश्वविद्यालय के उत्साही हिन्दी-प्रेमी छात्र, जब तक हमारे वयोवृद्ध समालोचक बेचारे देव और बिहारी में कौन बड़ा है, इसके निर्णय के साथ उनके भाग्यों का निबटारा करने तथा 'सहित' शब्द में ष्यण प्रत्यय जोड़कर सत्साहित्य की सृष्टि करने में व्यस्त हैं, तब तक हिन्दी में अंग्रेजी ढंग की समालोचना का प्रचार कर, उसके पथ में प्रकाश डालने का प्रयत्न करेंगे।" (पृ. 50) स्पष्ट है कि पन्त की आशा के केन्द्र विश्वविद्यालय के 'उत्साही हिन्दी-प्रेमी छात्र' थे, वयोवृद्ध आचार्य नहीं।

इसी आशा के वशीभूत होकर निराला उन्हीं दिनों छात्रों के निमन्त्रण पर काशी हिन्दू विश्वविद्यालय में 'रहस्यवाद' पर व्याख्यान दे आए। 'प्रबन्ध प्रतिमा' में प्रकाशित निबन्ध 'साहित्य की नवीन प्रगति पर' (1928 ई.) से स्पष्ट है कि वह व्याख्यान वस्तुतः आचार्य रामचन्द्र शुक्ल के रहस्यवाद-विरोध का जवाब था।

रहस्यवाद तथा उससे जुड़े हुए अन्य प्रश्नों को लेकर आगे चलकर जयशंकर प्रसाद की भी आचार्य रामचन्द्र शुक्ल से टक्कर हुई जिसका

संकेतपूर्ण दस्तावेज है 'काव्य और कला तथा अन्य निबन्ध'। इधर सुमित्रानन्दन पन्त उन्हीं प्रश्नों पर आचार्य महावीरप्रसाद द्विवेदी से उलझ रहे थे। आचार्य द्विवेदी ने 'सुकवि किंकर' नाम से 'सरस्वती' (1927 ई.) में छायावाद के विरुद्ध 'आजकल के हिन्दी कवि और कविता' शीर्षक जो प्रसिद्ध निबन्ध लिखा था, पन्त ने तत्काल ही उसका उत्तर 'वीणा' की 'विज्ञप्ति' में दिया जो आचार्य के दबाव से उस समय तो प्रकाशित न हो सकी पर बाद में 'गद्य-पथ' (1953 ई.) के अन्तर्गत उसके प्रकाशित रूप से स्पष्ट है कि एक वयोवृद्ध आचार्य और तरुण कवि के बीच का वह विवाद कितना उग्र था। वैसे 'सुकवि किंकर' को निराला ने भी अपने निबन्ध 'साहित्य की नवीन प्रगति पर' (1922 ई.) में याद किया है। किन्तु इसका अर्थ यह नहीं है कि सारे छायावादी कवि तत्कालीन आलोचकों के विरुद्ध एकजुट थे। साहित्यिक मान्यताओं को लेकर स्वयं छायावादी कवियों में भी मतभेद कम न था। 'पल्लव' के 'प्रवेश' में पन्त ने छन्दों के बारे में निराला से अपना मतभेद स्पष्टतः सामने रखा और बदले में निराला ने भी 'पन्त और पल्लव' शीर्षक लेखमाला में पन्त की कविता की आलोचना करके विचार-भेद प्रकट कर दिया। सारांश यह है कि तीसरे दशक में साहित्यिक मूल्यों को लेकर अनेक स्तरों पर संघर्ष हो रहा था और कुछ वैयक्तिक अभिनिवेशों के बावजूद उन विचारों से हिन्दी आलोचना निश्चय ही विकसित तथा समृद्ध हुई और इन विवादों के कारण प्रत्येक कवि के मौलिक विचार प्रकट हुए। छायावाद के ये कवि अपनी स्थापनाओं में भिन्न होते हुए भी एक बात में समान थे। पहले से चली आती आलोचना-पद्धति को अपने काव्य के मूल्यांकन के लिए अपर्याप्त मानते हुए वे कहीं उग्र स्वर में उसे चुनौती देते थे और कहीं गम्भीर मन्द्र स्वर में उसका पुनराख्यान करते थे। पन्त ने रसवाद के स्थूल बाह्य प्रपंच को निरर्थक घोषित किया तो प्रसाद ने दार्शनिक धरातल पर संस्कृति और परम्परा से उसकी सम्पृक्ति का तर्कसम्मत व्याख्यान कर उसे गरिमा दी। अपने ढंग से यह छायावाद के लिए एक गुरु गम्भीर सिद्धान्तशास्त्र के निर्माण का प्रयत्न था। शिल्प की दृष्टि से भी इन कवियों ने रीतिकालीन काव्य-रुचि से भिन्न एक नए सूक्ष्म शिल्प-बोध की आवश्यकता पर बल दिया। 'पल्लव' के 'प्रवेश' में पन्त का काव्य-भाषा विश्लेषण इसका प्रमाण है। पन्त और निराला के छन्द-सम्बन्धी विचार भी इस दृष्टि से महत्त्वपूर्ण हैं कि हिन्दी भाषा की प्रकृति और विषयों की आवश्यकता के अनुरूप उन्होंने हिन्दी के एक निजी

छन्दःशास्त्र की आवश्यकता का अनुभव किया था। कहने का अभिप्राय यह कि ये कवि वस्तु और शिल्प दोनों स्तरों पर एक नए काव्य-बोध की आवश्यकता का अनुभव कर उसके निर्माण का प्रयत्न भी कर रहे थे और समसामयिक अनुरोधों की दृष्टि से अपने काव्य की व्याख्या और अपना पक्ष-समर्थन भी करते जाते थे। निराला की अर्थ-मीमांसाएँ, प्रसाद के द्वारा छायावाद और यथार्थवाद का सम्बन्ध-निरूपण, प्रगतिवाद के सन्दर्भ में महादेवी द्वारा छायावाद का पक्ष-समर्थन इसी प्रकार के प्रयास हैं।

छायावादी कवियों की आलोचनात्मक देन की चर्चा में याद रखने की बात यह है कि वे पेशेवर आलोचक न थे और न ही आलोचना उनका मुख्य कर्म था। ये आलोचनाएँ वस्तुतः रचना-कर्म के बीच से उत्पन्न हुई थीं। यही उनकी शक्ति भी है और सीमा भी।

सुमित्रानन्दन पन्त (1900 ई.-1977 ई.) की देन मुख्यतः काव्य-भाषा और शिल्प के क्षेत्र में दिखाई पड़ती है। 'पल्लव' के 'प्रवेश' में पन्त ने प्रसंगवश कविता की एक नई परिभाषा प्रस्तुत की : 'कविता हमारे परिपूर्ण क्षणों की वाणी है।' अस्पष्ट होते हुए भी यह परिभाषा कविता की व्यापकता और गम्भीरता की प्रतिष्ठा करती है—विशेषतः कविता-सम्बन्धी रीतिकालीन धारणा के विरुद्ध। काव्यभाषा के रूप में ब्रजभाषा की सीमाओं की ओर संकेत करते हुए उन्होंने नए भावबोध की आवश्यकता के अनुरूप खड़ी बोली के पक्ष में यह कहा कि "हमें भाषा नहीं, राष्ट्रभाषा की आवश्यकता है, पुस्तकों की नहीं, मनुष्यों की भाषा, जिसमें हम हँसते-रोते, खेलते-कूदते, लड़ते, गले मिलते, साँस लेते और रहते हैं, जो हमारे देश की मानसिक दशा का मुख दिखलाने के लिए आदर्श हो सके।" (पृ. 24) काव्य-भाषा में बिम्ब-योजना पर बल देते हुए पन्त ने कहा कि 'कविता के लिए चित्रभाषा की आवश्यकता पड़ती है।' इस दृष्टि से उन्होंने हिन्दी के कुछ शब्दों के नाद में निहित चित्रों का विवेचन भी प्रस्तुत किया। इसके बाद उन्होंने खड़ी बोली की कविता के उपयुक्त भावानुसारी छन्दों की प्रकृति पर विस्तार से विचार किया और मुक्त छन्द की सम्भावनाओं को रेखांकित किया। कहने की आवश्यकता नहीं कि 'पल्लव' के 'प्रवेश' से एक कला-मर्मज्ञ कवि के सूक्ष्म शिल्प-बोध का परिचय मिलता है और यह असन्दिग्ध भाव से कहा जा सकता है कि इस कला-विवेचन ने आधुनिक कविता के आस्वाद के लिए समर्थ पृष्ठभूमि प्रस्तुत की।

पन्त ने 'पल्लव' के 'प्रवेश' के बाद अपने अन्य काव्य-संकलनों में भी

यथासमय विस्तृत भूमिकाएँ लिखीं जिनमें 'आधुनिक कवि-2' का 'पर्यालोचन' (1941 ई.) विशेष उल्लेखनीय है। यह एक कवि की अपनी काव्ययात्रा का ही ऐतिहासिक पर्यालोचन नहीं है बल्कि इसमें छायावाद और प्रगतिवाद दो काव्यधाराओं का भी सन्तुलित मूल्यांकन प्राप्त होता है। कहने की आवश्यकता नहीं कि परिमाण में कम होते हुए भी ये निबन्ध एक कवि की गम्भीर विवेचन क्षमता की पुष्टि करते हैं।

सूर्यकान्त त्रिपाठी 'निराला' (1896-1961 ई.) की आलोचनाएँ उनके व्यक्तित्व के अनुरूप ही पन्त की आलोचनाओं से सर्वथा भिन्न हैं। गद्य को 'जीवन संग्राम की भाषा' मानने वाले निराला की आलोचनाएँ प्रायः विवादात्मक हैं। किन्तु इन विवादात्मक आलोचनाओं में एक दक्ष व्यावहारिक समीक्षक का व्यक्तित्व उभरकर सामने आता है। 'पन्त और पल्लव' (1927 ई.) शीर्षक निबन्ध माला में उन्होंने पन्त की कविताओं का विश्लेषण बड़ी सूक्ष्मता से किया है। यह दूसरी बात है कि उस विश्लेषण की परिणति प्रायः दोष-दर्शन में ही हुई है। दोष-दर्शन में अतिरेक के बावजूद कहीं-कहीं निराला ने अत्यन्त सूक्ष्म कला-दृष्टि का परिचय दिया है। उदाहरण के लिए : 'हिलाते अधर प्रवाल' में 'हिलाते' क्रिया के अनौचित्य पर आपत्ति करते हुए 'हिल मोती का सा दाना' में 'हिल' के औचित्य का समर्थन। यह काव्य-मर्मज्ञता पन्त की प्रशंसा में भी उतनी ही खूबी से प्रकट हुई है, जैसे 'जननि श्याम की वंशी से ही कर दे मेरे सरस वचन' का अर्थोद्घाटन।

'मेरे गीत और कला' निराला का दूसरा निबन्ध है जिसमें एक विदग्ध कवि की गहरी काव्य-मर्मज्ञता पूरे वैभव के साथ व्यक्त हुई है। 'पन्त और पल्लव' यदि विध्वंसात्मक निबन्ध है तो 'मेरे गीत और कला' अपने पक्ष-समर्थन में लिखा हुआ विधेयात्मक निबन्ध। इस निबन्ध में निराला ने 'जूही की कली' शीर्षक कविता की जो विस्तृत अर्थ-मीमांसा की है वह हिन्दी में 'व्यावहारिक समीक्षा' का प्रथम तथा अप्रतिम दस्तावेज है। इस कविता की व्याख्या के प्रसंग में निराला ने हिन्दी में पहली बार कविता के 'आवयविक सिद्धान्त' (ऑर्गेनिक थियरी ऑफ़ पोएट्री) का निर्वचन किया। उन्होंने लिखा है कि "यह ऐसी रचना नहीं है कि सूक्ति रूप इसका एक अंश उद्धृत किया जा सके। मेरी छोटी रचनाएँ 'लीरिक्स' और गीत (सांग्स) प्रायः ऐसे ही हैं। इनकी कला सम्पूर्ण रूप में हैं। खंड में नहीं।" (प्रबन्ध प्रतिमा, पृ. 210) पन्त जी से अपनी कला की विशिष्टता को अलगाते हुए निराला ने इसी प्रसंग में

आगे लिखा है कि 'खंडार्थ में पन्त जी की कला बहुत ही बन पड़ी है। उनके प्रशंसकों की दृष्टि इन्हीं खंडरूपों में बँध गई है। वह विस्तृत होकर बृहत् विवेचन में नहीं जा सकी।'' (वही, पृ. 217)

इसके अतिरिक्त 'परिमल' की भूमिका (1930 ई.) भी हिन्दी आलोचना की अनूठी उपलब्धि है। इस भूमिका का महत्त्व 'पल्लव' के 'प्रवेश' से किसी प्रकार कम नहीं है। इसमें मुक्त छन्द का जो गहन विवेचन प्रस्तुत किया गया है, वह हिन्दी में एक नए छन्द-शास्त्र की आधारशिला है। छन्दों की मुक्ति की आवश्यकता को स्वच्छन्दता के जीवन-मूल्य से जोड़ते हुए निराला ने कहा, 'मनुष्य की मुक्ति की तरह कविता की भी मुक्ति होती है। मनुष्यों की मुक्ति कर्मों के बन्धन से छुटकारा पाना है और कविता की मुक्ति छन्दों के शासन से अलग हो जाना।' मुक्त छन्द के परिणाम के प्रति सशंकता के विरुद्ध उन्होंने आश्वस्त किया, 'मुक्त काव्य कभी साहित्य के लिए अनर्थकारी नहीं होता, प्रत्युत उससे साहित्य में एक प्रकार की स्वाधीन चेतना फैलती है जो साहित्य के कल्याण की मूल होती है।' अपने कथन की साक्षी में निराला ने परम्परा का हवाला दिया, 'वेदों में काव्य की मुक्ति के ऐसे हजारों उदाहरण हैं। बल्कि 95 फीसदी मन्त्र इसी प्रकार मुक्त हृदय के परिचायक ही रहे हैं।' उन विद्वानों के प्रति निराला ने आक्रोश व्यक्त किया जो उनकी छन्द-सृष्टि का उपहास रबड़ छन्द और केंचुआ छन्द कहकर करते हैं परन्तु वेदों को 'ईश्वर-कृत' मानते हुए उनकी छन्द-रचना के विरोध का साहस नहीं करते। उन्होंने छन्द-रचना की प्रवृत्ति को आदिकाल से चले आते मानव-वृत्तियों के इतिहास और उसकी बन्धन-मुक्ति की मौलिक प्रवृत्ति के सन्दर्भ में ही समझने का आग्रह किया : ''वैदिक साहित्य में इस प्रकार की स्वच्छन्द सृष्टि को देखकर हम तत्कालीन मनुष्य स्वभाव की मुक्ति का अन्दाज लगा लेते हैं। परवर्ती काल में ज्यों-ज्यों चित्रप्रियता बढ़ती गई है, साहित्य में स्वच्छन्दता की जगह नियन्त्रण तथा अनुशासन प्रबल होता गया है, यह जाति त्यों-त्यों कमजोर होती गई है। सहस्रों प्रकार के साहित्यिक बन्धनों से जाति स्वयं भी बँध गई...अब उसे अपनी मुक्ति के लिए उन तमाम बन्धनों को पार करना होगा।...इस समय के और पराधीन काल के काव्यानुशासनों को देखकर हम जाति की मानसिक स्थिति को भी देख ले सकते हैं। अनुशासन के समुदाय चारों तरफ से उसे जकड़े हुए हैं। साहित्य के साथ-साथ राज्य, समाज, धर्म, व्यवसाय सभी कुछ पराधीन हो गए हैं।''...

अन्ततः साहित्य की मुक्ति के आधार और मुक्त छन्द की बुनियाद के बारे में निराला ने स्थापना की, कि 'साहित्य की मुक्ति उसके काव्य में देख पड़ती है।' और 'हिन्दी में मुक्त छन्द कवित्त छन्द की बुनियाद पर सफल हो सकता है।'

जयशंकर प्रसाद (1889-1937 ई.) की साहित्यिक मान्यताएँ 'काव्य और कला तथा अन्य निबन्ध' के रूप में संगृहीत हैं। इन निबन्धों से यह स्पष्ट है कि इनकी रचना के मूल में छायावाद पर लगाए गए आक्षेपों के परिहार की प्रेरणा प्रधान है। यह बात अलग है कि प्रसाद ने इस सन्दर्भ में छायावाद की मनोभूमि को भी स्पष्ट किया है और काव्य से सम्बद्ध अनेक प्रश्नों पर विचार भी किया है।

प्रसाद ने अपने विचार-क्रम में जिन प्रश्नों को उठाया है उनके सूत्र आचार्य शुक्ल की आलोचना में निहित हैं। उनका प्रमुख आग्रह छायावाद को भारतीय चिन्तन-परम्परा के विकास की स्वाभाविक परिणति के रूप में प्रतिष्ठित करने का है। कहना व्यर्थ है कि अपनी परम्परा से जोड़कर छायावाद को समझाने का यह आग्रह इसलिए पैदा हुआ क्योंकि छायावाद की विषय-वस्तु और भावभूमि के विरुद्ध शुक्ल जी की प्रमुख आपत्ति यही थी कि वे उसे बँगला के माध्यम से आने वाला पश्चिमी प्रभाव मानते थे। प्रसाद ने अपने पहले ही निबन्ध में हेगेल के कला-विभाजन से भिन्न भारत में काव्य-विषयक दृष्किोण के वैशिष्ट्य को स्पष्ट करते हुए अपना मत भारतीय विचारधारा के पक्ष में दिया।

शुक्ल जी ने ज्ञानयोग और कर्मयोग के समकक्ष जिस भावयोग की चर्चा की थी वह 'हृदय की मुक्तावस्था' ही थी। इसीलिए शुक्ल जी ने रस को सुख-दुःखात्मक भी माना। प्रसाद के काव्य-सम्बन्धी समग्र चिन्तन को सामान्य लोकानुभव से ऊपर उठाकर दार्शनिक धरातल प्रदान किया और काव्य का सम्बन्ध हृदय से आगे बढ़कर आत्मा से जोड़ा। इस प्रकार शुक्ल जी के शब्दों में जो वाणी हृदय की मुक्ति का विधान करने के कारण काव्य कहलाई, प्रसाद में वही 'आत्मा की संकल्पनात्मक अनुभूति' हो गई। संकल्पनात्मक अनुभूति को और स्पष्ट करते हुए प्रसाद ने कहा, 'आत्मा की मनन-शक्ति की वह **असाधारण अवस्था,** जो श्रेय सत्य को उसके **मूल चारुत्व** में सहसा ग्रहण कर लेती है, काव्य में संकल्पनात्मक मूल अनुभूति कही जा सकती है।' (काव्य और कला तथा अन्य निबन्ध, पृ. 38) इस असाधारण अवस्था को प्रसाद ने

'युगों की समष्टि अनुभूतियों में अन्तर्निहित' रहने वाली अवस्था माना है और श्रेयज्ञान को भी 'व्यक्तिगत सत्ता से भिन्न' 'एक शाश्वत चेतनता' या ऐसी 'चिन्मयी ज्ञानधारा' जो निर्विशेष रूप से विद्यमान रहती है। (वही) प्रसाद की यह परिभाषा स्पष्ट ही भारतीय दर्शन की अद्वैतवादी परम्परा के निकट है जो रस चिन्तन का भी मूलाधार है। प्रसाद जी ने इस प्रकार रस-चिन्तन को साहित्यदर्पण की परम्परा से अलग कर अभिनवगुप्त की शैवाद्वैतवादी परम्परा से जोड़ा। रस-चिन्तन के क्रम में शुक्ल जी की पहुँच शैवागम की उक्त आनन्दवासी परम्परा तक नहीं हो पाई थी। यूँ भी काव्य के सन्दर्भ में 'आनन्द' शब्द से उन्हें खास परहेज था क्योंकि वे उसका व्यावहारिक सामान्यार्थ ही देखते थे। ऐसी स्थिति में उनके लिए रसानुभूति में कोटि-क्रम-निर्धारण बहुत अस्वाभाविक नहीं है। प्रसाद ने शुक्ल जी की इस मान्यता से स्पष्ट विरोध प्रकट किया है : "इधर एक निम्न कोटि की रसानुभूति की भी कल्पना हुई है। कुछ लोग कहते हैं कि जब किसी अत्याचारी के अत्याचार को हम रंगमंच पर देखते हैं, तो हम उस नट से अपना साधारणीकरण नहीं कर पाते। फलतः उसके प्रति रोष-भाव ही जाग्रत् होता है, यह तो स्पष्ट विषमता है। किन्तु रस में फलयोग अर्थात् अन्तिम सन्धि मुख्य है, इन बीच के व्यापारों में जो संचारी भावों के प्रतीक हैं, रस को खोजकर उसे छिन्न-भिन्न कर देना है। ये सब मुख्य रस वस्तु के सहायक-मात्र हैं। अन्वय और व्यतिरेक से, दोनों प्रकार से वस्तु-निर्देश किया जाता है। इसलिए मुख्य रस का आनन्द बढ़ाने में ये सहायक मात्र ही हैं, वह रसानुभूति निम्न कोटि की नहीं होती।" (वही, पृ. 82-83) किसी कृति के सारभूत प्रभाव के आधार पर रस-निर्णय करने की बात आधुनिक युग में पहले-पहल प्रसाद ने ही कही।

प्रसाद ने जहाँ भारतीय नाटकों में रस की आनन्दवादी परम्परा को देखा-समझा वहाँ पश्चिम के महाकाव्यों में जीवन के प्रति त्रासदीय दृष्टिकोण को भी स्वीकार किया और प्राचीन भारतीय काव्यादर्श एवं ग्रीक काव्यादर्श के इस अन्तर को पहचान कर भी दोनों के बीच दार्शनिक स्तर पर सन्तुलन स्थापित करने की कोशिश की। उन्होंने इसीलिए करुण रस और करुणाजन्य दया और सहानुभूति में भेद किया।

प्रसाद ने छायावाद की जो परिभाषा प्रस्तुत की उसमें 'विच्छित्ति', 'लावण्य' आदि की चर्चा तो की ही गई है लेकिन उन्होंने यथार्थवाद के सन्दर्भ में छायावाद की जो व्याख्या की वह विशेष महत्त्वपूर्ण है। उनसे पहले की बहस

द्विवेदी-युग की इतिवृत्तात्मकता बनाम छायावाद को लेकर की जाती थी। प्रसाद ने इस बहस का रुख बदलकर इसे यथार्थवाद बनाम छायावाद का रूप ही नहीं दिया, बल्कि छायावाद को यथार्थवाद की प्रमुख विशेषता 'लघुता की ओर साहित्यिक दृष्टिपात' से जोड़कर देखा।

प्रसाद ने व्यावहारिक आलोचना नहीं की। लेकिन शुक्ल जी के द्वारा छायावाद पर किए गए आरोपित रहस्यवाद के आक्षेप के परिहार के लिए 'रहस्यवाद' शीर्षक से जो निबन्ध लिखा उससे न केवल छायावाद की रहस्य-चेतना का स्पष्टीकरण हुआ बल्कि उन्होंने सम्पूर्ण हिन्दी साहित्य में रहस्यवादी परम्परा की संक्षिप्त रूपरेखा भी प्रस्तुत की। इस निबन्ध से प्राचीन परम्परा के सन्दर्भ में छायावाद की रहस्य-चेतना ही समझ में नहीं आती बल्कि स्वयं प्रसाद के परम्परा-बोध का भी अच्छा प्रमाण मिलता है।

निष्कर्ष रूप में प्रसाद ने छायावाद की आलोचना के विषय में तीन काम किए। एक तो उन्होंने विजातीयता के आक्षेप से मुक्त करके छायावाद की भारतीयता की निर्णायक रूप से प्रतिष्ठा की। दूसरे, जो लोग छायावाद को केवल काव्य-शैली मात्र मानते थे उनकी मान्यता का खंडन कर प्रसाद ने छायावाद के शैली-चमत्कार का सम्बन्ध अनुभूति के चमत्कार से जोड़ा और तीसरे छायावादी कविता के सौन्दर्य में निहित शिवत्व का दार्शनिक स्तर पर उद्घाटन करके उन्होंने सौन्दर्यवादी एकांगिता के आरोप का प्रत्याख्यान किया। कुल मिलाकर छायावाद के सबसे समर्थ सिद्धान्तशास्त्री जयशंकर प्रसाद ही थे।

महादेवी वर्मा (1907 ई.-1987 ई.) छायावादी कवियों में कनिष्ठ थीं। उन्होंने जिस समय साहित्य में पदार्पण किया उस समय तक छायावाद प्रतिष्ठित हो चुका था और छायावाद को लेकर आरोप-प्रत्यारोपों और विवादों का सिलसिला समाप्ति पर था। ऐसी स्थिति में छायावाद पर किए गए आक्षेपों के बारे में कुछ कहने का या चुनौतियों का सामना करने का प्रश्न महादेवी के लिए नहीं उठा। उनका योगदान इसी दृष्टि से हो सकता था कि वे ज्येष्ठ कवियों की कही गई बातों को अधिक व्यवस्थित, तर्कसंगत और पांडित्यपूर्ण ढंग से प्रस्तुत कर दें। 'यामा' और 'दीपशिखा' की भूमिकाओं में और 'विवेचनात्मक गद्य' के स्फुट लेखों में, जो बाद में कुछ परिवर्द्धन के साथ 'साहित्यकार की आस्था तथा अन्य निबन्ध' नाम से प्रकाशित हुए, महादेवी ने यही काम किया। उन्होंने काव्योचित अलंकृत गद्य में, जिसमें गहन पांडित्य और गरिष्ठता का आभास मिलता है, छायावाद सम्बन्धी प्रश्नों को निश्चित

परिभाषाएँ देने का प्रयत्न किया। उनकी प्रलम्बित वाक्य-रचना और अलंकार बोझिल शब्दावली, विद्वत्ता और दुरूहता का आभास देने पर भी मूलतः छायावादी है।

छायावाद सम्बन्धी आलोचना को उनकी दो मौलिक देनें स्वीकार की जा सकती हैं। अपने 'गीत' विषयक निबन्ध में उन्होंने लोक-गीतों के आधार पर गीत-काव्य की विशेषताएँ बताईं और 'छायावाद' सम्बन्धी निबन्ध में प्रगतिशील आन्दोलन की रोशनी में छायावाद की सामाजिकता और यथार्थवादिता की व्याख्या की।

छायावादी कविता में रहस्यवादिता के प्रश्न पर भी उन्होंने एक लम्बा लेख लिखा। शायद इसलिए कि अन्य समानधर्मा कवियों की तुलना में 'रहस्यवाद' की छाया सबसे अधिक महादेवी की कविताओं में ही खोजने की कोशिश हिन्दी आलोचना में की गई।

उनकी गद्य रचनाओं की पहचान उनके दृष्टिकोण और सरोकारों का व्यापक दायरा है। उन्होंने परिमाण में कविता की तुलना में कहीं अधिक गद्य रचनाएँ की। इनमें संस्मरणात्मक शब्द-चित्रों के अलावा विविध सामाजिक-सांस्कृतिक प्रश्नों पर गम्भीरता से विचार किया गया है। इन विषयों में 'संस्कृति' की अवधारणा के साथ भारतीय संस्कृति की पृष्ठभूमि और उससे जुड़े—शासन, शिक्षा, नारी से प्राकृतिक परिवेश तक तमाम पक्ष शामिल हैं।

रचनात्मक साहित्य के अलावा भी उन्होंने व्यापक राष्ट्रीय सन्दर्भ में भी 'भाषा के प्रश्न' पर लिखा और 'देश और राष्ट्रभाषा' के रिश्ते पर भी। वे कर्म से अध्यापक थीं। 'शिक्षा का उद्देश्य' जैसे विषय पर उनकी नज़र जाना स्वाभाविक था। पर 'आज का परिवेश और अध्यापक' जैसे विषय पर उनका निबन्ध, वर्तमान परिस्थिति में भी बहुतों को अपने दायित्व के बारे में पुनर्विचार करने के लिए प्रेरित करेगा, इसमें सन्देह नहीं।

अपने समय के सामाजिक जीवन के बारे में महादेवी ने बडी सतर्कता और लगन से विचार किया। 'हमारी समस्याएँ', 'सामयिक समस्या', 'हमारे वैज्ञानिक युग की समस्या' जैसे व्यापक विषयों से लेकर 'समाज और व्यक्ति' जैसे केन्द्रित विषय उनकी विचार-परिधि में आते हैं। इनके अलावा 'सफल जीवन की कसौटी' और 'कसौटी पर' शीर्षक से उन्होंने व्यावहारिक जीवन को केन्द्रित कर दो परामर्शदायिनी टिप्पणियाँ लिखीं। शीर्षक के अनुरूप इनमें उनकी जीवनापेक्षी मूल्य चिन्ता व्यक्त हुई है। वर्तमान सामाजिक परिदृश्य में

उनके सोच की नैतिकता भले ही कुछ अतिशायी प्रतीत हो सकती है परन्तु इनमें ऐसे अनेक विचार-सूत्र मौजूद हैं जिनमें समय की सरहदों को अतिक्रमित करने की सम्भावना बराबर बनी रहेगी।

कहना न होगा महादेवी की ये सारी चिन्ताएँ उनके रचनाकार मानस की चिन्ताएँ हैं जिनका प्रत्यक्ष-परोक्ष सम्बन्ध साहित्य से है। जो नाना-रूपों में साहित्य की विषय-वस्तु में उसके कथ्य में प्रतिफलित होती है। ऐसे प्रसंगों में महादेवी का स्त्री-जीवन सम्बन्धी चिन्तन विशेष ध्यान देने योग्य है। 'स्त्री-विमर्श' की पताका फहराने वाले आलोचकों के लिए इनमें बहुत कुछ ऐसा है जिसकी मौलिकता की दावेदारी, वे अज्ञानवश पीछे मुड़कर देखे बिना कर रहे हैं। कुछ ऐसा जो स्त्री-स्वतन्त्रता के प्रश्न पर कुछ विवेक, कुछ सब्र और ठहराव के साथ सोचकर नतीजे निकालने की जरूरत की तरफ इशारा करता है। 'कला और हमारा चित्रमय साहित्य' में उन्होंने स्त्री 'देह-प्रदर्शन' की प्रवृत्ति के बारे में टिप्पणी की : "इस समानता के युग में स्त्री माँगने गई थी अपनी स्वतन्त्रता और दे आई इस प्रकार स्त्रीत्व के प्रदर्शन का वचन। बाज़ार के पोस्टर, दवा के, तेल के विज्ञापन, पत्र-पत्रिकाओं का अधिकांश, वाक्पट, मंच सब जगह स्त्री का जैसा प्रदर्शन पुरुष करना चाहते हैं अकुंठित भाव से करते हैं। यदि वह बाधा डालती है तो इन्हीं वीभत्स प्रदर्शनों को स्वाधीनता का चिह्न बताकर उसे समझा दिया जाता है। वह स्वयं यह नहीं जानती कि इनसे उसका आदर हो रहा है या अनादर। पहले से अच्छी दशा है या बुरी। वह सोचती है, उसे संसार के उन्मुक्त वातावरण में स्वच्छन्द भाव से आने-जाने का अधिकार मिल गया है, जिसके लिए वह युगों से लालायित थी।" (महादेवी सहित्य-4, पृ. 367)

सोचने की जरूरत है कि क्या इस कथन की प्रासंगिकता अपने रचना-काल से अब तक बरकरार नहीं है। क्या स्त्री-विमर्श के एजेंडा में लगातार दोहराई जाने वाली देह की स्वतन्त्रता की माँग का विवेकसम्मत ढंग से खुलासा करने की जरूरत नहीं है। अगर ऐसा नहीं है तो स्थिति वही बनती है जिसकी तरफ महादेवी को इशारा किए एक युग बीत गया।

महादेवी के वर्तमान में स्त्री जीवन से सम्बद्ध जितनी महत्त्वपूर्ण समस्याएँ थीं उनमें से अधिकांश को उन्होंने विषय बनाया। इनमें 'नारीत्व' के 'अभिशाप' की ही नहीं, उसके 'अर्थ-स्वातन्त्र्य' की भी चर्चा की गई है। उन्होंने 'हिन्दू स्त्री के पत्नीत्व' और 'आधुनिक नारी' या 'हमारी शृंखला की

कड़ियाँ' या फिर 'घर और बाहर' स्त्री की स्थिति को तो विचारणीय समझा ही इसके अतिरिक्त उन्होंने युद्ध जैसी असाधारण स्थिति के प्रति स्त्री और पुरुष के दृष्टिकोण और प्रतिक्रिया को उनकी सामाजिक भूमिका और परिवार में उनकी स्थिति और दायित्व-बोध से जोड़कर परखने की कोशिश की। उनकी नजर में पुरुष ने "एक नए आविष्कार के समान स्त्री के सम्मुख यह तर्क रखा कि तुम्हारी युद्ध-विमुखता के मूल में दुर्बलता है।...अपने स्वभाव की यह नवीन व्याख्या सुनकर मानो नारी ने अपने-आपको एक नए दर्पण में देखा, जिसने उसे कुत्सित और दुर्बल प्रमाणित कर दिया। (महादेवी साहित्य-4, पृ. 302) इस पाठ का कुल जमा नतीजा यह हुआ कि "आज के पुरुष ने स्त्री पर जो विजय पाई है, वह मानवजाति के लिए चाहे उपयोगी न हो, परन्तु उसके संकीर्ण स्वार्थ के लिए आवश्यक है।" (वही, पृ. 303)

जरूरी नहीं कि स्त्री-प्रश्न पर महादेवी के सभी निष्कर्षों या मान्यताओं से सबकी सहमति हो, पर आलोचना के विमर्शवादी चिन्तन में उनका चिन्तन एक जरूरी सन्दर्भ है, इससे इंकार नहीं किया जा सकता।

: 4 :

आचार्य रामचन्द्र शुक्ल की छायावाद-विरोधी आलोचना-दृष्टि और छायावाद के कवि-आलोचकों के द्वारा अपने कृतित्व की व्याख्या-विश्लेषणात्मक आलोचनाओं के समानान्तर ऐसे आलोचकों का भी एक वर्ग उभर रहा था जिन्होंने अत्यन्त सहृदयता से छायावाद की सहानुभूतिपूर्ण व्याख्याएँ कीं। इनमें पं. शान्तिप्रिय द्विवेदी का विशेष स्थान है।

हिन्दी आलोचना में **पं. शान्तिप्रिय द्विवेदी** (1906 ई.-1967 ई.) का विरुद प्रभाववादी आलोचक के रूप में है। आ. रामचन्द्र शुक्ल ने अपने इतिहास में प्रभावाभिव्यंजक समीक्षा को 'कोई ठीक-ठिकाने की वस्तु' न मानकर कहा : "न ज्ञान के क्षेत्र में उसका कोई मूल्य है, न भाव के क्षेत्र में। उसे समीक्षा या आलोचना कहना ही व्यर्थ है।" (पृ. 679)। परन्तु पं. शान्तिप्रिय द्विवेदी का इस पद्धति से कोई सीधा सम्बन्ध है, ऐसा उल्लेख इस प्रसंग में नहीं मिलता। बल्कि उनका विचार था कि "पं. शान्तिप्रिय द्विवेदी ने 'हमारे साहित्य-निर्माता' नाम की एक पुस्तक लिखकर हिन्दी के कई वर्तमान कवियों और लेखकों की प्रवृत्तियों और विशेषताओं का अपने ढंग पर अच्छा आभास दिया है।" (वही, पृ. 677-78)

शायद पं. शान्तिप्रिय द्विवेदी के प्रभाववादी समझे जाने का एक बहुत बड़ा कारण उनकी गद्य-शैली थी। उन्होंने छायावादी ढंग पर कविता न लिखकर गद्य लिखा और यह गद्य भी प्रसाद और निराला का सा नहीं बल्कि पन्त का सा। इसीलिए उन्होंने छायावाद के सम्बन्ध में जिन बहुत-सी महत्त्वपूर्ण बातों की ओर पहले-पहल ध्यान दिलाया वे पीछे पड़ गईं और छायावादी कवियों की कविता पर भावोच्छल हो जाना आगे आ गया। वे स्वयं भी कहीं इसके बारे में सजग थे वरना उन्हें प्रभाववादी आलोचना की सफाई देने की जरूरत न पड़ती : 'प्राभाविक आलोचना द्वारा आलोचना में अनुभूति का परिचय मिलता

है। अनुभूति के लिए रसज्ञता ही नहीं रसार्द्रता भी चाहिए।' कहा जाता है कि उनकी ऐसी ही किसी उक्ति पर पं. हजारीप्रसाद द्विवेदी ने उनसे कहा था कि गीली मिट्टी से मकान नहीं बनते।

पं. शान्तिप्रिय द्विवेदी की गद्य-काव्यमयी शैली भले ही उनकी भावोच्छलता का प्रमाण प्रस्तुत करती हो पर किसी काव्य की तह में जाकर उसके वस्तु-तत्त्व की विशेषताओं को पकड़ने में भी वे नहीं चूकते थे। वस्तुतः छायावाद के रसज्ञ आलोचक के रूप में उन्हें जो महत्त्व मिलना चाहिए था; वह नहीं मिला। स्वानुभूति की व्याख्या करते हुए उन्होंने छायावाद के विषय में ऐसे बहुत-से सूत्र दिए जो बाद में बहुधा उनका नामोल्लेख किए बिना ही छायावाद की आलोचना के सन्दर्भ में प्रचार पाते रहे। उदाहरण के लिए शान्तिप्रिय द्विवेदी पहले आलोचक थे जिन्होंने युग की राजनीतिक चेतना और छायावाद की काव्य-चेतना में एक संगति और सम्बन्ध देखा। उन्होंने सबसे पहले छायावाद को गांधीवाद का साहित्यिक संस्करण कहा। इतना ही नहीं, उस युग के भाव-बोध के साथ समूची साहित्य-चेतना में उन्होंने एक अन्तस्संगति के दर्शन किए और उसकी व्यापक मनोभूमि को स्पष्ट किया : "गांधीवाद के साहित्यकार प्रेमचन्द, मैथिलीशरण गुप्त, सियारामशरण और जैनेन्द्र तथा छायावाद के कलाकार प्रसाद, पन्त, निराला और महादेवी ये सब एक ही परिवार की प्रजाएँ हैं; इनमें शिल्पभेद है; मनोभेद नहीं।" (सामयिकी, पृ. 225)

द्विवेदी जी साहित्य की धारा को ऐतिहासिक-सांस्कृतिक परम्परा के क्रमिक विकास के सन्दर्भ में रखकर देखते थे और उनमें अन्तर्व्याप्त सांस्कृतिक-सामाजिक सूत्रों को स्पष्ट करते चलते थे : 'भारतेन्दु-युग से लेकर छायावाद-युग तक एक ही मनोजगत् का उत्तरोत्तर विकास है क्योंकि इनका सांस्कृतिक धरातल एक है।' (वही, पृ. 225) इसी परम्परा को जब वे ब्रजभाषा काव्य तक ले जाते हैं तो उनका निष्कर्ष यह होता है : "...ब्रजभाषा के समय में यदि सामन्तवादी सामाजिक वातावरण था, तो छायावाद काल में पूँजीवादी सामाजिक वातावरण। दोनों में अन्तर केवल अतीत और वर्तमान साम्राज्यवाद का है। मूलतः दोनों की विषम सामाजिक व्यवस्था एक-सी है।" (वही, पृ. 188)।

छायावाद के प्रति एक गद्गद आत्मविभोरता का भाव रखकर भी शान्तिप्रिय द्विवेदी उसकी सीमाएँ बताना नहीं भूले, जो इस बात का प्रमाण है कि **वे छायावाद को पसन्द ही नहीं करते थे, उसे समझते भी थे और सही समझते थे**। शान्तिप्रिय द्विवेदी ने इस समझदारी का परिचय उन प्रसंगों में भी

दिया जहाँ छायावाद के कवियों की व्याख्या करने और समझाने के लिए उन्होंने सुन्दर ही नहीं सटीक उदाहरणों का चुनाव किया। आलोचक के लिए सबसे जरूरी बात साहित्य की यही समझ है। यह अलग बात है कि वह उसे व्याख्या-विश्लेषण के रूप में प्रकट करे या हृदय के उद्‌गारों की शक्ल दे। यह सही है कि शान्तिप्रिय द्विवेदी में आचार्य रामचन्द्र शुक्ल या नन्ददुलारे वाजपेयी के समान तर्क-कर्कश बौद्धिक क्षमता न थी किन्तु इसमें कोई सन्देह नहीं कि उनके पास एक काव्य-मर्मज्ञ की दुर्लभ अन्तर्दृष्टि थी। वे सच्चे अर्थों में छायावादी कवियों के 'सहृदय' थे।

यह भी उल्लेखनीय है कि हिन्दी के युवा छात्रों की कम से कम तीन पीढ़ियाँ शान्तिप्रिय द्विवेदी की आलोचनाओं के सहारे ही छायावाद का परिचय पा सकीं। एक युग तक किशोर-मति युवकों के लिए उनकी 'संचारिणी', 'सामयिकी' आदि कृतियाँ छायावाद की 'बाल मनोरमा' का कार्य करती रही हैं। इस दृष्टि से पं. शान्तिप्रिय द्विवेदी छायावाद को हृदयग्राही बनाने वाले व्याख्याकारों में अग्रणी हैं।

नन्ददुलारे वाजपेयी, हजारीप्रसाद द्विवेदी और **नगेन्द्र** ने शुक्लोत्तर आलोचना की बृहत्त्रयी का निर्माण किया। शान्तिप्रिय द्विवेदी के व्यक्तित्व में छायावाद को एक सहृदय और काव्य-रसज्ञ पाठक तो मिल गया था किन्तु ऐसा तर्क-सिद्ध दबंग आलोचक नहीं जो उन प्रतिमानों को चुनौती दे सके जिन पर कसकर आचार्य शुक्ल इस काव्य-धारा को खोटा सिद्ध कर चुके थे।

शुक्ल जी से पहले हिन्दी आलोचना की परम्परा विशेष समृद्ध न थी। किन्तु आचार्य शुक्ल ने हिन्दी आलोचना को जो प्रौढ़ता प्रदान की थी, उससे उसे आगे ले जाना या उसका दिशा-परिवर्तन करना बहुत बड़ी बात थी। आचार्य शुक्ल का विशाल व्यक्तित्व एक चुनौती की तरह परवर्ती आलोचकों के सामने खड़ा था। किन्तु अपने पूर्ववर्ती आलोचना-साहित्य की तुलना में शुक्ल जी का आलोचक व्यक्तित्व जितना विराट् लगता है उतना परवर्ती आलोचकों के सामने नहीं। बाद की आलोचना में उनकी सीधी और पहली टकराहट छायावाद को लेकर अपने ही शिष्य **नन्ददुलारे वाजपेयी** (1906 ई. - 1967 ई.) से हुई। छायावाद के मूल्यांकन के प्रश्न पर शान्तिप्रिय द्विवेदी और नगेन्द्र ने भी शुक्ल जी का विरोध ही किया था। किन्तु इस विरोध में न प्रखरता थी न टकराहट। शान्तिप्रिय द्विवेदी ने छायावाद की प्रशंसा उद्‌गारों में की और नगेन्द्र ने पन्त की आलोचना के रूप में छायावादी काव्य की

मार्मिक व्याख्या और विश्लेषण किया। परन्तु नन्ददुलारे वाजपेयी ने शुक्ल जी को सैद्धान्तिक स्तर पर चुनौती दी। आचार्य शुक्ल से हजारीप्रसाद द्विवेदी का दृष्टिभेद सामान्य रूप से भक्तिकाल और विशेष रूप से निर्गुण काव्य को लेकर व्यक्त हुआ। शुक्ल जी निर्गुण भक्तों के रहस्यवाद को ऐकान्तिक और साधनात्मक मानकर उसे पढ़ी-लिखी जनता के मतलब की वस्तु नहीं मानते थे। इस रहस्यवाद की परम्परा को आधुनिक युग तक खींचकर उन्होंने रवीन्द्रनाथ ठाकुर के सम्बन्ध में भी अपनी शंका व्यक्त की थी। इसके ठीक विपरीत हजारीप्रसाद द्विवेदी सन्त भक्तों को रहस्यवादी कहना ठीक नहीं समझते थे। कबीर और रवीन्द्र के वे अनन्य प्रशंसक थे। सवाल सिद्धान्त का ही नहीं अभिरुचि का भी था। साहित्य को वे ऐतिहासिक-सांस्कृतिक सन्दर्भों के बीच रखकर देखने के पक्ष में थे। इसीलिए वे भक्तिकाल को विदेशी आक्रमणों का तात्कालिक परिणाम न मानकर भारतीय धर्म और संस्कृति के विकास की सहज परिणति मानते थे।

इस प्रकार नगेन्द्र की छायावादी काव्य की सरस व्याख्याओं में, नन्ददुलारे वाजपेयी के कर्कश सिद्धान्त-विरोध में और हजारीप्रसाद द्विवेदी के नवीन इतिहास-बोध में शुक्ल जी की आलोचना-पद्धति से एक टकराहट के दर्शन होते हैं। परन्तु इन तीनों में से 'हरावल' में वाजपेयी जी ही थे। स्वयं आचार्य शुक्ल भी शायद उन्हीं से पड़ने वाली चोट का सबसे अधिक अनुभव करते थे। तृतीय उत्थान के अन्तर्गत समालोचना के प्रसंग में उन्हें छायावाद पर केवल प्रोफेसर नगेन्द्र की पुस्तक 'सुमित्रानन्दन पन्त' ही ठिकाने की मिली (हिन्दी साहित्य का इतिहास, पृ. 679) जबकि उसी वर्ष (1938 ई.) जयशंकर प्रसाद पर वाजपेयी जी के लेखों का संग्रह पुस्तकाकार रूप में प्रकाशित हुआ था। और उससे कई वर्ष पहले से वे 'भारत' में निरन्तर स्फुट निबन्ध लिख रहे थे। फिर भी शुक्ल जी ने न उनका नामोल्लेख करने की आवश्यकता समझी और न उनकी रचनाओं का हवाला देने की। हजारीप्रसाद द्विवेदी की आलोचना-शैली का भी एक नमूना उन्होंने प्रभावाभिव्यंजक आलोचना के बतौर पेश कर उसे एक वाक्य में लेखक का नाम लिये बिना ही खारिज कर दिया। पर जिस आलोचना को देख उन्हें सबसे अधिक ग्लानि हुई थी उसके लेखक का नाम लिये बिना ही उन्होंने कहा : "ठीक-ठिकाने से चलने वाली समीक्षाओं को देख जितना सन्तोष होता है, किसी कवि की समीक्षा के नाम पर उसकी रचना से सर्वथा असम्बद्ध चित्रमयी कल्पना और भावुकता की

सजावट देख उतनी ही ग्लानि होती है। यह सजावट अंग्रेजी अथवा बँगला के समीक्षा-क्षेत्र से कुछ विचित्र, कुछ विदग्ध, कुछ अतिरंजित चलते शब्द और वाक्य ला-लाकर खड़ी की जाती है। कहीं-कहीं तो किसी अंग्रेजी कवि के सम्बन्ध में की हुई समीक्षा का कोई खंड ज्यों का त्यों उठाकर किसी हिन्दी कवि पर भिड़ा दिया जाता है।...अब सुनने में आ रहा है कि इस ढंग के ऊँचे हौसले वाले दो-एक आलोचक तुलसी और सूर के चारों ओर भी ऐसा ही चमचमाता वाग्जाल बिछाने वाले हैं।'' (हिन्दी साहित्य का इतिहास, पृ. 678)।

यह सत्य है कि वाजपेयी जी ने अपनी 'जयशंकर प्रसाद' के लेखों में अंग्रेजी उद्धरणों का प्रचुर प्रयोग किया है। यह प्रवृत्ति उस दौर की अन्य आलोचनाओं में भी व्यापक रूप से मिलती है। परन्तु 1936 ई. में नागरी प्रचारिणी सभा में 'सूर सागर' के सम्पादन का कार्य पूरा कर लेने के बाद सन् 37 में 'रामचरितमानस' का सम्पादन करने के लिए वाजपेयी जी ही गीता प्रेस, गोरखपुर गए थे। तो क्या यह संकेत वाजपेयी जी की ओर है? शुक्ल जी के द्वारा नामोल्लेख न कर 'दो-एक आलोचकों' के बहाने अपनी प्रतिक्रिया व्यक्त करना जहाँ उनकी आक्रोशजन्य उपेक्षा का द्योतक है वहाँ इतनी दूर तक इन आलोचनाओं से क्षुब्ध होना आलोचक के महत्त्व का। गरज यह कि **नन्ददुलारे वाजपेयी** ने प्रबल विरोधों के रहते भी छायावादी काव्य के सौन्दर्य का उद्घाटन कर उसके महत्त्व-प्रतिपादन का हौसला दिखाया। शुक्लोत्तर समीक्षा के बारे में वाजपेयी जी का कहना था कि ''शुक्ल जी की अपेक्षा नई समीक्षा में साहित्य के ऐतिहासिक विकास और सामाजिक प्रेरणा-शक्तियों, शैली-भेदों और कला-स्वरूपों की परख अधिक व्यापक और मार्मिक है, इसमें सन्देह नहीं। शुक्ल जी की नैतिक और बौद्धिक दृष्टि की अपेक्षा नए समीक्षकों की सौन्दर्य-अनुभूति और कला-प्रधान दृष्टि एक निश्चित प्रगति है।'' (आधुनिक साहित्य, पृ. 84-85)। वस्तुतः इस कथन के द्वारा वाजपेयी जी स्वयं अपनी आलोचना शैली की विशेषताओं की ओर संकेत करना चाहते हैं।

शुक्ल जी से वाजपेयी जी को शिकायत थी कि ''शुक्ल जी की सारी विचारणा द्विवेदी-युग की व्यक्तिगत, भावात्मक और आदर्शोन्मुख नीतिमत्ता पर स्थित है। समाजशास्त्र, संस्कृति और मनोविज्ञान की वस्तून्मुखी मीमांसा उन्होंने नहीं की है। प्रवृत्ति-विषयक उनकी धारणा भारतीय धार्मिक धारणा की अपेक्षा पाश्चात्य अधिक है। उनका काव्य-विवेचन भी प्रबन्ध-कथानक और जीवन-सौन्दर्य के व्यक्त रूपों का आग्रह करने के कारण सर्वांगीण और तटस्थ

नहीं कहा जा सकता। नवीन युग की सामाजिक और सांस्कृतिक जटिलताओं का विवेचन और उनसे होकर बहने वाली काव्यधारा का आकलन हम शुक्ल जी में नहीं पाते।'' (हिन्दी साहित्य : बीसवीं शताब्दी, पृ. 87) वाजपेयी जी की यह शिकायत सही थी या नहीं यह अलग बात है लेकिन शिकायत उनको थी। इसलिए यह जरूरी था कि वे जिस साहित्य के लिए इन प्रतिमानों को नाकाफी समझते थे उसके लिए समुचित मानदंडों की खोज स्वयं करें। वाजपेयी जी ने यह किया भी। उन्होंने सही या गलत अपने प्रतिमान प्रसाद और निराला के काव्य–विशेषकर प्रगीत काव्य के आधार पर बनाए थे : ''प्रसाद के 'आँसू' की मार्मिक पंक्तियाँ, निराला की 'तुम' और 'मैं', 'जूही की कली' और अन्य अनेक रचनाएँ तथा 'पल्लव' के बहुत से प्रगीत विशिष्टता का प्रतिमान बनकर मेरे समक्ष आए थे। मेरा कार्य केवल विवेचन और व्याख्या करना था।'' (नया साहित्य नए प्रश्न, पृ. 2)

प्रसाद और निराला के काव्य में व्याप्त पौरुष और शक्ति-तत्त्व ने उन्हें विशेष आकर्षित किया था। वे उसे शब्दों और कविता का गुण न मानकर कवि की चेतना का ऐसा प्रतिफलन मानते थे जो सारे काव्य में व्याप्त रहता है। (कवि निराला, पृ. 201)

दूसरी विशेषता जो इन दोनों कवियों को औरों की तुलना में श्रेष्ठ सिद्ध करती है वह है 'इनकी काव्य के प्रति अप्रतिम निष्ठा' (वही, पृ. 179) जिसे कवि-कर्म के प्रति चरम प्रतिबद्धता भी कहा जा सकता है। वाजपेयी जी का सहृदय आलोचक निराला और प्रसाद दोनों के काव्य के प्रति समान रूप से निष्ठावान और समर्पित था। इसीलिए वे कभी इसको कभी उसको परस्पर श्रेष्ठ कहते रहते थे। कोई तुलनात्मक निर्णय देने के क्षण में उन पर भारी धर्मसंकट आ पड़ता था किन्तु कुल मिलाकर वे शायद प्रसाद को ही अधिक वरेण्य मानते थे।

वाजपेयी जी साहित्य के मूल्यांकन के लिए किसी साहित्येतर मूल्य को निर्णायक मानने के पक्ष में न थे। वे काव्य के सन्दर्भ में जीवन-चेतना, नैतिकता आदि से ऊपर काव्य-सौष्ठव को स्थान देना उचित समझते थे। सम्भवतः इसी कारण वे न प्रेमचन्द के साथ न्याय कर सके न प्रगतिशील साहित्य के साथ। उनके आलोचक की चेतना मूलतः छायावादी थी।

परन्तु इसका अभिप्राय यह नहीं कि उन्होंने छायावाद को विशुद्ध साहित्यिक प्रतिमानों से ही परखा था। वस्तुतः उनका एक बहुत बड़ा योगदान

छायावाद को राष्ट्रीय स्वातन्त्र्य-आन्दोलन और सांस्कृतिक पुनर्जागरण की साहित्यिक अभिव्यक्ति के रूप में प्रतिष्ठित करने का भी है। उन्होंने वैचारिक धरातल पर उसके सामाजिक सन्दर्भ को स्पष्ट किया : 'नई छायावादी काव्यधारा का भी एक आध्यात्मिक पक्ष है, परन्तु उसकी मुख्य प्रेरणा धार्मिक न होकर मानवीय और सांस्कृतिक है। उसे हम बीसवीं शताब्दी की वैज्ञानिक और भौतिक प्रगति की प्रतिक्रिया भी कह सकते हैं।' (आधुनिक साहित्य, पृ. 319) यह छायावाद को समुचित युग-सन्दर्भ प्रदान करना था। परन्तु छायावाद की भारतीयता उजागर करने के साथ ही वे यह कहने से भी न चूके थे कि 'किसी हद तक यह नया 'कला-आन्दोलन' जो हिन्दी साहित्य में छायावाद के नाम से प्रसिद्ध है, यूरोप के सुप्रसिद्ध रोमैंटिक या स्वच्छन्दतावादी आन्दोलन से समानता रखता है।' (हिन्दी साहित्य : बीसवीं शताब्दी, पृ. 22)

इस प्रकार मन में अनेक मान्यताएँ लेकर काव्य-समीक्षा में प्रवृत्त होने के कारण वाजपेयी जी ने दुहरे मानदंडों का प्रयोग किया। वे शुक्ल जी की आलोचना को पांडित्यपूर्ण किन्तु वैयक्तिक रुचि की द्योतक मानते हुए उस पर 'वस्तुगत' और 'वैज्ञानिक' न होने का आरोप लगाते थे। सवाल यह है कि क्या वाजपेयीजी स्वयं इस आक्षेप से बरी हैं? क्या वाजपेयी जी, जो प्रसाद के उपन्यास 'कंकाल' के यथार्थवाद के कारण उसकी प्रशंसा करते हैं, अकेले इसी गुण के आधार पर प्रेमचन्द के साहित्य की उत्कृष्टता को देख पाने में असमर्थ हैं? प्रगतिशील लेखक संघ की काशी शाखा के कई वर्षों सभापति रहकर भी वे आखिर प्रगतिवादी साहित्य की उपेक्षा क्यों करते रहे?

वाजपेयी जी ने व्यवस्थित ढंग से काव्यशास्त्र का विवेचन नहीं किया किन्तु चूँकि आचार्य शुक्ल रस के प्रतिमान की लोकमंगलवादी व्याख्या कर उसकी प्रतिष्ठा कर चुके थे इसलिए आचार्य शुक्ल पर लिखे निबन्ध में उन्होंने उस पर विचार करना आवश्यक समझा। उन्होंने शुक्ल जी के द्वारा 'लोकधर्म' का साहचर्य कराने को 'उसे परिमार्जित स्वरूप' देना कहा परन्तु उसे 'एक गतिहीन निरूपण' ही सिद्ध किया और रस के द्वारा मूल्यांकन की जो रूढ़ रीतिशास्त्रीय परम्परा थी उसका खंडन किया। आगे चलकर वे रस की एक अपनी व्याख्या प्रस्तुत करके उसे स्वीकार करने लगे थे—''जब हम कहते हैं कि 'रस' काव्य की आत्मा है तब हमारा आशय यह होता है कि प्रत्येक काव्य में, यदि वह वस्तुतः काव्य है, मानव समाज के लिए आह्लादकारिणी, भावात्मक, नैतिक और बौद्धिक अनुभूतियों का संकलन होगा ही। 'रस' शब्द

से आचार्यों का आशय काव्य की इस मानवतावादी सत्ता से ही है।'' (राष्ट्रीय साहित्य तथा अन्य निबन्ध, पृ. 33) रस की अलौकिकता के वे शुक्ल जी के समान ही विरोधी थे और उसे 'पाखंड' समझते थे।

वाजपेयी जी की आलोचना की परिधि व्यापक थी। उन्होंने उपन्यास, कहानी, नाटक सभी रूपों को और मध्ययुगीन एवं आधुनिक कवियों को विषय बनाकर आलोचनाएँ लिखीं किन्तु उनकी आलोचनात्मक प्रतिभा जितनी काव्यालोचन में व्यक्त हुई उतनी दूसरे रूपों में नहीं। उन्होंने अनेक कवियों की तुलना कर तलस्पर्शी दृष्टि से उनके सूक्ष्म अन्तरों को अलगाया। उदाहरण के लिए गुप्तजी, प्रसाद और निराला की राष्ट्रीय कविताओं की तुलना करते हुए उन्होंने 'द्विवेदीकालीन और राष्ट्रीयतावाद और छायावादी मानव ऐक्य की भावनाओं' के मौलिक अन्तर को स्पष्ट किया। गुप्तजी की 'नीलाम्बर परिधान हरित पट पर सुन्दर है' में जहाँ उन्होंने देश की चौहद्दी कायम करने का प्रयास देखा, वहाँ प्रसाद की 'अरुण यह मधुमय देश हमारा' में विश्वदेशीयता और निराला की 'प्राण प्रणव ओंकार' आदि रचनाओं में प्राकृतिक और ज्ञानजन्य मानव ऐक्य देखा (हिन्दी साहित्य, बीसवीं शताब्दी, पृ. 23)।

वाजपेयी जी ने बड़ी निष्ठा से समसामयिक लेखकों और काव्यधाराओं पर आलोचनात्मक लेख लिखे। आलोचक कर्म को वे कितनी गम्भीरता से लेते थे और कितने दायित्वपूर्ण ढंग से निभाते थे इसका प्रमाण 'हिन्दी साहित्य बीसवीं शताब्दी' में संकलित लेख हैं। सूर के अतिरिक्त उन्होंने मुख्यतः खड़ी बोली साहित्य पर लिखा। परन्तु उसके बीच भी वे रत्नाकर जैसे समर्थ और सरस ब्रजभाषा-कवि का युग-साहित्य के बीच स्थान-निर्धारण करना न भूले : ''विगत युग के संस्कारों की स्थापना नव्यतर युग में करना निसर्गतः एक कृत्रिम प्रयास है। वह काव्य सुशोभन और गौरवास्पद हो सकता है किन्तु वह युग का अनिवार्य काव्य नहीं हो सकता। उत्कृष्ट साहित्य सदैव अनिवार्य हुआ करता है।'' (वही, पृ. 21) रत्नाकर की चूक कहाँ थी इसे वाजपेयी ने सही पकड़ा था।

सामान्यतः वाजपेयी जी को स्वच्छन्दतावादी, काव्य-सौष्ठववादी आदि नामों से जाना गया। परन्तु कहीं-कही उनकी समीक्षा में विरोधाभास दिखाई पड़ता है। भावबोध और युगीन अपेक्षाओं के नाते वे प्रगतिशील प्रवृत्तियों को प्रयोगवादी दृष्टि की अपेक्षा कहीं अधिक उत्कृष्ट समझते थे किन्तु जब कविता की बात आती थी तो अच्छी कविता के उदाहरणों के रूप में प्रयोगवादी और

नए कवियों की रचनाओं से उद्धरण प्रस्तुत करते थे। यह विरोध विशेषकर उनकी आलोचना के परवर्ती दौर में व्यक्त हुआ। 'धर्मयुग' के तीन अंकों में 'नई कविता : एक पुनरीक्षण' नाम से प्रकाशित लेखमाला की संगति उनके पहले के लेखन से किसी तरह नहीं बैठाई जा सकती। इसे नए आलोचकों की पाँत में बैठने का लोभ समझा जाए या सतत आत्म-निरीक्षण के परिणामस्वरूप अपने मत में परिवर्तन और संशोधन की उदारता? विरोध और भी हैं। काव्य में वे 'वस्तु' तत्त्व को महत्त्व देते थे। समाजवादी विचारधारा को उन्होंने सर्टिफिकेट दिया था : 'आज हिन्दी में श्रेष्ठ साहित्य के सृजन के कौन-से क्षेत्र हैं? निश्चय ही समाजवादी विचारों के क्षेत्र...' (आधुनिक साहित्य, पृ. 337) किन्तु उन्होंने यशपाल, राहुल, नागार्जुन, केदारनाथ अग्रवाल आदि प्रगतिवादी लेखकों की एक भी समीक्षा न की।

इसका अभिप्राय यह नहीं कि वाजपेयी जी के पास कोई निश्चित आलोचना दृष्टि न थी। साहित्य में आलोचना की क्या भूमिका है इसके बारे में उनकी स्पष्ट धारणा थी कि समीक्षा 'न तो रचना विशेष की अनुचरी मात्र है, और न साहित्य का कठोरता से नियन्त्रण करने वाली अधिनेत्री ही।' बल्कि 'वह रचनात्मक साहित्य की प्रिय सखी, शुभैषिणी, सेविका और सहृदय स्वामिनी कही जा सकती है।' (नया साहित्य नए प्रश्न, पृ. 27) जाहिर है ऐसी स्थिति में परस्पर विरोधी प्रवृत्तियों के साहित्य के साथ शुभैषणा और सहृदयत्व का निर्वाह करने के फेर में कहीं-कहीं विरोध-सा दिखाई पड़ने लगता है।

वैसे उन्होंने 'हिन्दी साहित्य, बीसवीं शताब्दी' की विज्ञप्ति के अन्त में समीक्षा सम्बन्धी अपनी मुख्य चेष्टाओं को समझाने की गरज से सात सूत्रों में बाँधा है। जिनमें वे 'रचना में कवि की अन्तर्वृत्तियों (मानसिक उत्कर्ष-अपकर्ष) का अध्ययन (एनालिसिस ऑफ़ द पोएटिक स्प्रिट)' को प्रमुखता के क्रम में पहला स्थान देते हैं और 'काव्य के जीवन सम्बन्धी सामंजस्य और सन्देश' के अध्ययन को अन्तिम। एक वाक्य में वे 'साहित्य के मानसिक और कलात्मक उत्कर्ष का आकलन करना इन निबन्धों का प्रधान उद्देश्य' स्वीकार करते हैं। बाद में 'आधुनिक साहित्य' की भूमिका में उन्होंने पश्चिम की चार प्रमुख समीक्षा-पद्धतियों से बचने की बात भी कही है जिसमें वैयक्तिक मनोविज्ञानवादी, समाजवादी, कलाविज्ञानवादी तथा उपयोगितावादी या नीतिवादी पद्धतियों का उल्लेख है। किन्तु इस प्रकार की घोषणाओं के प्रकाश में स्वयं वाजपेयीजी की आलोचना को समझने का प्रयास विशेष लाभप्रद तो क्या

भ्रामक ही होगा। उन्हें तो ऐसे ही आलोचक के रूप में समझना चाहिए जिसकी चेतना और काव्य-रुचि का निर्माण उदयकालीन छायावादी काव्य से हुआ था और जिसने अपनी आलोचना-दृष्टि का निर्माण भी इसी काव्य के सन्दर्भ में किया था।

शुक्ल जी से आचार्य **हजारीप्रसाद द्विवेदी** (1907 ई.-1979 ई.) का मतभेद साहित्य के प्रति सम्पूर्ण दृष्टिकोण को लेकर था। वे शुक्लोत्तर युग के अन्य आलोचकों से इस बात में भिन्न थे कि उन्होंने साहित्य को न विशेष युग, या राजनीतिक परिवर्तनों की दृष्टि से देखा और न कवि की मनोगत चेतना की अभिव्यक्ति के रूप में। वे साहित्य की हर प्रवृत्ति और व्यक्ति को देश-कालव्यापी सांस्कृतिक सन्दर्भ में रखकर देखने-समझने के आग्रही थे। इसीलिए हिन्दी साहित्य को उन्होंने संस्कृत, पाली, प्राकृत, अपभ्रंश साहित्यों और ब्राह्मण के अतिरिक्त बौद्ध, जैन, नाथ, सिद्ध, सन्त आदि सभी धर्मों से निर्मित समवेत, भारतीय चिन्तन के स्वाभाविक विकास के रूप में समझने का प्रयत्न किया। उनके इस दृष्टिकोण को समझने के लिए उनकी 'हिन्दी साहित्य की भूमिका' (1940 ई.) का बहुत महत्त्व है। भूमिका के पहले अध्याय 'हिन्दी साहित्य : भारतीय चिन्ता का स्वाभाविक विकास' के पहले ही पृष्ठ पर उन्होंने अपनी दृष्टि को स्पष्ट किया है। भारतीय विचारधारा को समझने में हिन्दी साहित्य के महत्त्व की ओर संकेत करते हुए उन्होंने कहा : "कम से कम भारतवर्ष के आधे हिस्से की सहस्र वर्ष-व्यापी आशा-आकांक्षाओं का मूर्तिमान प्रतीक यह हिन्दी-साहित्य अपने-आपमें एक ऐसी शक्तिशाली वस्तु है कि इसकी उपेक्षा भारतीय विचारधारा को समझने में घातक सिद्ध होगी।" ध्यान देने की बात है कि उन्होंने इस साहित्य की देश-कालगत व्याप्ति को महत्त्व दिया है। अब तक इस साहित्य का अध्ययन जिन दृष्टियों से होता रहा है उन पर आक्षेप करते हुए उन्होंने कहा कि : 'दुर्भाग्यवश, हिन्दी साहित्य के अध्ययन और लोक चक्षु-गोचर करने का भार जिन विद्वानों ने अपने ऊपर लिया है, वे भी हिन्दी साहित्य का सम्बन्ध हिन्दू जाति के साथ ही अधिक बतलाते हैं और इस प्रकार अनजान आदमी को दो ढंग से सोचने का मौका देते हैं–एक यह कि हिन्दी साहित्य एक हतदर्प पराजित जाति की सम्पत्ति है, इसलिए उसका महत्त्व उस जाति के राजनीतिक उत्थान-पतन के साथ अंगागि-भाव से सम्बद्ध है, और दूसरा यह कि ऐसा न भी हो तो भी वह एक निरन्तर पतनशील जाति की चिन्ताओं का मूर्त प्रतीक है, जो अपने-आपमें

कोई विशेष महत्त्व नहीं रखता। मैं इन दोनों बातों का प्रतिवाद करता हूँ...। ऐसा करके मैं इस्लाम के महत्त्व को भूल नहीं रहा हूँ लेकिन ज़ोर देकर कहना चाहता हूँ कि अगर इस्लाम नहीं आया होता तो भी इस साहित्य का रूप बारह आना वैसा ही होता जैसा आज है।" कहना अनावश्यक है कि प्रतिवाद के लक्ष्य हैं आचार्य शुक्ल और विषय है उनका मध्ययुगीन साहित्य के सम्बन्ध में दृष्टिकोण। इन दोनों दृष्टियों का अन्तर सबसे अधिक प्रकट रूप में मध्ययुग के साहित्य को लेकर सामने आया। द्विवेदी जी ने भक्ति साहित्य को सतही राजनीतिक घटनाओं से घटित होने वाला परिवर्तन न मानकर शताब्दियों से गहरे प्रभावित करने वाली सांस्कृतिक घटनाओं से जोड़ा। कबीर आदि सन्तों को उन्होंने सिद्ध-नाथ साहित्य की परम्परा में रखा और रीतिकालीन काव्य का सम्बन्ध-सूत्र उन्होंने 'कामसूत्र' और 'गाथा-सप्तशती' आदि की परम्परा से बैठाया। इस प्रकार शुक्ल जी से भिन्न उन्होंने इन साहित्यिक परिवर्तनों के मूल में राजनीतिक उथल-पुथल को सर्वोपरि महत्त्व न देकर एक सांस्कृतिक नैरन्तर्य की प्रतिष्ठा की। 'हिन्दी साहित्य की भूमिका' के पहले दो अध्याय और 'परिशिष्ट' इस दृष्टि से विशेष महत्त्वपूर्ण हैं। द्विवेदीजी एक ओर सांस्कृतिक निरन्तरता के समर्थक हैं और दूसरी ओर अखंडता के। इसलिए जहाँ वे भक्ति साहित्य में एक कालक्रमिक चिन्तन-परम्परा पाते हैं वहाँ उसकी सगुण-निर्गुण आदि विभिन्न धाराओं को खंड-खंड बाँटकर देखने के बजाय एक विराट् भक्ति- चेतना और भक्ति-धारा के रूप में देखने का प्रयास करते हैं। इतना ही नहीं, साहित्य की बात करते-करते द्विवेदी जी अक्सर चित्र, संगीत, नृत्य, विज्ञान, इतिहास, कला और ज्ञान की सभी सरणियों को समझने का प्रयत्न करने लगते थे।

इस नैरन्तर्य और अखंडता को समाज और संस्कृति के बाह्य स्तर के अलावा काव्य के आन्तरिक स्तर पर प्रतिफलित होते हुए कैसे देखा जाए, इसके लिए द्विवेदी जी ने काव्य-रूढ़ियों और कवि-प्रसिद्धियों के माध्यम से काव्य का अध्ययन करने की पद्धति सामने रखी। उनकी समझ में काव्य-रूढ़ियाँ और कवि-प्रसिद्धियाँ किसी देश और जाति की सांस्कृतिक चेतना का प्रतिफलन होती हैं। 'हिन्दी साहित्य का आदिकाल' में संकलित अपने व्याख्यानों में, और बातों के अतिरिक्त 'पृथ्वीराज रासो' की प्रामाणिकता की जाँच के बहाने द्विवेदीजी ने उस विराट् ग्रन्थ की रचना-प्रक्रिया में कथानक-रूढ़ियों की भूमिका का अध्ययन कर सिद्धान्त को व्यवहार का रूप दिया है।

द्विवेदीजी ने इस प्रकार एक बड़े पैमाने पर साहित्यिक रुचि में परिवर्तन करने का प्रयत्न किया। उन्होंने किसी साहित्य के निर्माण में ऐतिहासिक-सामाजिक सन्दर्भ को महत्त्व इसलिए दिया क्योंकि वे जनता की रुचि को महत्त्व देते थे। जन-जीवन की रुचि के प्रति यह मोह उनके मानवतावादी दृष्टिकोण से पैदा हुआ था। द्विवेदीजी मानव को जीवन के सभी प्रयत्नों का लक्ष्य मानते थे। 'अशोक के फूल' निबन्ध-संग्रह में संकलित उनके निबन्ध का शीर्षक है– 'मनुष्य ही साहित्य का लक्ष्य है।' द्विवेदीजी का यह मानवतावाद कुछ दूर तक शुक्ल जी के लोकमंगलवाद से भी मेल खाता है और इसी के कारण वे आधुनिक आलोचकों में प्रगतिशील आन्दोलन के सर्वाधिक निकट दिखाई पड़ते हैं। सम्भवतः अपने इस दृष्टिकोण के कारण शुक्लोत्तर युग के वरिष्ठतर आलोचकों में द्विवेदीजी अकेले हैं जिन्होंने प्रेमचन्द को प्रथम श्रेणी के साहित्यकारों में स्थान दिया है। उनके बारे में डॉ. देवराज का कहना है कि 'द्विवेदीजी मुख्यतः एक पंडित हैं, एक महापंडित या स्कॉलर, जिनका प्रभुत्व क्षेत्र सांस्कृतिक इतिहास है। साथ ही उनके व्यक्तित्व में मानववादी जीवन दृष्टि का आवेगात्मक आकलन भी है।' (प्रतिक्रियाएँ, पृ. 56)

इस इतिहास-बोध और संस्कृति-प्रेम का आशय यह नहीं कि वे समसामयिक व आधुनिक प्रश्नों के प्रति उदासीन थे। अपने समय में बहुचर्चित 'आधुनिकता' के लक्षण को द्विवेदीजी ने कितना सटीक समझा था यह उनके इस कथन से स्पष्ट है : "अत्यन्त आधुनिक कवि इस भावुकता को पसन्द नहीं करता। वह वस्तु को आत्म-निरपेक्ष भाव से देखने को ही सच्चा देखना मानता है। यह बात उसके निकट सत्य नहीं है कि वस्तु को उसने वैसा देखा, बल्कि यह कि वस्तु उसके बिना भी वैसी है। इस वैज्ञानिक चित्तवृत्ति का प्रधान आनन्द कौतूहल में है, उत्सुकता में है, आत्मीयता में नहीं।" (साहित्य-सहचर, पृ. 28)

द्विवेदीजी समसामयिकता, आधुनिकता और परम्परागत को कुछ ऐसे मिला-जुलाकर चलते थे कि वे एक-दूसरे में सहज अन्तर्भूत हो जाती थीं। कबीरदास की समीक्षा में द्विवेदीजी ने एक ओर तो अपने इतिहास-बोध का परिचय देते हुए धर्म, समाज, जाति, व्यवस्था और संस्कार तथा पूर्ववर्ती परम्परा–सभी के सन्दर्भ में कबीर का स्थान निर्धारित किया है और दूसरी ओर कबीर का व्यक्ति-विश्लेषण करते हुए उन्होंने 'अक्खड़ता, स्वभाव की फक्कड़ता, घरफूँक मस्ती और फक्कड़ाना लापरवाही' को महत्त्व दिया है।

उन्हें वाणी का डिक्टेटर कहा है। भाषा को उनके सामने लाचार पाया है। उनके दो टूक, फक्कड़ाना और मस्त अन्दाज की प्रशंसा की है। क्या द्विवेदीजी का इन गुणों से लगाव उन्हें अपने युग के उत्तर छायावादी कवियों–दिनकर, बच्चन, नवीन, भगवतीचरण आदि से नहीं जोड़ता? जो द्विवेदीजी साहित्य को निरन्तर व्यापक परिप्रेक्ष्य में जाँचने की बात करते हैं उनकी इस अभिरुचि की जाँच उनके युग के उन कवियों के सन्दर्भ में होनी चाहिए जो जवानी और मस्ती के कवि कहलाते थे। जो अपने को दीवाना कहते थे। कबीर ने भी भक्ति के मद का बहुत गुणगान किया है और बच्चन की मधुशाला और उनका हालावाद भी निरा लौकिक नहीं है और दिनकर भी अपनी बात को पूरे जोश और दम-खम के साथ कहने वाले कवि हैं। तात्पर्य यह कि द्विवेदीजी ने जिस फक्कड़पन, मस्ती और अक्खड़ता का हवाला कबीर में दिया वह उनके युग के काव्य के माहौल में थी। शायद उत्तर छायावादी काव्य में प्रकट होने वाली ये विशेषताएँ–विद्रोह, क्रान्तिकारिता, फक्कड़ता, मस्ती, प्रगतिशीलता और एक व्यापक मानववाद, एक सामान्य भावबोध से पैदा हुई थीं जिसने उस युग के कवि और आलोचक दोनों की रुचि और काव्य-संस्कार का निर्माण किया था।

द्विवेदीजी ने काव्य ही नहीं काव्यशास्त्र को भी अपनी इतिहास-प्रेमी दृष्टि से परखा और उसकी व्याख्या की। उनकी सैद्धान्तिक मान्यताएँ मुख्य रूप से 'साहित्य का मर्म' में सामने आईं। उन्होंने भारतीय काव्यशास्त्र विशेषकर रस-सिद्धान्त की भी ऐतिहासिक व्याख्या की। भरत से पंडितराज तक रस-सिद्धान्त के रूप-परिवर्तन की व्याख्या उन्होंने भारतीयता के उत्थान-पतन के सन्दर्भ में की और निष्कर्ष निकाला कि भरत के साथ रस-सिद्धान्त का जो उदात्त सात्त्विक रूप सामने आया था वह पंडितराज तक आते-आते ह्रासशील पतनोन्मुख भारतीयता के स्वरूप के कारण शृंगार और उसमें भी विशेष प्रकार के शृंगार तक परिसीमित हो गया। 'दशरूपक' की भूमिका में भी द्विवेदीजी ने नाट्य-रस के विकास पर विचार किया। कुछ निबन्धों में उन्होंने शब्द-शक्तियों पर भी लिखा और छन्द तत्त्व और लय तत्त्व तो उनके प्रिय और नित्य विषय रहे। वे जहाँ-तहाँ प्रसंग निकालकर इन पर निरन्तर विचार करते ही रहे।

अपनी आलोचना के पिछले दौर में द्विवेदीजी ने सौन्दर्यशास्त्रीय विषयों के प्रति विशेष रुचि दिखाई। 'प्राचीन भारत के कलात्मक विनोद' (1940 ई.)

की रचना कर वे पहले भी इस ओर अपने रुझान का संकेत दे चुके थे। परन्तु कुछ वर्षों से उनके सौन्दर्यशास्त्र सम्बन्धी कई लेख आलोचना के अंकों में समय-समय पर प्रकाशित होते रहे हैं। इन लेखों में उन्होंने मुख्य रूप से 'लालित्य तत्त्व' (सौन्दर्य की अपेक्षा वे इस सन्दर्भ में 'लालित्य' शब्द को अधिक उचित मानते हैं) का विवेचन प्रस्तुत किया है। निष्कर्ष रूप में शुक्लोत्तर युग के वरिष्ठ आलोचकों में द्विवेदीजी का महत्त्व विशेष रूप से उस दृष्टिकोण के लिए है जो उन्होंने साहित्य के अध्ययन के लिए सामने रखा। यह दृष्टिकोण संस्कृत और हिन्दी समीक्षा की ठेठ परम्पराओं से निश्चय ही भिन्न था और इसके कारण हिन्दी आलोचना में एक नए ढंग की समीक्षा-पद्धति का ही नहीं, काव्य-रुचि का निर्माण हुआ।

शुक्लोत्तर युग की आलोचक त्रयी के सबसे कनिष्ठ आलोचक **नगेन्द्र** का (1915 ई.–1999 ई.) पहला समीक्षात्मक निबन्ध–'छायावाद' 1937 ई. में प्रकाशित हुआ। तब से वे निरन्तर लिखते रहे। अपने युग के आलोचकों में परिमाण में ही उनका कृतित्व सर्वाधिक नहीं है बल्कि उन्होंने अपने लेखन में एक निरन्तरता और नियमितता बनाए रखी जो सर्वथा विरल है। जब नगेन्द्र ने हिन्दी आलोचना में प्रवेश किया तब तक नन्ददुलारे वाजपेयी और हजारीप्रसाद द्विवेदी इस क्षेत्र में कुछ दूर तक अपना स्थान बना चुके थे। नगेन्द्र ने अपने निबन्ध 'आधुनिक हिन्दी काव्य के आलोचक' (आस्था के चरण, पृ. 324, 1940 ई.) में इन दोनों की आलोचना की विशेषताओं को लक्ष्य किया है। उन्होंने नन्ददुलारे वाजपेयी का महत्त्व हिन्दी के उस पहले आलोचक के रूप में माना 'जिसने निर्भीक और निर्भ्रान्त होकर छायावाद के महत्त्व को स्वीकृत और प्रतिष्ठित किया।' जहाँ उन्हें वाजपेयी जी की आलोचना की गम्भीरता और अन्तस्तत्त्वों में गहरे जाकर उन्हें ग्रहण करने के प्रयत्न ने आकर्षित किया वहाँ छायावाद पर दार्शनिकता का आवरण चढ़ाने की प्रवृत्ति को उन्होंने दोष समझा। उन्हें लगा कि 'कलापक्ष में इन्हें जैसे कुछ कहने को ही नहीं था' (वही, पृ. 324-25)। हजारीप्रसाद द्विवेदी के संस्कृत साहित्य के गहन और विस्तृत अध्ययन ने नगेन्द्र को प्रभावित किया। उनकी नवीन काव्य-ग्रन्थों की आलोचना परिमाण में अपर्याप्त होने पर भी नन्ददुलारे वाजपेयी और शान्तिप्रिय द्विवेदी की तुलना में पुष्ट और सुथरी प्रतीत हुई। 'साथ ही शास्त्रीय होने के कारण हिन्दी-पाठकों पर उसका अच्छा प्रभाव पड़ा' (वही, पृ. 325), शान्तिप्रिय द्विवेदी के बारे में उनकी साफ राय थी कि

वे 'छायावाद के रस का आस्वादन तो करा सके लेकिन स्वरूप स्पष्ट नहीं कर सके।' (वही)

कहने का तात्पर्य है कि वे इन आलोचकों की शक्ति और सीमा दोनों के प्रति सतर्क थे। अतएव इनकी आलोचना के गुणों को इन्होंने आत्मसात् कर उनका विकास करने का प्रयत्न किया और दोषों से भरसक बचने का। उदाहरण के लिए वे छायावाद पर आध्यात्मिकता का आरोप करने की प्रवृत्ति से बचकर उसकी मनोवैज्ञानिक व्याख्या करते रहे, और अपनी आलोचना को उत्तरोत्तर अधिक शास्त्रोन्मुख बनाते चले गए।

नगेन्द्र ने समीक्षा का आरम्भ छायावाद पर स्फुट निबन्धों से किया। इस क्रम में उनका पहला निबन्ध 'हंस' में 1937 ई. में प्रकाशित हुआ जिसका उपयोग बाद में उन्होंने अपनी पुस्तक 'सुमित्रानन्दन पन्त' में प्रथम परिच्छेद के रूप में किया। पहली पुस्तकाकार समीक्षा भी उन्होंने कवि पन्त पर ही लिखी। आरम्भ से ही उनका ध्यान पश्चिम के काव्य-सिद्धान्तों की ओर चला गया था, इसका प्रमाण इस बात से मिलता है कि 1939 ई. में ही उन्होंने रिचर्ड्स के 'प्रिंसिपल्ज ऑफ़ लिटररी क्रिटिसिज़्म' से प्रेरित होकर 'साहित्य में कल्पना का उपयोग' विषयक निबन्ध लिखा जो 'वीणा' में प्रकाशित हुआ। इसके बाद निबन्धों का यह सिलसिला सिद्धान्त-चिन्तन की ओर मुड़ने लगा। 1940 ई. में 'हंस' के सम्पादक शिवदानसिंह चौहान के कहने पर उन्होंने 'साहित्य और समीक्षा' निबन्ध लिखा। दिलचस्प बात यह है कि उस समय नगेन्द्र 'प्रगतिवाद के मित्रों' में गिने जाते थे। युग के वातावरण के अनुकूल उन पर फ्रायड का भी गहरा प्रभाव पड़ा। उनके 'छायावाद की परिभाषा' (1943 ई.) नामक निबन्ध पर यह प्रभाव स्पष्ट दिखाई पड़ा। तदुपरान्त उन्होंने 'साहित्य की प्रेरणा' (1943 ई.) और उसके पूरक निबन्ध 'साहित्य में आत्माभिव्यक्ति' (1946 ई.) में क्रमशः जैसे इस प्रभाव की सैद्धान्तिक स्वीकृति कर ली। कुछ वर्षों तक यह प्रभाव उनकी व्यावहारिक आलोचनाओं पर भी दिखाई पड़ता रहा किन्तु धीरे-धीरे उनकी रुचि काव्यशास्त्र की ओर हो चली। 1948 ई. में लिखा गया उनका निबन्ध 'भारतीय और पाश्चात्य शास्त्र' (1949 ई.) जैसे उनकी समीक्षा में एक मोड़ का सूचक है। इसके लिए मनोभूमि तो उनके शोध ग्रन्थ 'रीतिकाव्य की भूमिका' और 'देव और उनकी कविता' (1946 ई.) के रचना-काल में ही बन गई थी : 'रीतिकाव्य के अध्ययन के समय मैं व्यावहारिक आलोचना से सैद्धान्तिक आलोचना की ओर आकृष्ट

हो चला था।' (आस्था के चरण, पृ. 10) यह आकर्षण उन पर कुछ ऐसा हावी हुआ कि इसके बाद का सारा महत्त्वपूर्ण कृतित्व सिद्धान्त-विवेचन के रूप में ही प्रकट हुआ। इस काल-खंड के बीच उन्होंने व्यावहारिक आलोचना न की हो ऐसा नहीं कहा जा सकता। परन्तु इनमें से अधिकांश निबन्ध किसी अवसर की माँग को पूरा करने के लिए लिखे गए। सम्पादित ग्रन्थों की भूमिकाओं या अंशों के रूप में, रेडियो-वार्ताओं के रूप में, पत्रिकाओं की माँग पूरी करने के लिए आदि-आदि। किन्तु इस बात से लेखों का महत्त्व कम नहीं होता। नगेन्द्र के लेखन की एक बहुत बड़ी विशेषता यह है कि वे अपने आलोचक-धर्म को अत्यन्त दायित्वपूर्ण और गम्भीर ढंग से निभाते हैं। इसलिए वे चुनाव ही उस विषय का करते हैं जिसमें उनकी गहन रुचि हो। उनके अपने शब्दों में : 'प्रायः प्रतिष्ठित या ऐसा काव्य ही जिसके स्थायी मूल्य स्पष्ट लक्षित हों, मेरी आलोचना का विषय रहा है—किसी कृति को या कृतिकार को स्थापित करने की स्पृहा और मन में नहीं आई।' (आस्था के चरण, पृ. 94) जब प्रश्न स्थापित या विस्थापित करने का न हो और विषय ऐसा साहित्य हो जो पहले से ही प्रतिष्ठित हो तो गुंजाइश केवल व्याख्या-विश्लेषण की या नए सन्दर्भों में रखकर उसके अलक्षित या अल्पलक्षित पक्षों को उजागर करने की रह जाती है। इस कला में नगेन्द्र सिद्धहस्त हैं। कामायनी पर लिखे गए लेखों को वे अपनी व्यावहारिक आलोचना की पराकाष्ठा मानते हैं किन्तु उनकी इस क्षमता का आभास उनकी पहली रचना से ही मिलने लगा था जिसने 'देव और उनकी कविता' तक आते-आते काफी ऊँचाई पा ली थी।

अपने दृष्टिकोण में वे व्यक्तिवादी हैं। अतः सामाजिक-ऐतिहासिक सन्दर्भ और युग-बोध उनकी आलोचनाओं में अप्रासंगिक होते हैं। वे कवि की सौन्दर्यानुभूति के स्वरूप-विश्लेषण पर दृष्टि टिकाकर अभिव्यक्ति की सफलता-असफलता के नज़रिए से उसका विश्लेषण करते हैं। कुछ निबन्धों में फ्रायडीय प्रभाव के कारण उन्होंने मनोविश्लेषणात्मक व्याख्याएँ करने का प्रयत्न भी किया है। 'तुलसी और नारी' निबन्ध में हरिकृष्ण प्रेमी के नाटकों के विवेचन में और कहीं-कहीं 'देव और उनकी कविता' में भी यह प्रयत्न दिखाई पड़ता है। नगेन्द्र के व्यावहारिक आलोचक की सामर्थ्य मुख्य रूप से शिल्प-विवेचन में व्यक्त हुई है। किस साहित्यकार या कृति की कौन-सी विशेषताएँ विचारणीय हैं, इस सम्बन्ध में उनकी पकड़ गहरी है। 'कामायनी' और 'कुरुक्षेत्र' एवं 'उर्वशी' की समीक्षाओं की तुलना में यह बात सहज स्पष्ट

हो जाती है। अपनी व्यावहारिक आलोचनाओं में उन्होंने विविध विषय लिये हैं—काव्य, उपन्यास, नाटक, रेखाचित्र आदि। कृतिकारों से सम्बद्ध समीक्षाओं की व्याप्ति मध्ययुग से आधुनिक युग तक है। किन्तु वे मुख्य रूप से आधुनिक काव्य के आलोचक हैं। उनकी आलोचनाओं में खंडन-मंडन या चुनौतियों की अपेक्षा व्याख्या विश्लेषण और अनुशंसात्मक दृष्टि ही अधिक मिलती है। शास्त्रज्ञान ने उनकी व्यावहारिक आलोचना को गम्भीरता और गरिमा दी है। अध्यापक होने के नाते उनके विवेचन में अकसर जो शैक्षिक अनुशासन-प्रियता और विभाजन परिगणन की प्रवृत्ति मिलती है उससे भले ही स्फूर्ति और ताजगी को क्षति पहुँची हो लेकिन विवेचन में स्पष्टता और प्रासंगिकता सर्वत्र बनी रही है।

नगेन्द्र के सैद्धान्तिक निबन्धों का जो क्रम 'साहित्य के मान' (1954 ई.), 'कविता क्या है' (1960 ई.) और 'साहित्य का धर्म' (1960 ई.) आदि स्फुट निबन्धों में और 'भारतीय काव्यशास्त्र की भूमिका—भाग 2' में पुस्तकाकार आरम्भ हुआ उसकी चरम परिणति दो रूपों में हुई। अपने साहित्य-विषयक दृष्टिकोण को उन्होंने 'मेरी साहित्यिक मान्यताएँ' (1965 ई.) शीर्षक से तीन निबन्धों में सूत्रबद्ध किया। आत्मविश्लेषण की यह प्रवृत्ति छायावादी कवियों और नए कवियों से मेल खाती है। शास्त्र-विवेचन की पराकाष्ठा 'रस-सिद्धान्त' (1964 ई.) में हुई। साहित्य को वे आत्माभिव्यक्ति मानते हैं। इसीलिए 'रस-सिद्धान्त' में अनुभूति-तत्त्व को विशेष मान्यता देते हैं। काव्य में अनुभूति को उनके दौर के सभी आलोचकों ने महत्त्व दिया है। वाजपेयीजी ने भी 'साहित्य और आत्मानुभूति' नाम से निबन्ध की रचना की थी और द्विवेदी जी भी साहित्य में अनुभूति को प्राथमिकता देते थे। उत्तर-छायावादी कवियों ने भी कविता में आत्माभिव्यक्ति और निश्छलता पर बहुत बल दिया था। यह ध्यान देने की बात है कि उस युग की समूची साहित्य-चेतना में **छायावाद की अतिशय कल्पना के विरुद्ध निश्छल आत्माभिव्यक्ति** को मान्यता दी गई थी।

आचार्य शुक्ल ने तुलसीदास के काव्य को केन्द्र में रखकर रस-सिद्धान्त की जो लोकमंगलवादी व्याख्या की थी उसमें छायावादी आत्मपरक अभिव्यक्तियों के लिए कोई गुंजाइश न थी। नगेन्द्र ने रस सिद्धान्त की जो आत्मनिष्ठ आनन्दवादी व्याख्या की उसके मूल में कहीं इन्हीं भावभीनी अभिव्यक्तियों के लिए स्थान बनाने की प्रेरणा रही। इसके अतिरिक्त उन्होंने अपने सम्पूर्ण शास्त्र-विवेचन में यथावश्यक पाश्चात्य काव्य-शास्त्र के प्रासंगिक और

समानान्तर सिद्धान्तों से तुलना कर दोनों के बीच समान तत्त्वों की खोज करने का प्रयत्न किया। उन्होंने संस्कृत के 'ध्वन्यालोक', 'काव्यालंकारसूत्रवृत्ति', 'वक्रोक्ति जीवित' आदि काव्यशास्त्र के ग्रन्थों के जो अनुवाद हिन्दी के पाठकों को दृष्टि में रखकर कराए उनकी विस्तृत भूमिकाओं में ही यह प्रवृत्ति सामने आने लगी थी। यही बात पाश्चात्य काव्यशास्त्र सम्बन्धी 'अरस्तू का काव्यशास्त्र', 'काव्य में उदात्त तत्त्व' आदि ग्रन्थों के बारे में सत्य है। पाश्चात्य काव्यशास्त्र के नए सिद्धान्तों का परिचय देने के लिए उन्होंने 'काव्य-बिम्ब' (1967 ई.) और 'नई समीक्षा नए सन्दर्भ' (1970 ई.) नामक दो पुस्तकों की रचना की जिनमें इन विषयों के सुस्पष्ट विवेचन के साथ ही हिन्दी कविता में उनके विनियोग का भी कुशल प्रयास किया गया है। 'भारतीय काव्यशास्त्र की भूमिका—भाग 2' और 'रस-सिद्धान्त' तक इस पद्धति में उत्तरोत्तर विकास और विस्तार ही हुआ। दरअसल इसके मूल में उनकी यह मान्यता रही कि 'भारत तथा पश्चिम के दर्शनों की तरह यहाँ के काव्यशास्त्र भी एक-दूसरे के पूरक हैं और पुनराख्यान आदि के द्वारा उनके आधार पर काव्यशास्त्र का निर्माण सहज सम्भव है।' (आस्था के चरण, पृ. 11) नगेन्द्र अपने ढंग से निरन्तर इसका अथक प्रयत्न करते रहे। आज के हिन्दी पाठक में और विशेषकर विद्वत्समाज में काव्यशास्त्रीय अध्ययन के प्रति रुचि जगाने और सजगता उत्पन्न करने में उनका विशेष योगदान रहा।

डॉ. नगेन्द्र ने मुख्य रूप से हिन्दी आलोचना में दो कार्य किए। भारत और पश्चिम के आलोचनाशास्त्र की प्रचुर सामग्री की ओर भारतीय पाठकों का ध्यान तो उन्होंने आकर्षित किया ही उसे अनुवादों के माध्यम से सुलभ भी कराया और विद्वत्तापूर्ण भूमिकाओं में व्याख्यान, विश्लेषण, तुलना आदि के द्वारा उसे ग्राह्य बनाया। इस प्रकार उन्होंने आलोचना में शास्त्रीय चेतना पैदा की।

यह बात अलग है कि आलोचना की पाश्चात्य पद्धतियों को हिन्दी पाठकों के लिए सुलभ कराने का अतिरिक्त आग्रह उनमें उत्तरोत्तर बढ़ता गया। अपने उत्तर-काल में उन्होंने क्रमशः 'शैली विज्ञान', 'मिथक और साहित्य' और 'साहित्य का समाजशास्त्र' जैसे गम्भीर विषयों का सैद्धान्तिक विवेचन प्रस्तुत करने का हौसला दिखाया। ये विषय साहित्य के प्रति उनके दृष्टिकोण से मेल नहीं खाते। न ही इन पुस्तकों में उनके चिन्तन-क्रम में किसी प्रकार के परिवर्तन का कोई प्रमाण मिलता है। लगे हाथों किसी नए विषय का जायजा

लेने या पाठकों के सामने उसकी कुछ बानगी प्रस्तुत करने का मोह ही इनकी रचना का कारण रहा होगा।

उनकी इस मान्यता में कभी कोई अन्तर नहीं आया कि 'साहित्य काफी अंशों में वैयक्तिक अवचेतन की ही नहीं वैयक्तिक चेतन की भी सृष्टि है' और 'साहित्य का उद्देश्य है सौन्दर्य की सृष्टि' जिसमें विद्रूप का प्रवेश सौन्दर्य अथवा आनन्द-रूप फलयोग के 'साधन-मात्र' के रूप में ही हो सकता है। (मिथक और साहित्य, पृ. 41)

ऐसी स्थिति में इस बात की उम्मीद करना ज़्यादती होगी कि इन विषयों से टकराने के लिए वे नए सिरे से बहुत बड़ी तैयारी करते। पर इस बात का श्रेय उन्हें दिया ही जाना चाहिए कि नए विषयों को जानने-परखने का उत्साह उन्होंने बनाए रखा। भले ही एक खास किस्म के छद्म अभिजातवादी संस्कार के रहते उन्होंने नई समीक्षा के प्रयोग 'सपाट-बयानी' को 'ऋजु कथन' का 'भोंड़ा पर्याय' कहकर खारिज कर दिया और बहुत-सी बातों पर यह मानकर विचार करना व्यर्थ समझा कि 'असिद्ध का खंडन करने के प्रयास से भी कोई लाभ नहीं।' (वही पृ. 34) शायद इसी कारण उनकी इन रचनाओं को बहुत गम्भीरता से लेने की आवश्यकता नहीं समझी गई।

व्यावहारिक आलोचक के रूप में उन्होंने पहले-पहल सहृदयता से छायावाद की स्वरूप-व्याख्या की। विशेषकर उसके शिल्प पक्ष की सूक्ष्मताओं को उजागर किया। वस्तुमुखी साहित्य के साथ तो शुक्ल जी काफी हद तक न्याय कर चुके थे किन्तु आत्मनिष्ठ प्रगीतमय रचनाओं को सही परिप्रेक्ष्य में सामने रखने का प्रयास नगेन्द्र ने ही किया। जो आलोचना दृष्टि उन्होंने आरम्भ में बना ली थी वे उत्तरोत्तर उसी को परिवर्द्धित और पुष्ट करते चले गए। शास्त्र-विवेचन ने उसे गरिमा ही दी। इस प्रकार उनका आलोचक व्यक्तित्व क्रमशः साधनावस्था से सिद्धावस्था की ओर ही बढ़ता रहा है।

शुक्लोत्तर आलोचना की जो दो मुख्य समस्याएँ थीं–शुक्ल जी की साहित्यिक मान्यताएँ और छायावाद का पुनर्मूल्यांकन–उनसे इस दौर के अन्य आलोचकों की तरह **देवराज** भी जूझते रहे। उनकी प्रथम आलोचनात्मक कृति 'छायावाद का पतन' अपने चौकाने वाले नाम के बावजूद तत्त्वतः कोई क्रान्तिकारी कृति नहीं है। वस्तुतः शुक्लोत्तर आलोचकों में छायावाद की प्रतिष्ठा के लिए किए गए प्रयासों के बाद 'छायावाद का पतन' एक प्रकार की प्रतिक्रान्ति है। छायावाद के युगान्त की घोषणा तो स्वयं छायावादी कवि

ही कर चुके थे और छायावादी भावुकता तथा काल्पनिकता को उन्होंने भी त्याज्य मान लिया था। दूसरी ओर, प्रगतिवादी लेखक भी छायावाद को **पलायनवादी** घोषित कर रहे थे। तब एक दशक बाद छायावाद के पतन की घोषणा करने में कोई विशेष नवीनता न थी। इस प्रयास की नवीनता उस हालत में और भी सन्दिग्ध हो जाती है जब स्वयं देवराज को पुस्तक समाप्त करने के बाद लगा कि इस पुस्तक के कतिपय अंश 'शुक्ल जी की छायावाद सम्बन्धी समीक्षाओं के भाष्य मात्र हैं।' फिर भी इस पुस्तक का महत्त्व इस बात में है कि इसने काव्य-कला के स्तर पर अन्तिम रूप से छायावादी काव्य की दुर्बलताओं को विश्लेषणात्मक ढंग से सोदाहरण उद्घाटित किया। मान्यताएँ भले ही शुक्ल जी की रही हों पर पारिभाषिक शब्दावली देवराज की अपनी गढ़ी हुई थी। जैसे छायावादी कविता के विन्यास में 'केन्द्रापगामी प्रवृत्ति' की बहुलता और उसके भाव-पक्ष में 'अर्धभुक्त मनोदशाओं' का चित्रण। जहाँ तक इसकी मूल दृष्टि का सम्बन्ध है स्वयं देवराज को 'साहित्य-चिन्ता' तक आते-आते इसकी एकांगिता का बोध हो गया था। छायावादी कवियों के कृतित्व का मूल्यांकन करते समय उन्हें यह स्पष्ट करने की आवश्यकता पड़ी कि 'छायावाद का पतन' के पाठक उनके 'छायावाद-सम्बन्धी विचारों को समग्रता में देख सकें' इसके लिए प्रस्तुत निबन्ध को पढ़ना आवश्यक है। उन्होंने महसूस कर लिया था कि 'स्वभावतः अवस्था-वृद्धि और रस-सम्वदेना के विकास के साथ निर्णय-बुद्धि अधिक सन्तुलन होना सिखाती है।' (साहित्य-चिन्ता, पृ. 196)।

देवराज जहाँ एक ओर 'किसी कृति अथवा कलाकार के मूल्यांकन की कसौटी उसकी अनुभूति की गहराई, व्यापकता एवं नूतनता' को मानते हैं (वही, पृ. 32) वहाँ यह कहना नहीं भूलते कि 'साहित्यिक अनुभूति में बोध या ज्ञान का अंश अवश्य रहता है' (वही, पृ. 15)। अनुभूति की जिस व्यापकता की उन्होंने बार-बार माँग की है वह छायावाद की आत्मोन्मुखता से भिन्न लोकोन्मुख दृष्टि है। उनका विश्वास है कि "जीवन से आँख बचाकर नहीं, जीवन को उसकी पूर्णता में रागात्मक निरीक्षण और अनुभूति का विषय बनाकर ही कलाकार अपने काम को पूर्णतया सम्पादित कर सकता है। श्रेष्ठ कलाकार बनने के लिए अनुभूति में गहराई और व्यापकता दोनों ही गुणों का सन्निवेश होना चाहिए। महान् कलाकार अपने युग का पूर्ण प्रतिनिधि, सम्पूर्ण व्याख्याता होता है। उसकी वाणी में युग के सारे संघर्ष, सारे राग-विराग, समस्त

प्रश्न और सन्देह मूर्तिमान होकर बोलते या ध्वनित होते हैं।'' (वही, पृ. 64)

जो आलोचक साहित्य में समसामयिक युग का प्रतिनिधित्व देखने का आकांक्षी हो, वह स्वभावतः आलोचना के स्थायी या शाश्वत कहे जाने वाले प्रतिमानों का समर्थक नहीं हो सकता। अपने युग के साहित्य के इसी संकट को पहचानकर देवराज ने कहा कि **'जब किसी नवीन कला-कृति की अनुभव-गोचर महत्ता प्रचलित सिद्धान्तों द्वारा व्याख्यात नहीं होती, तब उसकी व्याख्या के लिए नए सिद्धान्त की आवश्यकता पड़ती है।' (वही, पृ.** 19) और इसीलिए उन्हें रस-ध्वनि की परम्परागत कसौटियाँ अपर्याप्त प्रतीत हुईं : 'आज रस और ध्वनि की कसौटियों पर तुर्गनेव के 'पिता और पुत्र', गाल्सवर्दी के 'फोर्साइट सागा' अथवा प्रेमचन्द के 'गोदान' को ठीक से नहीं जाँचा जा सकता।' (साहित्य-चिन्ता, पृ. 67)। रस-ध्वनिवाद के साथ परम्परा से जो चिरन्तनता और लोकोत्तरता का अनुषंग जुड़ गया है उससे पैदा होने वाली दृष्टि की संकीर्णता को लक्ष्य करते हुए देवराज ने कहा : ''हमारे रस-ध्वनिवादी तथा परलोक चिन्तक देश में ऐतिहासिक-सामाजिक दृष्टि एवं आलोचना का एकान्त अभाव रहा है, फलतः हमारे छात्र साहित्य और युग की सापेक्षता को बहुत कम अथवा बिल्कुल ही नहीं समझ पाते और पिछले अर्थ में शाश्वतवादी अथवा रसवादी बने रहते हैं।'' (वही, पृ. 117)

देवराज की यह ऐतिहासिक-सामाजिक दृष्टि सतही धरातल पर किसी युग की भौतिक घटनाओं या अर्थ-व्यवस्था और वितरण की चिन्ता से पैदा नहीं होती बल्कि इसमें कहीं गहरे स्तर पर संस्कृति-बोध को प्रतिमान के रूप में प्रतिष्ठित किया गया है : 'प्रतिमान के रूप में संस्कृति-बोध को, इस समय मैं उतना ही महत्त्व देता हूँ, जितना क्लासिकी विचारक, काव्य के प्राण-तत्त्व के रूप में, रस को देते रहे हैं।' इस प्रतिमान को उन्होंने अज्ञेय के सहयोगी कवियों (तारसप्तक के) के सन्दर्भ में लागू करते हुए तुलनात्मक निष्कर्ष दिया : 'उपलब्धि की इस विषमता का मुख्य कारण, हमारी समझ में अज्ञेय के व्यक्तित्व की सांस्कृतिक समृद्धि है।' (प्रतिक्रियाएँ, पृ. 158)। देवराज के अनुसार नए कवि की केन्द्रीय दुर्बलता 'संस्कृति तत्त्व का ह्रास अथवा सांस्कृतिक बोध की क्षीणता' ही है। क्योंकि 'वे लेखक, जिनमें किसी कोटि का सांस्कृतिक बोध समृद्ध नहीं है, न तो अधिक सृजनशील हो पाते हैं और न विशेष प्रगति ही कर पाते हैं।' (वही, पृ. 210) इस संस्कृति-बोध पर बल देने के कारण ही देवराज अपेक्षाकृत लम्बी रचनाओं के प्रशंसक हैं।

भौतिक परिस्थितियों से भिन्न सांस्कृतिक परिवेश की ऐसी अवधारणा जिसमें मनुष्य का सारा अतीत, सारा इतिहास समाया हुआ हो, उन्होंने सम्भवतः इलियट के प्रभाव से निर्मित की थी। प्रत्येक सांस्कृतिक क्षेत्र से सम्बद्ध साहित्य का सही रूप में आस्वादन सम्भव हो इसके लिए उन्होंने उपभोक्ता जनों से भी 'नवीन युग-संवेदना से परिचय या तादात्म्य' की माँग की थी।

देवराज के इस उत्कट सांस्कृतिक आग्रह का अभिप्राय यह नहीं कि वे जीवन के भौतिक यथार्थ से भिन्न साहित्य का कोई अलग धरातल मानते हैं। साहित्य में विचार-तत्त्व और लेखक के बौद्धिक मन्तव्यों पर विचार करते हुए उन्होंने स्पष्ट कहा है कि "साहित्य की समीक्षा और मूल्यांकन की दृष्टि से सबसे महत्त्वपूर्ण प्रश्न यह है–साहित्यकार यथार्थ के कितने विस्तार को संघटित रूप से पाठक की चेतना के सामने उपस्थित कर सका है, और उस यथार्थ के विभिन्न अंगों पर, उसने कितना विवेकपूर्ण गौरव दिया है।" (प्रतिक्रियाएँ, पृ. 169) यही नहीं, साहित्य में वास्तविकता के समर्थक देवराज ने 'कल्पना और वास्तविकता' शीर्षक निबन्ध में कल्पना के द्वारा अनुभूति के अतिक्रमण का विरोध किया।

वस्तुतः कुल मिलाकर देवराज की आलोचक दृष्टि रोमांटिक के विरुद्ध क्लासिकी दृष्टि थी। क्लासिकल के प्रति उनका आग्रह अनेक रूपों में व्यक्त हुआ। सिद्धान्त-निरूपण के बीच रह-रहकर वे प्राचीन क्लासिकी साहित्य के गुणों का हवाला देते चलते हैं। शैली में वे जिस 'चीज़' की विशेष माँग करते हैं वह भी उनकी ठेठ क्लासिकी रुचि को ही प्रमाणित करती है : "स्पष्टता और सशक्तता, सघनता और यथार्थानुगामिता। आज किसी प्रकार के शब्दाडम्बर और हल्की रुचि के द्योतक वाग्वैदग्ध्य के लिए अवकाश नहीं, आज न हम श्लेष को सहन कर सकते हैं, न आडम्बरपूर्ण अनुप्रासों को।" (साहित्य-चिन्ता, पृ. 141) यानी वे छद्म क्लासिक के विरुद्ध भी उतने ही सतर्क-सावधान हैं जितने गैर-क्लासिक के। इसीलिए वे शब्दों से ज्यादा उनके अनुषंगों और ध्वनियों पर ज़ोर देते हैं। शब्दों की अर्थवत्ता के निर्णय के लिए उन्होंने जिस सन्दर्भवाद पर बल दिया वह इसी दृष्टि का परिणाम है। क्लासिकल के आग्रह का सबसे बड़ा खतरा यह होता है कि धीरे-धीरे शब्द रूढ़ होकर दोहराए जाते हैं। वे प्रायः सन्दर्भों और अनुषंगों से मुक्त होकर क्लासिकल का भ्रम पैदा करते हैं, क्लासिकल की सृष्टि नहीं करते। ऐसी

स्थिति में असली और नकली के बीच का भेद शब्द के आधार पर नहीं, अनुषंग और सन्दर्भ के आधार पर ही किया जा सकता है। इसलिए देवराज जिस क्लासिकल को मान्यता देते हैं वह एक विशेष दृष्टिकोण है, परम्परानुसरण नहीं। इसीलिए उनका जोर शब्दों पर नहीं शब्द-प्रयोग पर है। क्योंकि 'अन्ततः विभिन्न शब्दों या पदों का अर्थ उनके सन्दर्भ से निर्धारित होता है।' इसलिए 'उनमें नए अनुषंग एवं ध्वनियाँ जगाने की क्षमता स्थापित करने के लिए उन्हें नए विचार, नए चित्रों एवं नई संवेदनाओं के सन्दर्भ में नियोजित करना पड़ता है।' (वही, पृ. 116) क्लासिकल का अर्थ उनके लिए कालजयी कृतियों का अनुकरण नहीं बल्कि सांस्कृतिक गरिमा और नए अनुषंगों और सन्दर्भों से अर्थवान पदावली में नए क्लासिक्स की सृष्टि है।

देवराज ने यों तो व्यावहारिक समीक्षाएँ भी कम नहीं लिखीं, पर उनका मन मुख्यतः सैद्धान्तिक आलोचना में ही रमा है। और अन्ततः उनकी व्यावहारिक समीक्षाएँ भी किसी न किसी सिद्धान्त-निरूपण के क्रम में ही आती हैं। रुचि-वैचित्र्य उनमें इस हद तक है कि एक ओर तो उन्होंने 'अलंकार और ध्वनि' और 'उर्दू गज़ल में चमत्कार' से लेकर 'साहित्य का प्रयोजन', 'युग और साहित्य', 'साहित्य में प्रगति' और 'हिन्दी आलोचना का धरातल' जैसे विविध विषयों का विवेचन किया और दूसरी ओर उनकी 'प्रतिक्रियाएँ', 'आदि काव्य' से लेकर 'प्रयोगशील काव्य' और अधुनातन कथा-साहित्य तक के बारे में व्यक्त हुई हैं। यह बात अलग है कि जो रुचि-वैचित्र्य विषय-चयन में दिखाई पड़ता है, वही मूल्यांकन में भी।

कुल मिलाकर देवराज का महत्त्व इस बात में है कि उन्होंने सही समय पर साहित्यिक चेतना में आनेवाले बदलाव को पहचाना। रूमानियत के परित्याग की आवश्यकता को समझा और हिन्दी-आलोचना को सैद्धान्तिक स्तर पर समृद्ध करने का प्रयास किया।

: 5 :

चौथे दशक के मध्य में जिस समय शुक्लोत्तर पीढ़ी के आलोचक छायावाद की प्रतिष्ठा में संलग्न थे, स्वयं छायावादी कवियों ने युगान्त की घोषणा करके नए युग का आह्वान किया। प्रेमचन्द ने 1936 ई. में 'प्रगतिशील लेखक संघ' के प्रथम अधिवेशन के अध्यक्ष पद से साहित्य के युगोचित नए उद्देश्य स्पष्ट किए। इस प्रकार हिन्दी में संगठित रूप से प्रगतिशीलता का नया दौर शुरू हुआ और इसके अनुसार आलोचना के क्षेत्र में भी नई मान्यताएँ प्रकट होने लगीं। आलोचना के इस प्रगतिशील दौर में जो आलोचक अपेक्षाकृत सिद्धान्तवादी थे उन्होंने घोषित रूप से मार्क्सवाद को आधार बनाया। ऐसे मार्क्सवादी आलोचकों में शिवदान सिंह चौहान, प्रकाशचन्द्र गुप्त और रामविलास शर्मा अग्रणी हैं।

सबसे पहले **शिवदान सिंह चौहान** ने मार्च, 1937 ई. के 'विशाल भारत' में 'भारत में प्रगतिशील साहित्य की आवश्यकता' शीर्षक से एक क्रान्तिकारी लेख लिखा। इस लेख में प्रगतिशील साहित्य के सिद्धान्तों को सूत्रबद्ध करने के साथ ही हिन्दी साहित्य की परम्परा पर भी टिप्पणी की गई है, जो इस प्रकार है : "भक्तिकाल में भी केवल आत्म-समर्पण, भक्ति में तल्लीनता आदि भाव ही हमारे तुलसी-सूर आदि साहित्य में भर पाए थे। उनके बाद रीतिकाल में विचारधारा तो दूर, हमारे कवि कविताबद्ध कोकशास्त्र लिखने लगे। उनसे इस अधोगति के अलावा और उम्मीद भी क्या की जा सकती थी। वर्तमान काल में भी किसी स्वस्थ विचारधारा का नाम नहीं।" इस लेख में श्री चौहान ने जिस तरह सरकारी तौर से हज़ार वर्ष के हिन्दी साहित्य को प्रतिक्रियावादी कहकर खारिज कर दिया, उससे उस युग की आरम्भिक प्रगतिशील आलोचना-दृष्टि का आभास मिलता है। श्री चौहान के ये आरम्भिक निबन्ध 'प्रगतिवाद' नामक पुस्तक में संकलित हैं। इसके कुछ ही दिनों बाद उन्होंने 'हंस' का सम्पादन

दायित्व सँभाला। उस समय तक उनके दृष्टिकोण में थोड़ी उदारता आ चुकी थी और वे सुमित्रानन्दन पन्त के काव्य के प्रशंसक हो चले थे। आगे चलकर 1951 ई. में उन्होंने दिल्ली से त्रैमासिक 'आलोचना' का सम्पादन आरम्भ किया। चौहान जी के आलोचनात्मक निबन्धों के तीन संकलन 'साहित्य की परख', 'साहित्यानुशीलन' तथा 'आलोचना के मान' प्रकाशित हुए हैं जिनमें अधिकांशतः पुस्तक समीक्षाएँ हैं और कुछ सैद्धान्तिक निबन्ध हैं। चौहान जी साहित्य में 'पूर्ण मानव की प्रतिष्ठा' को काम्य मानते हैं और उसी के आधार पर किसी कृति के मूल्यांकन के हामी हैं। वे मार्क्सवाद में कट्टरता के विरोधी और उदारता के समर्थक हैं। फिर भी उनके साहित्यिक मूल्यांकन में एक स्पष्ट आग्रह रहता है। प्रयोगशील काव्यधारा के बहुत बड़े अंश को उन्होंने मानव-द्रोही करार दिया है तथा अधिकांश हिन्दी साहित्य उन्हें द्विज-भावना से ग्रस्त दिखाई पड़ता है।

प्रकाशचन्द्र गुप्त (1908-1970 ई.) चौहानजी से अधिक उदार प्रगतिशील आलोचक हैं, जिनके लेखों से यदि मार्क्सवादी आग्रह की इक्की-दुक्की पंक्तियाँ निकाल दी जाएँ तो वे अंशतः शान्तिप्रिय द्विवेदी की प्रभाववादी शैली के उदाहरण प्रतीत होंगे। गुप्तजी की यह विशेषता है कि अंग्रेजी के शिक्षक होते हुए भी उन्होंने बड़ी निष्ठा से हिन्दी साहित्य की पुरानी परम्परा का अनुशीलन और समसामयिक साहित्य का सहानुभूतिपूर्ण सर्वेक्षण किया। उनके तीन निबन्ध संकलनों 'आधुनिक हिन्दी साहित्य : एक दृष्टि' (1952 ई.) 'हिन्दी साहित्य की जनवादी परम्परा' (1953 ई.) और 'साहित्यधारा' (1956 ई.) से उनकी आलोचना दृष्टि की व्यापकता का परिचय मिलता है। मार्क्सवादी आलोचकों में गुप्तजी ही ऐसे हैं जिन्होंने विध्वंसात्मक आलोचना से सदा परहेज़ किया। सुबोधता, सरलता और शालीनता उनकी आलोचना के उल्लेखनीय गुण हैं।

मार्क्सवादी आलोचकों में सबसे विवादास्पद किन्तु अन्यतम हैं **रामविलास शर्मा** (1912 ई.-2000 ई.)। अंग्रेजी के अध्येता और शिक्षक होते हुए भी रामविलास शर्मा ने हिन्दी भाषा और साहित्य के गौरव की रक्षा के लिए निरन्तर संघर्ष किया जिसका आरम्भिक दस्तावेज है 'फ़िराक़ और हिन्दी' शीर्षक प्रसिद्ध लेख माला। उन्होंने छायावादी काव्य और उसमें विशेषतः निराला के साहित्य की व्याख्या से आलोचना-कार्य आरम्भ किया और उनके आलोचना कर्म की उपलब्धि भी 'निराला की साहित्य-साधना' (1969 ई.) ही

है। आलोचकों में रामचन्द्र शुक्ल, उपन्यासकारों में प्रेमचन्द और कवियों में निराला उन्हें सबसे प्रिय हैं और असन्दिग्ध रूप से ये तीनों साहित्यकार उनके आलोचनात्मक मान के आधार-स्तम्भ भी हैं। इस दृष्टि से 'आचार्य रामचन्द्र शुक्ल और हिन्दी आलोचना', 'प्रेमचन्द' और 'निराला की साहित्य साधना', स्वयं लेखक की ही नहीं बल्कि हिन्दी आलोचना की उपलब्धियाँ हैं। अपने सहकर्मी कुछ अन्य मार्क्सवादी आलोचकों की तरह रामविलास शर्मा ने मार्क्सवादी साहित्य सिद्धान्तों के कोरे सैद्धान्तिक प्रतिपादन से ही सन्तोष नहीं किया बल्कि मार्क्सवादी दृष्टि से समूचे हिन्दी साहित्य की परम्परा की नई व्याख्या प्रस्तुत करके मार्क्सवादी आलोचना का सामर्थ्य स्थापित कर दिखाया। यही नहीं, उन्होंने वाल्मीकि, कालिदास और भवभूति के साहित्य का भी सूक्ष्म विश्लेषण प्रस्तुत किया। 'आदि काव्य' तथा 'भवभूति की करुणा' अपने विषय की अप्रतिम आलोचनाएँ हैं। इस प्रकार इस मार्क्सवादी आलोचक की दृष्टि में भारतीय साहित्य की समूची परम्परा का परिप्रेक्ष्य विद्यमान है जो उसके मूल्यांकन को गुरुता और विश्वसनीयता प्रदान करता है। यह ध्यान देने की बात है कि रामविलास शर्मा मार्क्सवादी आलोचक होते हुए भी जड़ मार्क्सवादी की तरह आलोचना कर्म में प्रवृत्त नहीं होते। उनकी 'आस्था और सौन्दर्य' पुस्तक इस दृष्टि से विशेष उल्लेखनीय है। 'सौन्दर्य की वस्तुगत सत्ता और सामाजिक विकास' शीर्षक निबन्ध में उन्होंने सौन्दर्य की वस्तुवादी व्याख्या प्रस्तुत की। सौन्दर्य-तत्त्व को व्यक्ति या विषय में नियत करने के बजाय उन्होंने उसे दोनों के संघात में देखा। पर साथ ही यह घोषणा की कि 'साहित्य भी शुद्ध विचारधारा का रूप नहीं है। उसका भावों और इन्द्रियबोध से घनिष्ठ सम्बन्ध है। इससे स्पष्ट है कि ललित कलाओं को विचारधारा के रूपों में गिनना सही नहीं है।' (पृ. 30) 'साहित्य के स्थायी मूल्यों की समस्या : कालिदास' और 'प्रेमचन्द की परम्परा और आँचलिकता' इस संग्रह के दो और महत्त्वपूर्ण निबन्ध हैं जिनमें साहित्य के सम्बन्ध में कुछ मौलिक प्रश्नों पर बड़ी संजीदगी से विचार किया गया है।

हिन्दी आलोचना के इतिहास में अन्य शुक्लोत्तर आलोचकों की तरह रामविलास शर्मा के भी प्रस्थान बिन्दु आचार्य शुक्ल ही हैं, किन्तु उनसे रामविलास शर्मा इस बात में भिन्न हैं कि उन्होंने आचार्य शुक्ल का विरोध करने के स्थान पर उनके विचारों की पुष्टि करते हुए उनकी पुनर्व्याख्या की और साथ ही युगानुरूप विस्तार भी किया। पृष्ठभूमि में ऐतिहासिक तथ्य यह

है कि छायावाद के समर्थक आलोचक तो शुक्ल जी का खंडन करते ही आ रहे थे, प्रगतिशील आलोचक भी उसी सुर में सुर मिलाकर शुक्ल जी को प्रतिक्रियावादी माने बैठे थे। इस प्रकार हिन्दी आलोचना में आचार्य शुक्ल की आलोचना करने की प्रवृत्ति एक फैशन का रूप ले चली थी। ऐसे वातावरण में डॉ. शर्मा ने आगे बढ़कर कहा कि "हिन्दी साहित्य में शुक्ल जी का वही महत्त्व है जो उपन्यासकार प्रेमचन्द या कवि निराला का। उन्होंने आलोचना के माध्यम से उसी सामन्ती संस्कृति का विरोध किया जिसका उपन्यास और कविता के माध्यम से प्रेमचन्द और निराला ने। शुक्ल जी ने न तो भारत के रूढ़िवाद को स्वीकार किया, न पश्चिम के व्यक्तिवाद को। उन्होंने बाह्य जगत् और मानव-जीवन की वास्तविकता के आधार पर नए साहित्य-सिद्धान्तों की स्थापना की और उनके आधार पर सामन्ती साहित्य का विरोध किया और देशभक्ति और जनतन्त्र की साहित्यिक परम्परा का समर्थन किया। उनका यह कार्य हर देशप्रेमी और जनवादी लेखक तथा पाठक के लिए दिलचस्प होना चाहिए।" (आचार्य रामचन्द्र शुक्ल और हिन्दी आलोचना, भूमिका, पृ. 7)

शुक्लोत्तर आलोचना में शुक्ल जी के विरुद्ध जो मोर्चा कायम हुआ उसमें विरोध के बिन्दु अनेक थे। शुक्ल जी ने जिन काव्य-प्रवृत्तियों की आलोचना की थी उन्हें केन्द्र में रखकर शुक्लोत्तर पीढ़ी के आलोचकों ने नई दृष्टि सामने लाने का हौसला दिखाया। इन काव्यधाराओं में मुख्य तीन थीं–सन्त साहित्य, रीतिकाल का दरबारी साहित्य और छायावाद। इनके अतिरिक्त कुछ प्रगतिशील आलोचकों को भी शुक्ल जी की आलोचना में 'ब्राह्मण-दृष्टिकोण' दिखाई पड़ता था या फिर 'साहित्य और सामाजिक जीवन को एक साथ पर अलग-अलग देखने' की कमी महसूस होती थी। रामविलास शर्मा ने 'सन्त साहित्य में योगियों की भूमिका' शीर्षक के अन्तर्गत आचार्य हजारीप्रसाद द्विवेदी की वैचारिक असंगतियों पर विस्तृत विचार करते हुए सन्त साहित्य को हिन्दी-भाषी जनता के नवजागरण तथा जातीय उत्थान का साहित्य माना। उन्होंने इस साहित्य को अत्याचार से पीड़ित जनसाधारण की मुक्ति-कामना से प्रेरित जनवादी सांस्कृतिक आन्दोलन के रूप में देखा। 'दरबारी काव्य-परम्परा' में उन्होंने नगेन्द्र के मत की आलोचना करते हुए, इस काव्य के विषय में आचार्य शुक्ल के मत की पुनःप्रतिष्ठा की। इस कविता के पीछे जो सामन्ती वर्ग-आधार था उसे ध्यान में रखते हुए उन्हें शुक्ल जी की आलोचना ही यथार्थ के निकट प्रतीत हुई। डॉ. शर्मा ने इसी प्रकार छायावाद के सम्बन्ध में शुक्ल जी

की राय पर विचार करते हुए यह स्पष्ट किया कि वे नई विषय-वस्तु के नहीं बल्कि अगोचर और परोक्ष से प्रेम के विरोधी थे, और कला या शैली को सँवारने के लिए लाक्षणिकता को हानिकारक समझते थे। अन्यथा उन्होंने प्रसाद की लोकपक्ष-समन्वित कविता की प्रशंसा की है तथा पन्त की रहस्य भावना को स्वाभाविक कहा है। यदि आचार्य शुक्ल नवीनता मात्र के विरोधी होते तो भारतेन्दु-युग की नवीन चेतना का इतने उत्साह से स्वागत न करते।

आचार्य शुक्ल की इस विरासत को आगे बढ़ाते हुए डॉ. शर्मा ने हिन्दी साहित्य की जनवादी परम्परा को उजागर करने का प्रयास किया। इस क्रम में 'भारतेन्दु-युग' पुस्तक सबसे महत्त्वपूर्ण है। इस पुस्तक के अन्तर्गत पुस्तकालयों में दबी पड़ी पत्र-पत्रिकाओं तथा दुर्लभ कृतियों की छानबीन करके युग के छोटे-बड़े, गौण-प्रमुख लेखकों के कृतित्व के माध्यम से उदयकालीन हिन्दी साहित्य की अत्यन्त जीवन्त तस्वीर प्रस्तुत की गई है। 'भारतेन्दु-युग' के द्वारा डॉ. शर्मा ने अपनी परम्परा की एक अर्ध-विस्मृत और उपेक्षित कड़ी को प्रेरणादायिनी रूप में उपस्थित किया। इसी प्रकार उन्होंने प्रेमचन्द के साहित्य के सामाजिक अर्थों और कलात्मक तत्त्वों का उद्घाटन करके प्रेमचन्द का पुनर्मूल्यांकन किया, जिसके द्वारा द्वितीय श्रेणी के कलाकार समझे जानेवाले प्रेमचन्द प्रथम पंक्ति में माने जाने योग्य प्रमाणित हुए। निराला के महत्त्व की प्रतिष्ठा का श्रेय तो असन्दिग्ध रूप से रामविलास शर्मा को ही है। वैसे छायावाद युग में निराला के पक्ष का समर्थन नन्ददुलारे वाजपेयी ने भी किया था किन्तु निराला के साहित्य का वास्तविक अर्थोद्घाटन डॉ. शर्मा ने ही किया। इस दृष्टि से 'राम की शक्ति पूजा', 'तुलसीदास', 'सरोज स्मृति' आदि लम्बी कविताओं तथा 'परिमल' के गीतों की व्याख्याएँ व्यावहारिक आलोचना के उत्कृष्ट उदाहरण हैं।

वस्तुतः डॉ. शर्मा के आलोचक-कर्म की पराकाष्ठा निराला साहित्य के मूल्यांकन में ही दिखाई पड़ी। दो खंडों में प्रकाशित 'निराला की साहित्य साधना' को स्वयं रामविलास शर्मा की साहित्य-साधना का चरम-बिन्दु समझा जाना चाहिए। इस पुस्तक के प्रथम खंड में जैसा डॉ. शर्मा ने स्वयं भूमिका में स्पष्ट किया है : 'निराला का जीवन-चरित है।' परन्तु उनका उद्देश्य 'निराला के पारिवारिक, सामाजिक परिवेश से, उस युग की सांस्कृतिक परिस्थितियों से, उनके जीवन के बाह्य रूपों के साथ उनके अन्तर्जगत् से पाठकों को परिचित कराना है।' अतः इस जीवन-चरित में तथ्य-संग्रह न होकर

निराला के साहित्य-सृजन की व्याख्या के लिए कवि-व्यक्तित्व को समझने-समझाने का प्रयत्न मिलता है। आलोचना की शब्दावली में—इसमें कवि की सृजनात्मक कल्पना को, उसकी अनेक रचनाओं की रचना-प्रक्रिया को, कवि-व्यक्तित्व की दृष्टि से समझा गया है। निराला के जीवन के उस रहस्यमय खंड का जिसे उनकी विक्षिप्त मनःस्थिति कहा जाता रहा है, अत्यन्त सूक्ष्म और गहरा अध्ययन करके डॉ. शर्मा ने उनके साहित्य के मर्म से जोड़ने का प्रयत्न किया। हिन्दी में साहित्यकारों के 'व्यक्तित्व और कृतित्व' सम्बन्धी अध्ययनों की कमी नहीं। परन्तु ऐसा अध्ययन जिसमें ये दोनों अलग खानों में बँटे न रहकर एक इकाई बन जाएँ, एक की समझ दूसरे के मूल्यांकन में सहायक हो जाए, और एक के सही ज्ञान के लिए दोनों की पारस्परिकता का ज्ञान अपरिहार्य प्रतीत होने लगे, इस ग्रन्थ से पहले देखने में नहीं आया।

डॉ. शर्मा ने सही स्वीकार किया है कि इस रचना में 'किसी हद तक' निराला-साहित्य का मूल्यांकन भी शामिल है। निराला हिन्दी में मुख्यतः शक्ति और ऊर्जा के साहित्यकार के रूप में विख्यात हैं। उनके कवि-व्यक्तित्व के अध्ययन के माध्यम से डॉ. शर्मा ने पहली बार करुणा को उनके मूल भाव के रूप में रेखांकित करते हुए उन्हें ट्रेजेडी के महान् लेखकों की पश्चिमी परम्परा से जोड़ा। यह ट्रेजिक सेन्स वाल्मीकि, भवभूति, तुलसी की भारतीय कवि-परम्परा में और विश्व के सभी महान् कवियों की कृतियों में मिलती है। इस प्रकार निराला विश्व की महान् कवि-परम्परा से और भारतीय साहित्य की एक विशिष्ट परम्परा से सहज ही जुड़ जाते हैं।

इसके अलावा निराला के जीवन-चरित के बहाने डॉ. शर्मा ने उस समय के हिन्दी-साहित्य के वातावरण और परिवेश का जो अन्तरंग परिचय प्रस्तुत किया है वह जैसे इतिहास ग्रन्थों में अनुपलब्ध घटनाओं के आधार पर निराला के समकालीन साहित्यिक इतिहास की पुनर्रचना है। इस प्रकार वह ग्रन्थ एक साथ किसी हद तक उनके साहित्य का मूल्यांकन और समय का साहित्यिक इतिहास भी प्रस्तुत करता है।

दूसरे खंड का सीधा सम्बन्ध उनके साहित्य से है। इस खंड की एक विशेषता जो रामविलास शर्मा के इससे पहले के कृतित्व में कम पाई जाती है—'निराला-साहित्य के कला-पक्ष का विस्तृत अध्ययन है। पुस्तक में जितने पृष्ठ निराला की विचारधारा और भावबोध-विवेचन को दिए गए हैं, लगभग उतने ही कला-विश्लेषण को भी। इस विवेचन में कलागत-तत्त्वों की सूक्ष्म और

गहरी पकड़ है किन्तु इसकी योजना में कोई मौलिकता नहीं। निराला-साहित्य का सर्वांग अध्ययन प्रस्तुत करने की प्रेरणा के साथ इस अंश की रचना के पीछे यह प्रमाणित करने का आग्रह जान पड़ता है कि वे सामाजिक चेतना के अध्येता होने के साथ ही कुशल कला पारखी भी हैं। उपसंहार प्रस्तुत करते हुए उन्होंने छायावाद के बारे में नए सिरे से कुछ बातें अवश्य कही हैं।

ग्रन्थ के पिछले भाग में रवीन्द्र, तुलसी और सूर आदि कवियों के साथ निराला-साहित्य का तुलनात्मक अध्ययन प्रस्तुत किया गया है। यह तुलना बहुत कौशल से की गई है फिर भी इसमें तारतमिक या तुलनात्मक आलोचना के उसी रूप का आभास मिलता है जो पं. पद्मसिंह शर्मा और कृष्णबिहारी मिश्र ने बिहारी और मतिराम की श्रेष्ठता प्रमाणित करने के लिए अपनाया था।

पुनर्मूल्यांकन यदि आलोचना के प्रमुख कार्यों में से एक है तो रामविलास शर्मा ने निश्चय ही हिन्दी साहित्य के अनेक प्रमुख लेखकों का पुनर्मूल्यांकन किया और भारतेन्दु, प्रेमचन्द, रामचन्द्र शुक्ल, निराला जैसे चार महारथियों की पूर्ण समीक्षा लिखकर एक तरह से आधुनिक हिन्दी साहित्य का 'क्रमबद्ध आलोचनात्मक इतिहास' ही लिख दिया।

अपने समसामयिक साहित्यकारों में डॉ. शर्मा ने सहृदयता के साथ जिन प्रिय लेखकों की गम्भीर समीक्षा प्रस्तुत की उनमें वृन्दावनलाल वर्मा, अमृतलाल नागर, केदारनाथ अग्रवाल और नागार्जुन के नाम उल्लेखनीय हैं। इनके अतिरिक्त नई प्रयोगशील कविता से प्रीति न होते हुए भी उन्होंने अज्ञेय, शमशेर तथा मुक्तिबोध के काव्य का भी तलस्पर्शी विश्लेषण किया है। इस प्रकार एक अथक जागरूक आलोचक की तरह उन्होंने अपने समकालीन साहित्य से भी जीवन्त सम्पर्क बनाए रखा।

यह बात अलग है कि उनके यहाँ 'समकालीन' का अर्थ है समान आयु वर्ग के रचनाकार। उन्होंने अपने समय के 'युवा' रचनाकारों की पीठ थपथपाकर उनके बीच तात्कालिक लोकप्रियता अर्जित करने के लोभ से अपने को बराबर बचाया। 1991 ई. में प्रकाशित 'रूप तरंग और प्रगतिशील कविता की वैचारिक पृष्ठभूमि' में 'प्रगतिशील कविता की वैचारिक पृष्ठभूमि' को एक बार फिर स्पष्ट करते हुए उन्होंने जो निबन्ध लिखा, वह स्वयं एक स्वतन्त्र पुस्तक के लिए पर्याप्त सामग्री है। 'रूपतरंग' की कविताओं के साथ इस निबन्ध के छपने के औचित्य को स्पष्ट करते हुए उन्होंने कहा : 'निबन्ध मैंने शुरू किया था **रूपतरंग** के दूसरे संस्करण की भूमिका के रूप में। फिर क्रमशः

उसका विस्तार होता गया और उसे स्वतन्त्र निबन्ध के रूप में देना ठीक जान पड़ा। **रूपतरंग** के साथ उसका छपना अनुचित नहीं है।' (पृ. 303)

कारण और भी हैं और वे अधिक महत्त्वपूर्ण हैं : "**रूपतरंग** में कुछ कविताएँ समकालीन राजनीति पर हैं। उस राजनीति की चर्चा भी निबन्ध में हैं। इस तरह निबन्ध को आप रूपतरंग की भूमिका समझकर पढ़ सकते हैं। वैसे आप रूपतरंग को मेरे सारे गद्यलेखन की भूमिका समझकर पढ़ें तो और भी अच्छा है। मेरे समस्त विवेचनात्मक गद्य के भावस्रोत यहीं हैं।" (वही, पृ. 304)

लम्बे समय से कवि रूप में अपनी पहचान बनाने का मोह रामविलास शर्मा में बढ़ा है। राजनीति की उनकी अपनी समझ है। ज़ाहिर है कि वह समझ गद्य और कविता में समान रूप से प्रतिफलित होती है। दोनों में अन्तर्विरोध भी हो सकता था, पर ऐसा हुआ नहीं। इसलिए एक की समझ दूसरे को पढ़े बिना मुकम्मल न होती हो ऐसा नहीं है। दोनों के बीच सम्बन्ध पारस्परिकता का है, अधिक से अधिक पूरक का। यह सम्बन्ध कार्य-कारण का नहीं है, इसलिए अनिवार्य भी नहीं है।

बहरहाल, इस लम्बे निबन्ध में, (जो एक सुगठित, समग्र रचना के बजाय, छोटे-छोटे निबधों का संग्रह अधिक प्रतीत होता है) रामविलास शर्मा के पूर्वपरिचित दृष्टिकोण में कोई मौलिक अन्तर नहीं आया। पन्त के प्रति उनके रुख में इस दौरान कुछ मृदुता आई है पर **तारसप्तक** की रचनाओं में 'छायावाद के उदात्त रूप की श्रेष्ठ उपलब्धि' राम की शक्ति पूजा के छन्द की व्यापक और गहरी गूँज को इतने कवियों में एक साथ देखने-दिखाने का दूरगामी प्रयास निराला के प्रति उनके स्थायी मोह को ही प्रकट करता है।

पुराने आग्रह भी ज्यों के त्यों हैं। एक ओर निराला के गद्य और पद्य दोनों की प्रगतिशीलता और बहुविध प्रयोगशीलता को उन्होंने कवि के काव्य में यथार्थवाद के विकास के साथ जोड़कर देखा; दूसरी ओर पन्त की तुलना में गिरिजाकुमार माथुर की कविता में 'प्रगतिशील कविता का नया कलात्मक विकास' उन्हें साफ दिखाई दिया। निराला के परवर्ती व्यापक स्तर पर उनसे प्रभावित होते हैं और पन्त के परवर्ती उनसे भिन्न कलात्मक विकास की नई दिशाएँ खोजते हैं। निराला गालिब, तुलसी, कबीर की जातीय परम्परा में हैं। उसी में आगे चलकर त्रिलोचन हैं, केदानाथ अग्रवाल हैं, नागार्जुन हैं। और ये तीनों कवि निराला के 'बहुविध काव्य प्रयोगों से–सर्जनात्मक रूप में प्रेरित हैं',

बल्कि निराला से पहले की काव्य-परम्परा से जुड़े हैं। इतना ही नहीं उन्हें साम्राज्य विरोधी साहित्य की 'रूपगत परम्परा' का बढ़ाव भी त्रिलोचन में दिखाई पड़ता है।

अपने समकालीनों में त्रिलोचन पर इतने विस्तार से शायद उन्होंने पहली बार लिखा है। यही बात नरेन्द्र शर्मा के बारे में भी सत्य है। वस्तुतः नरेन्द्र शर्मा पर लिखा गया प्रकरण निबन्ध का अतिरिक्त रूप से जोड़ा गया अंश जान पड़ता है। यह पुस्तक भी 'कवि मित्र नरेन्द्र शर्मा' को समर्पित है। शायद इसका सम्बन्ध उनकी कुछ समय पहले हुई मृत्यु की घटना से है।

डॉ. शर्मा हिन्दी में अपनी खास विवाद शैली में लिखी विध्वंसात्मक आलोचनाओं के लिए स्मरण किए जाते रहे हैं। इस दृष्टि से पन्त जी की 'स्वर्ण-किरण' और 'स्वर्णधूलि' की समीक्षाएँ उल्लेखनीय हैं। किन्तु इसका अर्थ यह नहीं कि डॉ. शर्मा नितान्त विध्वंसात्मक आलोचक हैं। वस्तुतः अपनी समझ से उन्होंने साहित्य में अवांछनीय तत्त्वों की सफाई करके विधेयात्मक मूल्यों की प्रतिष्ठा का प्रयास किया। हिन्दी में ऐसी बेलाग, दो टूक, खरी आलोचनाएँ बहुत कम लिखी गई हैं। वह धार और तल्खी इस पुस्तक में नहीं दिखाई पड़ती।

हिन्दी आलोचना की भाषा के निर्माण में रामविलास शर्मा का योगदान महत्त्वपूर्ण है। शास्त्रीय दुरूहता से मुक्त बोलचाल के पारदर्शी गद्य में जटिल से जटिल बात को सुलझाकर कहने की कला में डॉ. शर्मा बेजोड़ हैं। उनके हाथों आलोचना जन-सामान्य के लिए भी पठनीय बन सकी।

गजनानन माधव मुक्तिबोध : (1918-1964 ई.) की गणना भी प्रगतिशील समीक्षा के अन्तर्गत ही की जानी चाहिए। यद्यपि आरम्भ में वे 'तारसप्तक' के कवि के नाते विख्यात हुए तथापि उनकी प्रखर, गहरी और व्यापक आलोचना-क्षमता का परिचय भी 'तारसप्तक' के प्रकाशन के समानान्तर ही मिलना आरम्भ हो गया था। उनकी प्रथम आलोचनात्मक रचना 'कामायनी : एक पुनर्विचार' का पुस्तकाकार प्रकाशन 1961 ई. में हुआ। परन्तु इस विषय पर 'कामायनी : कुछ नए विचार' शीर्षक से दो लेख क्रमशः हंस के नवम्बर, 1945 और फरवरी, 1946 के अंकों में बहुत पहले ही निकल चुके थे। शीर्षक के अनुरूप इन लेखों में उनकी दृष्टि की मौलिकता और परम्परामुक्त चिन्तन-क्षमता का प्रमाण मिलता है। कामायनी पर पुनर्विचार करने की प्रेरणा के कारणों को स्पष्ट करते हुए उन्होंने कहा है कि 'कामायनी' साहित्य के

रसवादी-छायावादी पुराणपन्थियों के हाथ में, नवीन प्रगति-शक्तियों के विरुद्ध एक शस्त्र बन गई'' (कामायनी : एक पुनर्विचार, पृ. 151) और यह भी कि 'भाववादी आलोचकों ने प्रसाद जी से भी आगे बढ़कर 'कामायनी' का रहस्यवादी मनोवैज्ञानिक अर्थ लगाया और उसके उपयोगी तत्त्वों को प्रच्छन्न कर दिया।' (वही) मुक्तिबोध को शिकायत थी कि 'उन्होंने 'कामायनी' के सम्बन्ध में हर तरह की ऊँचे किस्म की गलतफहमियाँ भी फैलाईं।' (वही) ज़ाहिर है कि उन्होंने इन गलतफ़हमियों को दूर करने की जिम्मेदारी महसूस की। दिलचस्प बात तो यह है कि इस विषय में मुक्तिबोध का मतभेद रामविलास शर्मा जैसे प्रगतिवादियों से भी है।

मुक्तिबोध ने मनु के चरित्र के साथ जोड़ी गई ऐतिहासिकता और देशकालातीतता का विरोध करते हुए उन्हें अपने समय की वास्तविकता के साथ जोड़ा : 'वेदकालीन मनु 'कामायनी' का मनु नहीं है।...उसे मनन-मात्र का, मन-मात्र का, मानव-मात्र का प्रतिनिधि कहना सरासर गलत है।' (वही, पृ. 20) मुक्तिबोध के अनुसार 'प्रसाद का मनु उसी वर्ग का मनु है, जिस वर्ग के स्वयं प्रसाद हैं।' (वही) यानी वह मध्य-व्यापारी वर्ग का प्रतिनिधि है। इस टाइप की व्याख्या करते हुए मुक्तिबोध ने उसे अपने समय के श्रेष्ठ पूँजीवादी व्यक्तिवाद का पुत्र भी नहीं बल्कि 'सामन्त-व्यवस्था के शासक वर्गों का पुत्र' कहा है ''जो नई ऐतिहासिक-सामाजिक स्थिति के कारण, पूँजीवादी व्यक्तिवाद को लिये हुए, अपनी सामन्ती परम्परा से विच्छिन्न होकर भी, सामन्ती-शासकवर्गीय प्रवृत्तियों की तानाशाहियत को अपने खून में लिए हुए है।'' (वही, पृ. 21) मनु की प्रवृत्तियों के संस्कार उन्होंने उसी वर्ग में ढूँढ़े हैं : ''अहंकार, विलासिता, आत्ममोह, निर्बन्ध उच्छृंखलता, व्यक्तिवादी साहस, व्यक्तिवादी निराशा, पाखंड और ऐसा आत्मग्रस्त, निविड़ आत्म-विश्लेषण जो पराजय से प्रसूत होकर पराजयों की ओर ले जाता है।'' (वही) मुक्तिबोध प्रसाद की क्षमता और महत्त्व इसलिए नहीं स्वीकार करते कि उन्होंने मनु को देशकालातीत, शाश्वत मानव का रूप दिया है बल्कि इसलिए कि उन्होंने 'पूँजीवादी ह्रासगत सभ्यता के भीतर व्यक्ति के भीतरी विकेन्द्रीकरण का प्रश्न बड़े जोर से उठाया।' (वही, पृ. 141) फलतः 'कामायनी' मुक्तिबोध की नजर में द्विअर्थक रूपक कथा न होकर फैंटेसी है। उन्होंने उसकी रचना-प्रक्रिया को एक विराट फैंटेसी के रूप में ही देखने-समझने का प्रयत्न किया। वे 'कामायनी' को मुख्यतः एक कवि की निजी और भीतरी प्रवृत्तियों के आधार पर निर्मित एक विराट काल्पनिक

दृश्य-चित्र मानते हैं। इस प्रसंग में उन्होंने 'कामायनी' की अन्तर्प्रक्रिया का सूक्ष्म विश्लेषण करते हुए निष्कर्ष निकाला कि "'कामायनी' अपनी कथात्मकता-चरित्रात्मकता के बावजूद भी, वस्तुतः प्रमुख रूप से आत्मपरक काव्य है।" (कामायनी : एक पुनर्विचार, पृ. 36) परन्तु साथ ही वे यह नहीं कहते कि 'मनु प्रसाद जी के मन अथवा व्यक्तित्व का पूर्णतः प्रतिनिधित्व करता है।' (वही, पृ. 37)

'कामायनी' की रचना-प्रक्रिया में मनोवैज्ञानिक अन्तर्दृष्टि का परिचय देते हुए मुक्तिबोध वहीं तक सीमित नहीं रहते बल्कि उसके आगे बढ़कर मनु को एक वर्ग-चरित्र के रूप में देखते हुए ध्वस्त सामन्तवाद के अवशिष्ट चरित्र के रूप में उनकी समस्त चारित्रिक विशेषताओं का निरूपण करते हैं। मनु ही नहीं, 'कामायनी' के दो अन्य महत्त्वपूर्ण स्त्री पात्रों–इड़ा और श्रद्धा की चारित्रिक व्याख्या भी इसी सूत्र से जुड़ी है। उनकी दृष्टि में 'इड़ा बुद्धिवाद की प्रतीक नहीं, पूँजीवाद की प्रतिनिधि है।' (पृ. 163) और 'उस महाकाव्य में जितने भी पात्र हैं उनमें इड़ा का व्यक्तिगत चरित्र दृढ़तम और उज्ज्वलतम है।' इसके विपरीत श्रद्धा 'आत्मबद्ध भावुकता के आदर्शीकरण का नाम है।' (पृ. 158) श्रद्धा को वे एक ऐसे 'प्राइवेट इन्डीवीजुअल' के रूप में पाते हैं जिसके पास 'कोई अपना सार्वजनिक जीवन नहीं है।' उसकी दार्शनिकता, गहन संवेदन-क्षमता या अनुभूति-सम्पन्नता की उपयोगिता तो उचित समाजीकरण के अभाव में सन्देह का विषय हो ही जाती है। परन्तु इसके अलावा वह स्वयं 'इच्छा, ज्ञान और क्रिया' के जिस सामंजस्य का वाचिक विधान करती है उसका कोई व्यावहारिक रूप उसके अपने चरित्र में नहीं मिलता। श्रद्धा की यह मसीहाई मुद्रा मुक्तिबोध के गले नहीं उतरती। पुस्तक के अन्त में 'आँसू' की रचना-प्रवृत्ति से 'कामायनी' का सम्बन्ध जोड़ते हुए ऐतिहासिक क्रम में मुक्तिबोध ने प्रसाद की काव्य-रचना प्रक्रिया की जो व्याख्या की है, वह ध्यान देने योग्य है। इसी प्रकार 'कामायनी' में प्रतिपादित दार्शनिक या आध्यात्मिक दृष्टि को उन्होंने जिस रूप में वर्ग-व्यवस्था से जोड़कर देखा है उसके पीछे तर्क का बल है। 'कामायनी' में समस्या का, द्वन्द्व का जो रूप चित्रित किया गया है, जिस प्रचण्ड 'अन्तर्विरोध के तनाव की कोख से कामायनी का जन्म हुआ है' उसके अनुरूप निदान की वास्तविकता या व्यावहारिकता सन्देहास्पद है। क्योंकि 'इच्छा-ज्ञान-क्रिया का सामंजस्य वास्तविक जीवन-क्षेत्र में होता है, न कि संसार से पलायन करके हिमालयीन शिखरों पर।' (पृ. 183) प्रसाद ने

वर्गीय चरित्रों के माध्यम से भावनाओं और अनुभूतियों का एक विराट् काल्पनिक दृश्य-चित्र तो प्रस्तुत किया, परन्तु इन चरित्रों का अकारण आदर्शीकरण करके, इसी वर्ग का अगतिक, पलायनवादी दर्शन प्रस्तुत कर दिया। यहाँ तक कि रहस्यवाद और आध्यात्मिक रंग देने के उत्कट प्रलोभन से इड़ा जैसे प्रखर, गत्यात्मक, तेजस्वी, व्यवहारक्षम पात्र भी नहीं बच सके।

'कामायनी' की, वर्ग-दर्शन पर आधारित विस्तृत पुनर्व्याख्या करके मुक्तिबोध ने आलोचक रूप में अपनी मार्क्सवादी दृष्टि का प्रमाण प्रस्तुत किया। परन्तु इसके साथ उनके आलोचक का एक पहलू वह भी है जिसमें एक जागरूक रचनाकार के नाते वे अपनी रचना-प्रक्रिया के निर्मम साक्षी प्रतीत होते हैं। बाद की आलोचनात्मक कृतियाँ इसी रचना-प्रक्रिया के आत्मसजग विश्लेषण की उपज हैं। 'एक साहित्यिक की डायरी' (1964 ई.) और 'नई कविता का आत्मसंघर्ष तथा अन्य निबन्ध' (1964 ई.) इस दृष्टि से उनकी महत्त्वपूर्ण रचनाएँ हैं।

मुक्तिबोध आस्था से मार्क्सवादी थे। किन्तु नई कविता के मूल्यांकन को लेकर वे पुराने प्रगतिवादी आलोचकों से अलग थे। उन आलोचकों से उन्हें यह खास शिकायत थी कि उन्होंने अपनी नासमझी के कारण नई कविता का पूरा क्षेत्र अपने प्रतिपक्षियों को समर्पित कर दिया। उनकी राय में 'किसी जमाने में प्रयोगवादी कविता प्रगतिवाद के अधिक निकट थी।' इस प्रवृत्ति से अपना विरोध प्रकट करते हुए उन्होंने कहा कि वे (प्रगतिवादी आलोचक) बनते हुए साहित्य की जीवन-भूमि से असम्पृक्त रहकर—साहित्यांकित जीवन और साहित्यसृजन की वास्तविक मानव भूमि, इन दोनों में घनिष्ठ परस्पर सम्बन्धों के स्वरूप का—इन दोनों के अपने-अपने विशिष्ट स्वरूप का आकलन करते हुए, या छिछली सतही दृष्टि से उनका आकलन करते हुए न्याय-निर्णय प्रदान करते हैं। इस प्रकार मुक्तिबोध ने मार्क्सवादी आलोचना को सतहीपन से उबारकर गहराई तक ले जाने का प्रयास किया है।

मुक्तिबोध का दूसरा संघर्ष नई कविता के व्यक्तिवादी अन्तर्मुखी साहित्य-सिद्धान्तों से था। उन्होंने नई कविता की 'जड़ीभूत सौन्दर्याभिरुचि' का डटकर विरोध किया। व्यक्तिवादियों की आलोचना करते हुए उन्होंने लिखा है कि "आधुनिक भावबोध सम्बन्धी उनकी धारणा, जन-साधारण की उपेक्षा करके लघु-मानव की उनकी कल्पना, समाज और जनता को भीड़ कहकर उसका अपमान करने की प्रवृत्ति, पूँजीवादी समाज-रचना और साम्यवादी

समाज-रचना दोनों को औद्योगिक सभ्यता कहकर उस औद्योगिक सभ्यता के अन्तर्गत व्यक्ति के व्यक्तित्व के नाश की अनिवार्यता मानना और इस प्रकार मानव की विफलता और अगतिकता को मूलभूत और चरम मानकर अनाशा की प्रस्थापना करना—ये मुझे असंगत, अनुचित और हानिप्रद मालूम होती है।''

मुक्तिबोध ने आलोचक के दायित्व को आपद् धर्म न मानकर धर्म माना। इसीलिए एक अत्यन्त सजग आत्मचेता साहित्यकार की तरह उन्होंने कविता की रचना-प्रक्रिया का विश्लेषण किया। काव्य-रचना के तीन क्षणों का वर्णन करते हुए उन्होंने कहा : ''कला का पहला क्षण है जीवन का उत्कट तीव्र अनुभव-क्षण। दूसरा क्षण है इस अनुभव का अपने कसकते-दुखते हुए मूलों से पृथक् हो जाना और एक ऐसी फैंटेसी का रूप धारण कर लेना मानो वह फैंटेसी अपनी आँखों के सामने ही खड़ी हो। तीसरा और अन्तिम क्षण है इस फैंटेसी के शब्द-बद्ध होने की प्रक्रिया का आरम्भ और उस प्रक्रिया की परिपूर्णावस्था तक की गतिमानता।'' (एक साहित्यिक की डायरी, पृ. 16-17) इन तीन क्षणों में से तीसरा सबसे महत्त्वपूर्ण है क्योंकि वही भाषा तथा भाव के बीच द्वन्द्व का क्षण है और ''वह द्वन्द्व अत्यन्त महत्त्वपूर्ण और सृजनशील है। भाषा एक परम्परा के रूप में फैंटेसी के मूल रंग को विस्तृत कर देती है। किन्तु साथ ही उस फैंटेसी में संशोधन भी उपस्थित करती जाती है। साथ ही फैंटेसी अपने मूल रंगों के निर्वाह के लिए, अपने मूल रंगों की अभिव्यक्ति के लिए, भाषा पर दबाव डालती है, उसके शब्दों और मुहावरों में नई अर्थमत्ता, नई अर्थ-क्षमता, नई अभिव्यक्ति भर देती है। कला के तीसरे क्षण में यह महत्त्वपूर्ण द्वन्द्व है।'' (वही, पृ. 25)

मुक्तिबोध की काव्य-रचना का मुख्य माध्यम फैंटेसी है। उनके इस फैंटेसी-मोह को लक्ष्य करते हुए डॉ. रामविलास शर्मा ने कहा था कि यथार्थ को फैंटेसी में बदले बिना जैसे वे पकड़ ही नहीं पाते। अतः फैंटेसी की रचना की व्याख्या और उसमें निहित वास्तविक जीवन के अन्वेषण की विधि का निरूपण करके जैसे मुक्तिबोध अपनी रचना-प्रक्रिया की व्याख्या प्रस्तुत करते हैं। इसी प्रकार लम्बी नाटकीय कविता के रचना-विन्यास में निहित सिद्धान्त का निरूपण करके मुक्तिबोध ने इस विषय में अपनी सामर्थ्य-असामर्थ्य का ही विश्लेषण प्रस्तुत किया है। उनके शब्दों में ''यथार्थ के तत्त्व परस्पर गुम्फित होते हैं, साथ ही पूरा यथार्थ गतिशील होता है।...यही कारण है कि मैं छोटी कविताएँ लिख नहीं पाता और जो छोटी होती हैं, वे वस्तुतः छोटी न होकर

अधूरी होती हैं...।" (वही, पृ. 27) विडम्बना यह है कि जिन मुक्तिबोध ने स्वीकार किया है : "इस प्रकार की न मालूम कितनी ही कविताएँ मैंने अधूरी लिखकर छोड़ दीं। उन्हें खत्म करने की कला मुझे नहीं आती, यही मेरी ट्रेजेडी है।" (वही) उन्हीं मुक्तिबोध ने लम्बी कविता की संरचना की व्याख्या इस प्रकार की है : "अब कविता कोई निबन्ध तो है नहीं कि जिससे लोगों को आज के हालात की जानकारी मिले; न वह कोई नाटक है जिसमें पात्र प्रस्तुत कर मूर्त रूप से जीवन-यथार्थ उपस्थित करते रहते हैं। कविता, एक संगीत को छोड़, अन्य सब कलाओं से अधिक अमूर्त है। वहाँ जीवन-यथार्थ केवल भाव बनकर प्रस्तुत होता है, या बिम्ब बनकर या विचार बनकर। कविता के भीतर की सारी नाटकीयता वस्तुतः भावों की गतिमयता है। उसी प्रकार, कविता के भीतर कथा-तत्त्व भी भाव का इतिहास है।

तो फिर ऐसी स्थिति में यह असम्भव नहीं है कि कविता को अनेक क्रमबद्ध चित्रों में प्रस्तुत किया जाए। अथवा अनेक क्रमबद्ध गद्य-चित्र कुछ इस तरह आलोकित और दीप्तिमान हो उठें कि छन्द बन जाएँ, गतिमान हो जाएँ और एक विशेष दिशा की ओर प्रवाहित हो सकें।" (एक साहित्यिक की डायरी, पृ. 36-37)।

मुक्तिबोध ने व्यावहारिक आलोचना से आरम्भ किया, परन्तु क्रमशः कला कृति की रचना-प्रक्रिया और संरचनात्मक विशेषताओं के विश्लेषण से गुज़रते हुए उनके कला-चिन्तन की चरम परिणति एक सम्पूर्ण कला-सिद्धान्त की रूपरेखा देने की कोशिश में हुई।

उनके सारे आलोचनात्मक कृतित्व को देखते हुए निस्संकोच कहा जा सकता है कि नए प्रगतिशील कवि-आलोचकों में वे सबसे प्रखर और गम्भीर आलोचक थे। किसी कवि में आलोचना की ऐसी चिन्तन शक्ति दुर्लभ ही है।

नामवर सिंह (1927–) : हिन्दी के आधुनिक आलोचकों में नामवर सिंह का स्थान इस दृष्टि से विशिष्ट है कि वे समाजवादी जीवन-दृष्टि और नई कविता की भाव-भूमि के समवेत् बोध को लेकर आलोचना में प्रवृत्त हुए। अपने पूर्ववर्ती प्रगतिवादी आलोचकों से उनकी भिन्नता इस बात में है कि उन्होंने नई कविता को सहानुभूति से देखा। मुक्तिबोध प्रगतिवादी आलोचकों से इसी बात की माँग कर रहे हैं।

दिलचस्प बात यह है कि नामवर सिंह की पहली महत्त्वपूर्ण आलोचनात्मक समीक्षा 'छायावाद' (1954 ई.) पर सामने आई। यह वह समय था जब

छायावाद क्रमशः समर्थन और विरोध के दो दौरों से गुजर चुका था। अन्य आलोचकों से यह आलोचना इस बात में भिन्न है कि जहाँ औरों ने छायावाद की ऐतिहासिक-सामाजिक पृष्ठभूमि को स्पष्ट किया वहाँ नामवर सिंह ने छायावादी कविता के छाया-चित्रों में निहित सामाजिक सत्य का उद्‌घाटन किया। यह निश्चय ही मार्क्सवादी आलोचना का अधिक परिष्कृत रूप था। इस पुस्तक की एक बहुत बड़ी विशेषता इसकी शैली की सर्जनात्मकता और ताज़गी है जो अध्यायों के शीर्षकों से ही स्पष्ट हो जाती है। यह बात अलग है कि बाद में उनके आलोचकों को इन शीर्षकों में रोमानियत दिखाई पड़ी।

काव्य-समीक्षा की उनकी दूसरी पुस्तक 'कविता के नए प्रतिमान' (1968 ई.) दो खंडों में बँटी है। प्रथम खंड में परम्परा से प्रतिष्ठित प्रतिमानों की प्रासंगिकता पर अत्यन्त ध्वंसात्मक शैली में विचार किया गया है और दूसरे खंड में नई कविता के सन्दर्भ में काव्य-मूल्यों का प्रश्न उठाया गया है। पुस्तक का यही अंश अधिक विधेयात्मक और महत्त्वपूर्ण है।

इस ग्रन्थ की मुख्य चिन्ता इस बात की चिन्ता है कि 'प्रगीत कविता कविता का पर्याय हो गई है और प्रगीत का प्रतिमान कविता का प्रतिमान हो गया है।' इसलिए कविता के प्रतिमान को व्यापकता प्रदान करने की दृष्टि से 'आत्मपरक' नई कविता की दुनिया से बाहर निकालकर उन कविताओं को भी विचार की सीमा में ले आना आवश्यक है जिन्हें किसी अन्य उपयुक्त शब्द के अभाव में सामान्यतः 'लम्बी कविता' कहा जाता है (पृ. 265)। नामवर सिंह को शिकायत उन तमाम प्रतिमानों से है जो 'वैयक्तिक और आत्मपरक छायावादी संस्कारों से गढ़े गए हैं।' इसलिए उन्होंने आत्मपरक कविता के सीमित दायरे से बाहर निकलकर काव्य के प्रतिमान निर्मित करने की उस आवश्यकता को पूरा करने का प्रयास किया जिसकी कमी मुक्तिबोध भी महसूस कर रहे थे।

नामवर सिंह ने इस पहचान को रेखांकित किया कि "दरअसल आत्मपरक प्रगीत बनाम वस्तुपरक लम्बी कविता के इस संघर्ष के मूल में केवल काव्य-रूपों के वरण की समस्या नहीं है, बल्कि इसका सम्बन्ध पूरी कविता की बनावट सम्बधी दो भिन्न काव्य-दृष्टियों से है जिनके अन्तर्गत भावबोध से भाषा तक के सभी स्तर शामिल हैं।" छायावादी भावबोध की कविताओं के अतिरिक्त "इधर नई कविता के अन्दर जो आत्मपरक छोटी या बड़ी कविताएँ लिखी गई हैं वे अपने रचयिताओं की गैर-रोमांटिक घोषणाओं के बावजूद मूलतः रोमांटिक

हैं और एक औसत रोमांटिक प्रगीत के समान ही इनमें भी वैयक्तिकता, आत्मपरकता, अनुभूतियों की जटिलता के अभाव के साथ ही बिम्बमयता और एक खास काट की रोमांटिक काव्य-भाषा के प्रयोग प्राप्त होते हैं। इसीलिए इन कविताओं में वस्तुजगत् की समझदारी के स्थान पर केवल अनुभूतिकी ईमानदारी का आग्रह किया जाता है।''

कविताओं के इस वर्ग के विरुद्ध नामवर सिंह ने मुक्तिबोध की कविताओं के रूप में काव्य के उन मूल्यों पर बल देने का दावा किया ''जो अपनी दृष्टि में सामाजिक और वस्तुपरक हैं और आज के ज्वलन्त एवं जटिल यथार्थ को अधिक से अधिक समेटने के प्रयास में कविता को व्यापक रूप में नाट्य-विन्यास प्रदान कर रहे हैं और इस तरह तथाकथित बिम्बवादी काव्य-भाषा के दायरे को तोड़कर सपाटबयानी आदि अन्य क्षेत्रों में कदम रखने का साहस दिखा रहे हैं।'' ज़ाहिर है कि नामवर सिंह ने जिन काव्य-मूल्यों का प्रश्न उठाया है उनमें भाषा से लेकर भावबोध के स्तर तक काव्य-रचना को एक सापेक्ष इकाई के रूप में देखा गया है। एक खास भावबोध और संस्कार से एक खास काट और बनावट की कविता पैदा होती है। संरचना और भावबोध को स्वायत्त रूप में देखना बेमानी है। इसीलिए जब वे बाह्य परिवेश और कविता में अभिव्यक्त अनुभूति की जटिलता और तनाव तथा उस अनुभूति की प्रामाणिकता तथा काव्यगत ईमानदारी के स्वरूप का विश्लेषण प्रस्तुत करते हैं, तो साथ ही काव्य-भाषा और सृजनशीलता के सम्बन्ध जैसे मूलभूत प्रश्न पर भी विचार करते हैं। वे बिम्ब-प्रधानता से सपाटबयानी तक आज की कविता की यात्रा को उसके भावबोध के इतिहास से जोड़कर देखते हैं और उसकी संरचना के प्रगीतात्मक और नाटकीय रूप तथा अभिव्यक्ति की युक्तियों में विसंगति और विडम्बना के प्रयोग का प्रश्न भी उठाते हैं। नई कविता के सन्दर्भ में उस कविता के बीच से पैदा होने वाले इन काव्य-मूल्यों के प्रश्न को इतने बड़े पैमाने पर और इतने विचारोत्तेजक रूप में शायद इससे पहले नहीं उठाया गया। मूल्यों की चर्चा केवल सैद्धान्तिक धरातल पर न करके परिशिष्ट में मुक्तिबोध की कविता 'अँधेरे में' की व्यावहारिक समीक्षा प्रस्तुत करते हुए जैसे एक ओर पूर्व भाग में चर्चित प्रतिमानों की व्यावहारिकता सिद्ध करने का प्रयास किया गया है और दूसरी ओर इन प्रतिमानों का आधार स्पष्ट किया गया है।

काव्य-समीक्षा के अलावा सामान्य रूप से साहित्यिक मूल्यों को स्पष्ट

करने का प्रयत्न उन्होंने अपनी पुस्तक 'इतिहास और आलोचना' में संकलित, निबन्धों में भी किया है। 'व्यापकता और गहराई' शीर्षक निबन्ध में साहित्य के सन्दर्भ में आमतौर से प्रचलित उस दृष्टिकोण का खंडन किया गया है जिसके अनुसार इन दोनों को विरोधी गुणों के रूप में देखते हुए गहराई को प्रायः अधिक मूल्यवान ठहराया जाता है। नामवर सिंह ने इनमें परस्पर विरोध के स्थान पर सह-सम्बन्ध की व्याख्या की है। इसके अतिरिक्त 'इतिहास का नया दृष्टिकोण' (1952 ई.) और 'हिन्दी साहित्य के इतिहास पर पुनर्विचार' (1962 ई.) शीर्षक निबन्धों में मार्क्सवादी दृष्किोण से हिन्दी साहित्य के इतिहास की पुनर्व्याख्या की गई है। इन निबन्धों के माध्यम से लेखक ने मूल्यांकनपरक आलोचना और साहित्यिक इतिहास के बीच सम्बन्ध-स्थापना की है। ये लेख इस दृष्टि से विशेष महत्त्वपूर्ण हैं कि इनमें साहित्य के इतिहास-लेखन की एक नई दिशा का स्पष्ट निर्देश किया गया है। समीक्षा के क्षेत्र में प्रायः उपेक्षित कथा-समीक्षा को भी अपनी पुस्तक 'कहानी-नई कहानी' (1964 ई.) की रचना से नामवर सिंह ने काव्य-समीक्षा के स्तर तक उठाया। हिन्दी आलोचना के इतिहास में काव्य-समीक्षा की एक समृद्ध परम्परा वर्तमान थी किन्तु कथा-समीक्षा की किसी सुनिर्दिष्ट परम्परा के अभाव में सूक्ष्म विश्लेषण के माध्यम से समसामयिक कथा-साहित्य की यह समीक्षा महत्त्वपूर्ण कही जाएगी। यूँ कहानी की समीक्षा के लिए उन्होंने कविता के प्रतिमानों का प्रयोग किया या कथा समीक्षा के पृथक् प्रतिमान विकसित किए—यह विवादास्पद है। पिछले बीस वर्षों में रचना के क्षेत्र में नए प्रयासों के द्वारा जो साहित्यिक मान्यताएँ सामने आईं, नामवर सिंह ने उन्हें अपनी व्यावहारिक समीक्षाओं और सिद्धान्त-चर्चा के द्वारा व्यवस्थित रूप दिया।

लम्बे अन्तराल के बाद उनकी दो पुस्तकें प्रकाशित हुईं : 'दूसरी परम्परा की खोज' (1982) और 'वाद-विवाद संवाद' (1989)। पहली के रचनाकाल और प्रकाशन काल में बहुत अन्तर नहीं है जबकि दूसरी में संकलित लेखों के बारे में यह बात सही नहीं है। उसके सबसे पुराने लेख 'एकालाप और संवाद' का रचनावर्ष 1964 है, और ताजा लेखों 'जनतन्त्र और समालोचना', 'आलोचना की स्वायत्तता', 'प्रासंगिकता पर पुनश्चः 'प्रलय की छाया' के माध्यम से, 'आलोचना की संस्कृति और संस्कृति की आलोचना' तथा 'आलोचना और संस्थान' का रचना वर्ष (1988) है। इस प्रकार पुस्तक के लगभग एक तिहाई की रचना एक वर्ष में हुई है और शेष दो तिहाई की लेखन

की दृष्टि से 25 वर्ष लम्बे ऊसर काल के दौरान। यह बात अलग है कि इन वर्षों में अन्तराल के बावजूद विराम नहीं आया।

न लिखने या काफी न लिखने की शिकायत करनेवालों को नामवर सिंह जवाब दे सकते हैं और देते हैं कि वे लिक्खाड़ नहीं हैं। किसी समस्या को लेकर लिखने की बौद्धिक विवशता या दबाव जब तक नहीं होता, तब तक वे नहीं लिखते। सो परिस्थिति का दबाव इन तमाम लेखों और 'दूसरी परम्परा की खोज' के मूल में है। 'दूसरी परम्परा की खोज' 'आकाशधर्मी' गुरु हजारीप्रसाद द्विवेदी के प्रति श्रद्धांजलि है और 'वाद-विवाद-संवाद' के तमाम लेख लेखक के अपने शब्दों में 'किसी न किसी विशिष्ट सन्दर्भ से सम्बद्ध हैं।' अपने नाम के बावजूद इनमें वाद-विवाद जैसा बहुत नहीं है। शायद इसीलिए इनके प्रकाशन के बाद वैसा विवाद खड़ा भी नहीं हुआ जैसा 'दूसरी परम्परा की खोज' के प्रकाशन के बाद देखने में आया था।

'दूसरी परम्परा की खोज' की गणना पिछले दशक की महत्त्वपूर्ण रचनाओं में की जाएगी। 'निराला की साहित्य-साधना' में रामविलास शर्मा ने निराला के जीवन-संघर्ष के हवाले से छायावादी काव्यान्दोलन के इतिहास की पुनर्रचना की थी। उस कृति का विशेष महत्त्व जीवनी के परम्पराबद्ध रूप का अतिक्रमण करने की दृष्टि से है। 'दूसरी परम्परा की खोज' में नामवर सिंह ने हजारीप्रसाद द्विवेदी के जीवन के घटनात्मक ब्यौरों का विस्तार करने के बजाय उन्हीं अंशों की चर्चा की है जो उनकी रचनात्मक दृष्टि की समझ में सहायक हो सकते थे। आलोचक नामवर सिंह के आलोचकों ने तत्काल इसे रामचन्द्र शुक्ल बनाम हजारीप्रसाद द्विवेदी की बहस का रूप दे दिया। 'कविता के नए प्रतिमान' में अज्ञेय के विरुद्ध मुक्तिबोध को प्रतिष्ठित करने के प्रयास में इसकी समानान्तरता ढूँढ़ लेने के बाद विवाद ने एक खास मोड़ ले लिया और बहस का केन्द्र बदल गया। स्मरण दिलाना अप्रासंगिक नहीं होगा कि 'निराला की साहित्य साधना' के प्रकाशन के बाद भी कुछ ऐसे सवाल 'निराला बनाम पन्त' की बहस की शक्ल में इस तरह सामने आए थे कि शान्ति जोशी को पन्त की एक जवाबी जीवनी लिखकर स्पष्टीकरण करने की जरूरत महसूस हुई।

इस तरह के विवाद सही परिप्रेक्ष्य में रचनाओं की समझ के लिए अक्सर बाधक ही होते हैं। 'दूसरी परम्परा की खोज' का महत्त्व इस बात में है कि उसमें कुछ ऐसी अवधारणाओं के परम्परागत मूल का प्रश्न उठाया गया है

जिन्हें बड़ी सुविधा से पश्चिम की देन स्वीकार करके उनके पारम्परिक मूल विशेष आग्रहों के तहत खोज कर निश्चित कर दिए गए। 'सौन्दर्य' की अवधारणा और 'सौन्दर्य-बोध' का पारम्परिक विकास ऐसा ही प्रश्न है। 'भारतीय संस्कृति' की विशुद्धता का सवाल भी ऐसा ही बहस-तलब सवाल है जिस पर बराबर विचार होता रहा है। इसे हिन्दी के दो आलोचकों की टकराहट का रूप देना मूल प्रश्न से मुँह चुराना होगा। अपने समय में जयशंकर प्रसाद ने भी कुछ ऐसे ही सवालों से जूझने की कोशिश की थी। पक्ष-विपक्ष से सहमति अलग बात है। परन्तु इस पूरे सवाल को जिस परिप्रेक्ष्य में उठाया गया है, उसे दो आचार्यों के बीच टकराहट का सवाल बनाकर उलझाने के बजाय उस पर गम्भीरता से विचार किया जाना चाहिए। यह प्रश्न सांस्कृतिक विरासत, साहित्यिक रुचि के विकास और प्रतिबद्धता की पहचान से तो ताल्लुक रखता ही है, जिस शैली में इसे प्रस्तुत किया गया है उसकी रचनात्मकता और पठनीयता का भी अपना अलग आकर्षण है।

लम्बे अन्तराल के बाद नामवर सिंह के आलेखों (जिनमें वाचिक के लिपिबद्ध रूप शामिल हैं) के पाँच संग्रह प्रकाशित हुए। इनमें विधिवत 'लिखित' से 'वाचिक' की संख्या कहीं अधिक है। 'कविता की जमीन और जमीन की कविता', 'प्रेमचन्द और भारतीय समाज', 'हिन्दी का गद्य पर्व', 'जमाने से दो दो हाथ।' इन चारों पुस्तकों का संग्रह और सम्पादन उदीयमान रचनाकार डॉ. आशीष त्रिपाठी ने किया—स्वर्गीय डॉ. कमला प्रसाद (अध्यक्ष प्रगीतशील लेखक संघ) और नामवर सिंह के कथाकार अनुज काशीनाथ सिंह की प्रेरणा और प्रोत्साहन से। चारों ग्रन्थ एक साथ 2010 में राजकमल से प्रकाशित हुए। पुस्तकों में संगृहीत सामग्री की प्रकृति और विषयवस्तु का परिचय सम्पादक ने भूमिका में कुछ ऐसे दिया है : "सामयिक विषयों पर एक स्वतन्त्र पुस्तक के साथ प्रेमचन्द पर केन्द्रित पुस्तक में आलेख, भाषण एवं वाचिक टिप्पणियाँ एक साथ मौजूद हैं। इसके अतिरिक्त वाचिक की दो पुस्तकें, लिखित की दो पुस्तकें और साक्षात्कार-संवाद की दो पुस्तकें।" उपर्युक्त चार पुस्तकें पाठकों के सामने हैं और शेष चार के शीघ्र ही सामने होने का आश्वासन भी भूमिका में दिया गया है। साथ ही यह भी कि "इन पुस्तकों से गुजरते हुए आप नामवर जी की प्रतिभा के विविध आयामों से संवाद कर सकेंगे।"

कहना न होगा कि बकौल सम्पादक इनमें से कोई रचना किसी

पूर्व-निर्धारित विषय पर योजना बनाकर उस तरह नहीं लिखी गई है जैसे उनकी पहले की कृतियाँ (छायावाद, कविता के नए प्रतिमान और दूसरी परम्परा की खोज)। स्वभावतः इनमें तारतम्य और एकतानता का अभाव है। दरअसल संकलित सामग्री में लिखित का अनुपात वाचिक की तुलना में काफी कम है। जो है वह भी अवसर के अनुरोध से—सम्पादकीयों के रूप में, बोले गए की रिकार्डिंग के उन्हीं की कलम से संशोधित पाठ के रूप में या किसी सम्पादक के आग्रह पर यदा-कदा किसी बहस में हिस्सेदारी के बतौर। उन्होंने लिखने से कहीं ज्यादा पढ़ा और सुना। वे अद्भुत स्मरणशीलता के धनी हैं। उसी के बल पर वैचारिक कुश्तियों में प्रतिपक्ष को पटखनी देने के कौशल में उनका सानी नहीं है। इसी कौशल के सहारे हिन्दी आलोचना में परिदृश्य पर वे वर्षों छाए रहे हैं।

इन पुस्तकों की विशेषता यही नहीं है कि इनके माध्यम से पाठक नामवर जी की प्रतिभा के विविध आयामों से संवाद कर सकेंगे बल्कि यह भी है कि यदि पाठक चाहें तो उनसे विवाद भी कर सकेंगे। क्योंकि इनके प्रकाशन से, उनके श्रोताओं और पाठकों के पास इस शिकायत की गुंजाइश नहीं बची कि वे बात को जैसा चाहे वैसा रुख देकर बच निकलते हैं। अपने ही कहे हुए को बदल सकते हैं। असंगत को पैंतरा बदल कर संगत साबित कर सकते हैं। आखिर वग्मिता में भी तो उनसे बराबर की टक्कर लेने वाला (विजयदेव नारायण साही के बाद) कोई दूसरा रचनाकार दिखाई नहीं पड़ा।

सम्पादक ने इस सामग्री के 'संग्रहण एवं प्रकाशन के प्रति नामवर जी में गहरी असंपृक्ति' भले ही निरन्तर महसूस की हो, पर इसके पुस्तकवार विभाजन और पुस्तकों के शीर्षकों पर उनकी छाप स्पष्ट है। गोकि यह भी सही है कि 'संग्रह के लिए संग्रह निकालना' नामवर जी की प्राथमिकता कभी नहीं रही। यदि इनके प्रकाशन की अनुमति देने में उनके मन में इतने लम्बे समय तक संकोच रहा तो इसका कारण कहीं न कहीं उनका विवेक भी रहा ही होगा। वे इस खतरे के प्रति पूरी तरह उदासीन हो नहीं सकते थे कि इस सामग्री के सामने आते ही उत्साही अध्येता एक बार फिर उनके कहे-सुने और लिखे-पढ़े में असंगति और अन्तर्विरोध खोजकर उन पर मौकापरस्ती का आरोप लगाने से नहीं चूकेंगे। पर अब इस हजारों पृष्ठों में फैली अधिकतर वाचिक सामग्री के लिखित पाठ का पुनरीक्षण और सम्पादन कर विसंगतियों का निरसन संशोधन करने का धैर्य उनमें नहीं बचा है। और यह भी तो सत्य

है कि 'जमाने से दो दो हाथ' करना उनकी पुस्तक का शीर्षक ही नहीं उनकी स्वाभाविक वृत्ति है, जिसका मौखिक प्रयोग वे आज भी समान-भाव से शत्रु-मित्र सब पर करते दिखाई पड़ते हैं। 'युद्धं देहि' सम्भवतः उनका बीज भाव है।

बहरहाल, बात उनके प्रकाशित संकलनों की करें तो इन चारों पुस्तकों से पहले 2005 में प्रकाशित 'आलोचक के मुख से', शीर्षक के अनुरूप उनके व्याख्यानों का संग्रह है। व्याख्यानों में मंच के अलावा कोई एकसूत्रता नहीं है। क्रम भी तिथि के नहीं, सम्पादक खगेन्द्र ठाकुर के विवेकानुसार दिया गया है। विषय विविध हैं। उसी तरह जैसे 'हिन्दी का गद्य पर्व' और 'जमाने से दो दो हाथ' में। अन्तर इतना ही है कि वे चूँकि 'प्रगतिशील लेखक संघ' की ओर से पटना में आयोजित विचार सभाओं में दिए गए व्याख्यान हैं, इसलिए सम्पादक ने उनसे 'प्रगतिशील आन्दोलन को मजबूत करने में मददगार' होने की उम्मीद जताई है। यह उम्मीद विषय-चयन और उसकी प्रतिपादन-शैली दोनों की प्रकृति का संकेत करती है। एक और खास बात यह कि 'यह नामवर जी के व्याख्यानों का पहला संग्रह है।' केवल संग्रह पहला है वरना बिहार प्रगतिशील लेखक संघ की पत्रिका 'उत्तरशती' में ये व्याख्यान संग्रह के सम्पादक के ही द्वारा पहले भी छापे जा चुके थे।

यही स्थिति कुल मिलाकर उनके 2010 में प्रकाशित संग्रहों की भी है। अधिकांश सामग्री वाचिक के लिखित रूप में या अवसर के ही अनुरोध से पत्र-पत्रिकाओं में पहले प्रकाशित हो चुकी है। ऐसे जिन व्याख्यानों/आलेखों में विषय की दृष्टि से सम्बन्ध कायम किया जा सका उन्हें 'प्रेमचन्द और भारतीय समाज' तथा 'कविता की जमीन और जमीन की कविता' शीर्षक से दो जिल्दों में और शेष सामग्री को 'जमाने से दो दो हाथ' और 'हिन्दी का गद्य पर्व' नाम से दो अलग जिल्दों में प्रस्तुत किया गया है।

युवा सम्पादक आशीष त्रिपाठी ने चारों संकलनों की छोटी-बड़ी भूमिकाएँ लिखकर यह स्पष्ट किया है कि "इन पुस्तकों में प्रकाशित हो रही सामग्री पिछले 60 वर्षों की दीर्घ अवधि में लिखित एवं प्रकाशित परन्तु असंकलित रही है।" सम्पादक ने संकलित सामग्री को ध्यान में रखते हुए भूमिकाओं को शीर्षक देने की कोशिश की है जिनमें 'हिन्दी आलोचना के साठ वर्ष' (हिन्दी का गद्य पर्व) और 'अप्रतिहत वैचारिक योद्धा' (ज़माने से दो दो हाथ) से तो विषयवस्तु का कुछ हद तक अन्दाजा लगता है पर 'देहरी पर' (प्रेमचन्द और

भारतीय समाज) और 'पहला वाक्य' (कविता की जमीन और जमीन की कविता) से कोई सार्थक संकेत नहीं मिलता। संकलनकर्ता का यह कहना भी बेमानी है कि : "नागार्जुन और शमशेर पर लिखे गए निबन्धों से गुज़रते हुए हम सहज ही लक्षित कर सकते हैं कि यह निबन्ध 'कविता के नए प्रतिमान' पुस्तक की काव्य-दृष्टि का विस्तार और स्पष्टीकरण एक साथ है। एक हद तक उसमें छूट गए महत्त्वपूर्ण रचना-संसार को फोकस में लाने का एक गम्भीर प्रयास भी।" (कविता की ज़मीन...पृ. 5) दिलचस्प है कि शमशेर पर लिखे गए दो निबन्धों में से पहला 'कृति' के प्रवेशांक के लिए अक्टूबर, 1958 में 'कविता के नए प्रतिमान' से बहुत पहले लिखा जा चुका था और दूसरा 'शमशेर : प्रतिनिधि कविताएँ' भी भूमिका के रूप में बहुत बाद में 1990 में लिखा गया। यही स्थिति नागार्जुन की 'प्रतिनिधि कविताएँ' की भूमिका की है। न होता 'प्रतिनिधि कविताएँ' का सम्पादन तो न ही लिखी जाती भूमिकाएँ। इसके अलावा 'बाबा की ऐसी-तैसी' जैसे आलेख को (आजकल, जून 1996) 'छूट गए महत्त्वपूर्ण रचना-संसार को फोकस में लाने के एक गम्भीर प्रयास' के रूप में देखना-दिखाना', नामवर जी के चिन्तन में तारतमिकता या योजनाबद्धता सिद्ध करने की लचर दलील भर है।

नामवर सिंह ने यदि स्वयं इस सामग्री का संकलन सम्पादन किया होता तो जाहिर है इस तरह के बेबुनियाद दावे उन्होंने नहीं किए होते। पुस्तकों के शीर्षकों पर तो उनकी छाप जरूर दिखाई पड़ती है पर इससे ज्यादा कुछ नहीं। पर वर्षों की अवधि में फैली इस सामग्री को बड़े जतन से सहेज कर, जैसे-तैसे क्रम देकर पाठकों के लिए सुलभ करने का श्रेय तो सम्पादक को ही दिया जाना चाहिए।

नामवर सिंह ने शुरुआत भले ही कविता की आलोचना से की हो, पर बाद में जो कहा-सुना और लिखा उसमें अधिक अनुपात दूसरी विधाओं और विषयों का ही रहा। बहरहाल, 'कविता की जमीन और जमीन की कविता' में कुछ ऐसे आलेख हैं, जिनकी रचना में किसी हद तक क्रम देखा जा सकता है। ऐसे पाँच आलेख जून, 1963–सितम्बर, 1963 तक तब कलकत्ता से प्रकाशित होने वाली पत्रिका 'ज्ञानोदय' के लिए अनुमानतः तत्कालीन सम्पादक के आग्रह पर लिखे गए होंगे। सभी 'नई कविता' के इर्द-गिर्द टिके हैं। इसी तरह पुस्तक के आरम्भिक दो आलेख जिनका विषय क्रमशः 'रस' और कविता (संस्कृत) की दूसरी परम्परा, आलोचना के दो अंकों में प्रकाशित (1990,

1987) हुए हैं। अगले चार लेखों में से 'कबीर का दुख' और 'कबीर का सच' तो आयोजनों के सन्दर्भ में लिखे-पढ़े गए थे और 'कबीर को भगवा' और फिर 'अगवा'? शीर्षक से दो आलेख सहकर्मी और पहले मित्र रहे रामस्वरूप चतुर्वेदी से, एक दूसरे प्रसंग का हिसाब चुकता करने के लिए लिखे गए। लिहाजा दोनों में तर्क से ज्यादा कटूक्तियाँ हैं। शेष आलेख अलग-अलग अवसरों—कुछ भूमिकाओं के रूप में, कुछ पत्रिकाओं में, कुछ सम्पादकीय टिप्पणियों के रूप में। विषयों में संस्कृत के अलावा बँगला के रवीन्द्रनाथ ठाकुर और तमिल के सुब्रह्मण्यम भारती तो शामिल है हीं। 'रंगाचार्य ब्रेष्ट' के एक चयन की भूमिका के अलावा 'लातीनी-अमेरिकी वट-वृक्ष' पाब्लो नेरुदा पर भी तीन आलेख संकलित हैं।

अवसरों और आयोजनों से जुड़े व्याख्यानों या आलेखों का सबसे बड़ा संकट यह होता है कि उनमें विषय का चयन-विस्तार-आकलन सब अवसर के अनुरोध से नियमित-नियन्त्रित होते हैं। पूरा और निर्बाध चिन्तन असम्भव नहीं तो कठिन अवश्य होता है। अवसर-भेद से कभी-कभी एक ही विषय पर समय के अन्तराल पर कही-लिखी बातों में असंगतियाँ और दरारें पैदा हो जाती है। ऐसे व्यक्ति के लिए तो और भी जिसके बोलने के अवसर बेहिसाब हों। स्मृति का बड़े से बड़ा वरदान भी हमेशा रक्षा-कवच बना रहे, यह व्यावहारिक हो ही नहीं सकता।

उनके दूसरे संग्रह 'जमाने से दो-दो हाथ' में भी विविध विषयों पर 'वाचिक' और 'व्याख्यानों' के लिखित रूप संख्या में कहीं अधिक है। विधिवत टिप्पणियाँ समकालीन परिस्थितियों पर उस दौर में लिखी गई जब वे कुछ समय के लिए 'सहारा समय' के साहित्यिक परामर्शदाता नियुक्त हुए। उर्दू भाषा के सवाल पर संकलित तीन लेखों में से एक 'वसुधा' के उर्दू विशेषांक के लिए की गई संक्षिप्त-सी बातचीत की प्रस्तुति है। शेष दो 'हंस' के लिए एक विशेष सन्दर्भ में विवादात्मक तेवर में लिखे गए दो आलेख हैं। 'कथन' के लिए रमेश उपाध्याय से की गई बातचीत की प्रस्तुति 'कथन' सम्पादक ने ही तीन आलेखों में की है।

सम्पादक ने इन आलेखों से पहले यह स्पष्ट कर दिया है कि उनमें से 'वाचिक', 'व्याख्यान' और 'आलेखों' के रूप में किसकी रचना किस प्रसंग में या किस पत्रिका या अवसर के निमित्त की गई। दूसरी खास बात यह है कि इन सबका सम्बन्ध अपने समय के सामाजिक-सांस्कृतिक परिदृश्य और

प्रस्तुत-प्रश्नों से है। इनमें नामवर जी का प्रखर विचारक रूप प्रकट हुआ है। विषय भले ही अवसरों या आयोजकों द्वारा निर्धारित किए गए हैं पर चिन्तन की प्रखरता, शैली की विवादधर्मिता और तेवर ठेठ नामवरियन हैं। पाठक उनसे सहमत-असहमत होने के लिए स्वतन्त्र हैं।

शेष दो संकलनों में से 'प्रेमचन्द और भारतीय समाज में संकलित व्याख्यानों और आलेखों का महत्त्व इस दृष्टि से है कि संकलित सामग्री का रचना-काल चालीस वर्षों में फैला है। यह दौर भारत के सामाजिक परिदृश्य में बड़ी उथल-पुथल से भरा समय है। एक ही रचनाकार के कृतित्व को निरन्तर परिवर्तनशील समय में एक ही प्रबुद्ध विचारक विभिन्न सन्दर्भों और विचारधाराओं के परिप्रेक्ष्य में कैसे देख-दिखा रहा है, इस पर ध्यान देना दिलचस्प होगा। भले ही यह रामविलास शर्मा की 'प्रेमचन्द और उनका युग' की तरह योजनाबद्ध कृति न हो पर अपने वरिष्ठों की मान्यताओं और बदलती सामाजिक-सांस्कृतिक परिस्थितियों—दोनों पर उनकी पैनी नज़र बरकरार है, वैसे ही जैसे उनका आक्रामक तेवर और विवादी स्वर। यह सामग्री उनसे संवाद और विवाद दोनों के लिए अवसर देती है। प्रेमचन्द के कृतित्व के माध्यम से 'भारतीयता', 'साम्प्रदायिकता', 'स्वाधीनता संग्राम के वर्ग चरित्र', 'भारतीय उपन्यास' और 'सादगी का सौन्दर्यशास्त्र' जैसे तात्विक और व्यापक प्रश्नों पर पाठक के लिए जानने और सोचने के लिए अनेक सूत्र इन रचनाओं में मौजूद हैं।

'हिन्दी का गद्य-पर्व' विधिवत् लिखी गई रचनाओं का संग्रह है। ये साठ वर्ष की लम्बी अवधि में फैली आलोचनात्मक मिजाज़ की रचनाएँ, कुछ सम्पादकीय, कुछ 'संग्रहों' की भूमिकाएँ, कुछ 'अवसरों' के अनुरोध से तैयार किए गए 'आलेख' और पाँच समीक्षात्मक ढंग की रचनाएँ हैं। संग्रह का आरम्भिक ही एक 'सम्पादकीय' है। फिर दो स्वतन्त्र लेख और फिर दो 'सम्पादकीय' जिनका संग्रह कालक्रम से क्यों नहीं किया गया, समझ में नहीं आता। इनमें से अधिकांश आलेखों/सम्पादकीयों के साथ भी दिक्कत वही है—अवसर का दबाव। किसी के प्रति श्रद्धार्पण, किसी से हिसाब चुकता करना, किसी की शताब्दी, किसी के निमित्त कोई आयोजन—वर्षगाँठ, षष्टिपूर्ति, पच्चीस वर्ष का लेखा-जोखा आदि। इस सबके बावजूद इनमें बहुत कुछ ऐसा है जो बहुत मूल्यवान है। ऐसी विशेषता जो इन चारों संकलनों की सामग्री में मौजूद है। विषय उनके लिए प्रस्थान-बिन्दु भर होता है—गोताखोर के 'स्प्रिंग

बोर्ड' की तरह जहाँ से वे उछाल लेते हैं–विषय-विस्तार करते हैं–देश काल में। इसी विस्तार में उनकी ज्ञान-गरिमा और सर्जनात्मकता का बोध होता है। वे पाठक/श्रोता को साथ लिये कथ्य-विस्तार करते हैं। अपने समर्थन में तरह-तरह के स्रोतों से सामग्री जुटाते हैं। ऐसा वही कर सकते हैं क्योंकि वे बहु-पठित ही नहीं हैं, अपने पढ़े हुए का बड़े जतन से उन्होंने मनन किया है, उसे स्मृति में धारण किया है। इस खजाने से किस अवसर पर कौन-सी सामग्री निकालकर उसका प्रयोग किसी के पक्ष-विपक्ष में कैसे किया जाता है, इसका अद्भुत विवेक है उनमें। इसी कौशल से उन्होंने बराबर प्रतिपक्ष को पराजित किया है और आलोचना के क्षेत्र पर लगभग आधी शताब्दी तक अखंड राज किया है। पाठक उनसे असहमत हो सकते हैं। खोज-बीन कर उनमें असंगतियाँ और अन्तर्विरोध ढूँढ़ सकते हैं, पर न उनकी उपेक्षा कर सकते हैं न उन्हें खारिज किया जा सकता है।

इसी क्रम में हाल ही में नामवर सिंह की चार और सम्पादित पुस्तकें प्रकाशित हुईं। इनमें से दो उनसे और दो उनके द्वारा औरों से की गई बातचीत के संग्रह हैं–'सम्मुख' और 'साथ-साथ'। पहले में बातचीत, साहित्य, विचारधारा, स्त्री और दलित अस्मिताओं के प्रश्न, साहित्य की विधाओं, भाषा जैसे और तमाम प्रसंगों पर की गई है। बात करने वालों में भी उतनी ही विविधता है। इसमें कोई तारत्मिकता खोजना व्यर्थ है। दिलचस्प बात यह है कि उनके सोच का विस्तार हैरतंगेज है और उन्हें संवाद में निरस्त करना कठिन काम है।

'साथ-साथ' में संकलित सामग्री के बारे में सम्पादक ने 'आलोचक का पक्ष' शीर्षक से जो भूमिका लिखी है उसमें संकलित सामग्री को 'परिसंवाद', 'परिचर्चा' और 'बातचीत' कहकर अलगाया है। संभवतः रामविलास शर्मा के साथ हुई चर्चा को वे 'परिसंवाद' और 'परिचर्चा' कहना उचित समझते हैं और हमउम्र व अपेक्षाकृत युग सहभागियों से की जाने वाली चर्चा की बातचीत। बहरहाल, सभी चर्चाओं में एक पक्ष नामवर जी का है, दूसरे पक्ष में एकाधिक लोग शामिल हैं। विषय विविध है और बातचीत करने वालों में सभी प्रबुद्ध पाठक, रचनाकार या उनके सहधर्मा हैं। रामविलास शर्मा के साथ की जाने वाली परिचर्चा का परिसंवाद दोनों की वैचारिक सहमति/असहमति या साहित्य और विचारधारा से जुड़े सवालों पर उनकी वैचारिक स्थिति का खुलासा करते हैं।

शेष चर्चाओं में भी विषयों की विविधता के साथ दोनों ओर से बातचीत का खुलापन अनेक रूपों में इन संवादों को महत्त्वपूर्ण और किसी हद तक रोचक बनाता है। इनसे नामवर सिंह के सोच और वाक्पटुता को ही नहीं प्रश्नकर्ताओं की बौद्धिक क्षमताओं और कौशल को समझने का अवसर मिलता है। इन प्रसंगों में कवि शमशेर से नामवर जी की बातचीत इस दृष्टि से विशेष महत्त्वपूर्ण है कि उसमें नामवर जी प्रश्नकर्ता के रूप में बड़ी सावधानी से शमशेर की मानसिक बनावट और रचना-प्रक्रिया को समझने में पाठक की मदद करते हैं। शमशेर की कविता की बुनावट को खोलने वाले कई महत्त्वपूर्ण सूत्र हैं—खुद कवि की जबानी इस बातचीत में।

उनके शेष दो संग्रहों की संरचना अपनी पूर्ववर्ती रचनाओं के ही समान हैं। अलग-अलग विषयों, अवसरों और समय पर दिए गए भाषणों या कुछ पत्रिकाओं में प्रकाशित लेखों (या लिप्यंतरित भाषणों) को पुस्तकाकार संगृहीत किया गया है इनमें। सम्पादक ने इनमें तरतीब बैठाने का सफल प्रयास जरूर किया है। इस प्रयास में इनकी तारतमिकता कहाँ तक तक सिद्ध हुई इसका निर्णय तो पाठक ही करेंगे, पर 'साहित्य की पहचान' के पहले खंड में बकौल सम्पादक मुख्यतः 'कविता केन्द्रित व्याख्यान' और दूसरे में उपन्यास और कहानी पर केन्द्रित व्याख्यान और वाचिक टिप्पणियाँ संकलित हैं। कुछ व्याख्यानों में प्रयास करने पर आन्तरिक संगति बैठाई जा सकती है गोकि उनमें अवसरों और समय का पर्याप्त अन्तराल है।

दूसरी तरफ 'आलोचना और विचारधारा' चार खंडों में विभाजित हैं। इन चार खंडों में विभाजन का तर्क संग्रह के फ्लैप में दे दिया गया है। पहले खंड में 'नामवर के निमित्त' कार्यक्रमों में दिए गए दो व्याख्यान। दूसरे खंड में उनकी आलोचना की मूल दृष्टि को स्पष्ट करने वाले व्याख्यान जिनका परिप्रेक्ष्य स्पष्टतः वैचारिक और अवधारणात्मक है। तीसरे खंड के व्याख्यानों में आलोचना के समकालीन परिदृश्य में उसके मौजूदा संकटों को पहचानने की कोशिश की गई है। और अन्तिम खंड में तीन शीर्षस्थ विद्वानों—आ. हजारीप्रसाद द्विवेदी, डॉ. रामविलास शर्मा और राहुल सांकृत्यायन के कृतित्व से कुछ चुने हुए पक्षों पर उन्होंने अपने विचार व्यक्त किए हैं।

आलोचना के क्षेत्र में नामवर सिंह का एक बहुत बड़ा योगदान उनकी भाषाशैली है। गम्भीर से गम्भीर बात को सहज-प्रवाही बोधगम्य शैली में कैसे पाठक तक पहुँचाया जाता है, वे इस कला के आदर्श हैं। काव्य और शिल्प

का ऐसा तालमेल कि विचारसमृद्ध लेखन/वाचन बोझिल या उबाऊ न लगे और पाठक किसी रचनात्मक कृति की तरह उसके तात्कालिक प्रभाव से अभिभूत हो जाए। ऐसी प्रभावी आलोचना का वरदान 'आकाशधर्मा' गुरु ने अपने शिष्यों में नामवर सिंह को ही दिया था। ये बात अलग है कि इन संकलनों के प्रकाशन के साथ ही इनमें असंगतियों और अन्तर्विरोधों की पड़ताल का जो सिलसिला शुरू हुआ है।* अब नामवर सिंह शायद उस विवाद में पड़ने के बजाय, उसके प्रति विराग का रास्ता ही अपनाना चाहेंगे।

प्रगतिशीलता के युग में छायावाद के विरुद्ध एक अन्य प्रवृत्ति का उदय हुआ जिसका विकास आगे चलकर प्रयोगवाद में हुआ। छायावाद की रूमानियत के विरोध में यदि एक ओर यथार्थवाद प्रेरित सामाजिक यथार्थ की प्रवृत्ति का उदय हुआ तो दूसरी ओर टी. एस. इलियट के रोमांटिसिज्म-विरोधी अभियान से प्रेरित नव-क्लासिकी दृष्टि पैदा हुई। पाँचवें दशक की हिन्दी आलोचना में इस दूसरी प्रवृति के प्रतिनिधि लेखक थे सच्चिदानन्द वात्स्यायन 'अज्ञेय'।

---

* दे : लेख–'लोटा तुलसी दास का लाख टके का मोल'–रवि श्रीवास्तव, साखी, अंक 22, जुलाई-सितम्बर 2011।

: 6 :

सच्चिदानन्द वात्स्यायन 'अज्ञेय' (1911–1986 ई.) शुद्ध आलोचक न होते हुए भी अपने आलोचनात्मक विचारों के लिए हिन्दी आलोचना के इतिहास में इसलिए उल्लेखनीय हैं कि उन्होंने नई कविता के आस्वाद और मूल्यांकन के लिए उपयुक्त नई आलोचना के लिए आधार तैयार किया है। 'तीसरा सप्तक' की भूमिका में कवियों को आलोचना-कर्म की ओर प्रवृत्त करने के लिए उन्होंने लिखा है कि "नई कविता का अपने पाठक और स्वयं के प्रति उत्तरदायित्व बढ़ गया है। यह मानकर कि शास्त्रीय आलोचकों से उसे सहानुभूतिपूर्ण तो क्या पूर्वाग्रहरहित अध्ययन भी नहीं मिला है, यह आवश्यक हो गया है कि स्वयं आलोचक तटस्थ और निर्मम भाव से उसका परीक्षण करें। दूसरे शब्दों में परिस्थिति की माँग यह है कि कविगण स्वयं एक-दूसरे के आलोचक बनकर सामने आएँ।" आगे चलकर 'भवन्ती' में इस आपद्धर्म को स्पष्ट करते हुए उन्होंने यह भी लिखा है कि 'आलोचना गौण या उपजीवी कर्म भले ही हो, कवि को उसकी आवश्यकता रहती है। आलोचना की अनुपस्थिति में वह मुर्झाता है, उसकी प्रतिभा मलिन होती है।' बहरहाल, अपनी प्रतिभा को मुर्झाने से बचाने के लिए अज्ञेय ने बराबर आलोचनाएँ लिखीं–उनमें अपनी कविता की व्याख्या के साथ ही, अपने कुछ समकालीन कवियों की समीक्षाएँ भी शामिल हैं और काव्य तथा साहित्य सम्बन्धी कुछ सैद्धान्तिक स्थापनाएँ भी। नई कविता और उसमें भी विशेष रूप से अपनी कविता की भावभूमि और रचना-प्रक्रिया का विश्लेषण करते हुए अज्ञेय ने कुछ महत्त्वपूर्ण प्रश्नों पर विचार किया है।

'त्रिशंकु' काल के निबन्धों में इलियट के प्रभाव के अन्तर्गत अज्ञेय ने काव्य के 'निर्वैयक्तिक' सिद्धान्त की स्थापना की, जो मूलतः छायावादी काव्य-सिद्धान्त का विरोधी है। कविता को अज्ञेय निरन्तर निर्वैयक्तिक रचना

एवं अहं के विलयन का साधन मानते रहे, शायद आज भी मानते हैं। 'आत्मनेपद' में संकलित अपने 'वैयक्तिक निबन्धों' में उन्होंने आज के कवि से अपने को अलगाते हुए कहा : ''आज का कवि तो कविता को वरंच व्यक्तित्व की, व्यक्ति के अहं की, प्रखरतर अभिव्यक्ति और उस अहं को पुष्ट करने वाली रचना मानता है। मैं कहूँ कि इस चरम कोटि का आधुनिक कवि मैं नहीं हूँ, अधिक से अधिक उस श्रेणी में हूँ जो कविता को अहं के विलयन का साधन मानते हैं।'' दूसरे सप्तक की भूमिका में उन्होंने कवि के लिए परम्परा के महत्त्व और उसके उपयोग की प्रक्रिया की चर्चा की। यहाँ भी वे इलियट से प्रभावित प्रतीत होते हैं और परम्परा को एक गहरे संस्कार के रूप में आत्मसात् करने पर बल देते हैं। आरम्भ में फ्रायड और एडलर के मनोविश्लेषण से प्रभावित होकर अज्ञेय ने साहित्य में मनोविश्लेषणवादी सिद्धान्तों का प्रतिपादन किया किन्तु आगे चलकर उसे छोड़ दिया। परवर्ती निबन्धों में कविता के सन्दर्भ में मनोविज्ञान का जिक्र उन्होंने छोड़ दिया है, ऐसा नहीं कहा जा सकता। पर वह भंगिमा कुछ और ही थी। दिलचस्प बात तो यह है कि 'तारसप्तक' के दो कवि 'अज्ञेय' और 'मुक्तिबोध' लगभग समानान्तर काव्य-रचना भी कर रहे थे, और काव्य की आलोचना भी, जिसमें सैद्धान्तिक स्थापनाएँ और व्यावहारिक समीक्षाएँ दोनों शामिल थीं। कहीं-कहीं तो प्रश्न भी एक ही था, पर उत्तर अपने-अपने थे। मुक्तिबोध ने नई कविता का सौन्दर्यशास्त्र निर्मित करने का प्रयास अपने ढंग से किया और अज्ञेय ने अपने ढंग से। अहं और इदम के बीच परिस्थितिजन्य तनाव का तीखा बोध दोनों को था। अज्ञेय ने 'आत्मनेपद' में लिखा था : ''आधुनिक कविता पर मनोविज्ञान की गहरी छाप है। क्यों? क्योंकि व्यक्ति और उसकी परिस्थिति में इतना कम सामंजस्य, इतना तीखा विरोध कभी नहीं हुआ, और उस विरोध के दबाव की कवि के मन पर गहरी छाप है। इतनी गहरी, कि वह उसे सीधे-सीधे व्यक्त नहीं कर पाता है, केवल ध्वनित करता है, केवल एक संकेत देता है जिससे हम आगे बढ़कर उसे देख सकें। एक सौन्दर्य होता है जो बाहर फुलवाड़ी में बैठता है, एक होता है जो घर में रहता है और अतिथियों द्वारा देखा जा सकता है, एक और होता है जिसे हम बन्द कमरे की खिड़की से आते हुए आलोक को देखकर अपनी संवेदना के सहारे ही मूर्त कर लेते हैं। मानसिक तनाव से धनुष की प्रत्यंचा-सी तनी हुई, अन्तर्जीवन की तीखी चेतना के स्वर-सी संयत, लेकिन जीवन की विविधता के बोध से विशृंखल होती हुई भी–

आज की कविता का सौन्दर्य इस तीसरी कोटि का ही सौन्दर्य है।'' नई कविता की सौन्दर्य-चेतना का यह विश्लेषण उनके द्वारा काव्य में 'प्रतीक' के महत्त्व-निरूपण से जुड़ता है।

मुक्तिबोध और अज्ञेय की अपनी काव्य-रचना-प्रक्रिया के विश्लेषण में एक दिलचस्प अन्तर कविता की बनावट को लेकर है। यह अन्तर बनावट का नहीं भाव-बोध का अन्तर है। मुक्तिबोध अपनी बात बिना लम्बी (नाटकीय) कविता के कह नहीं पाते, और कहते हैं तो बात जैसे अधूरी रह जाती है। इसके ठीक विरुद्ध अज्ञेय ने बहुत छोटी-छोटी कविताएँ लिखी हैं। क्योंकि उन्हीं के शब्दों में : ''छोटी कविता को महत्त्व भी देता हूँ। 'नावक के तीर' वाली बात ही नहीं है, यों भी मैं मानता हूँ कि भावना-प्रधान कविता छोटी ही हो सकती है, नहीं तो भावों का 'पैराफ्रेज' होने लगता है। 'जो घनीभूत पीड़ा थी मस्तक में स्मृति-सी छाई' वह एक आँसू बनकर आए, यहाँ तक तो ठीक है, किन्तु जब वह बरसात की झड़ी-सी बरसने लगती है तब वह शायद वही पीड़ा नहीं रहती, और घनीभूत तो भला रह ही कैसे सकती है। लम्बी कविताएँ भी होती हैं, हो सकती हैं, अच्छी भी हुई हैं; पर उनको कलात्मक एकता और गठन देनेवाली चीज़ फिर दूसरी हो जाती है—भाव की संहति और तीव्रता नहीं। वह ढंग दूसरा है, और कहूँ कि मेरा वह नहीं है।'' अज्ञेय की कविता क्यों प्रगीत और नाटकीय संरचनाओं से भिन्न बनावट की कविताएँ होती हैं? इसकी इससे अच्छी व्याख्या शायद ही कोई आलोचक कर पाता।

साहित्य में अज्ञेय 'प्रयोग' पर विशेष बल देते रहे हैं, और देते हैं। यहाँ प्रयोग एक प्रकार का नवोन्मेषण है, जिसका सम्बन्ध शब्द और अर्थ दोनों से है। उनके विचार से ''अनुभव की अद्वितीयता और अर्थ की साधारणता—प्रतिभा के ये दो इष्ट हैं, या कहा जाए कि इन दो ध्येयों का योग ही उसका इष्ट है।'' अपनी प्रयोगशीलता के सिद्धान्त की पुष्टि के लिए उन्होंने हिन्दी के कुछ प्राचीन कवियों का भी पुनर्मूल्यांकन किया है। इस दृष्टि से 'हिन्दी साहित्य : एक आधुनिक परिदृश्य' (1967 ई.) में संकलित 'केशव की कविताई' शीर्षक संवादात्मक रचना काफ़ी दिलचस्प है।

हिन्दी कविता के संकलन 'पुष्करिणी' की भूमिका के रूप में आधुनिक कविता की विस्तृत आलोचना भी विशेष महत्त्वपूर्ण है। यह भूमिका बाद में 'हिन्दी साहित्य : एक आधुनिक परिदृश्य' में 'खड़ी बोली की कविता : पृष्ठभूमि' शीर्षक से निबन्ध रूप में प्रकाशित हुई। यह निबन्ध कुछ ऐसी

स्थापनाओं के लिए महत्त्वपूर्ण है जो अज्ञेय की अपनी थीं। उदाहरण के लिए खड़ी बोली के रचनात्मक रूप के निर्माण और प्रभाव का श्रेय मैथिलीशरण गुप्त को इतनी दूर तक देना ''उन्होंने जो चलाया वह तो चला ही, जो निषेध किया वह छूटा ही, पर उन्होंने निषेध नहीं किया, केवल स्वयं नहीं बरता, उसका बरतना केवल इतने ही से कठिन हो गया कि उन्होंने उसे नहीं अपनाया।'' अपनी बात की पुष्टि में उन्होंने प्रमाण पेश किया : ''हिन्दी छन्द में लघु-गुरु-सम्बन्धी रियायतें तो द्विवेदी-काल तक प्रचलित थीं और जो उर्दू में आज भी सजीव बनी हुई हैं, केवल गुप्तजी के द्वारा प्रयुक्त न होने के कारण अप्रचलित हो गईं और आज बरती जाती हैं तो 'उर्दू की' मानी जाती हैं।''

इसी प्रकार छायावाद को अंग्रेजी के रोमांटिक दौर का प्रभाव स्वीकार करने वालों को अज्ञेय ने याद दिलाया कि ''यदि छायावादी आन्दोलन की एक प्रेरणा हिन्दी कवि द्वारा शैली और कीट्स का आविष्कार था, तो यूरोप के रोमांटिक आन्दोलन की एक प्रेरणा यूरोपीय कवि द्वारा कालिदास का आविष्कार था।'' इस तरह वे हिन्दी पर 'रोमांटिक काव्य के प्रभाव में दूरागत भारतीय प्रतिध्वनि' यूँ भी सिद्ध करते हैं कि उस काव्य से प्रभावित कवि पुनः कालिदास की ओर लौटे। पर यह लौटना महावीरप्रसाद द्विवेदी के लौटने से कुछ अलग किस्म का था। क्योंकि यहाँ भी 'नए परिचय का प्रश्न नहीं था, नई दृष्टि का ही प्रश्न था।' छायावादी कवि की दृष्टि में वृत्तान्त मुख्य न था। उसने 'कहानी मानो पढ़ी ही नहीं, कालिदास नामक ऐन्द्रजालिक द्वारा सशरीर आँखों के सामने ला खड़ी की गई प्रकृति की अनिर्वचनीय मूर्ति को वह अपलक देखता रह गया।'

इस प्रकार अज्ञेय ने अपनी आलोचनात्मक टिप्पणियों के द्वारा नई कविता को प्रतिष्ठित करने के साथ ही उसके मूल्यांकन के प्रतिमान का निरूपण तो किया ही, इस नए प्रतिमान से पुराने कवियों का पुनर्मूल्यांकन भी किया।

विजयदेवनारायण साही (1927–1982 ई.) अज्ञेय द्वारा सम्पादित 'तीसरे सप्तक' में सम्मिलित कवि भी हैं और अज्ञेय द्वारा प्रवर्तित 'नई कविता' के महत्त्वपूर्ण सिद्धान्तकार भी। साही ने लम्बे समय तक बहुत कम लिखा। आलोचना में उन्होंने दो निबन्धों से ही अपनी पहचान बना ली। ये निबन्ध थे–'लघु-मानव के बहाने हिन्दी कविता पर एक बहस' और 'शमशेर की काव्यानुभूति की बनावट'; किन्तु विचारों की मौलिकता और चिन्तन की गहराई के कारण इन्हीं निबन्धों का आज भी विशेष महत्त्व है। पहला निबन्ध

'नई कविता' के 1960–61 के संयुक्तांक 5-6 में प्रकाशित हुआ। यह निबन्ध बहुत-सी बातों के लिए बराबर चर्चा और प्रेरणा का विषय रहा। 'लघु मानव' की अवधारणा को केन्द्र में रखते हुए, और बहुत-सी बातों के बीच उन्होंने परम्परा की व्याख्या की और अज्ञेय को उन्हीं 'प्रसाद' की परम्परा से जोड़ा जिन्हें अज्ञेय केवल विश्वविद्यालयों का कवि मानते थे : 'यदि परम्परा हमेशा परिवर्तन और वैपरीत्य की दिशाओं में फूटती हुई चलती है, तो अज्ञेय, आगे के इतिहासकार को, प्रसाद की 'परम्परा' में ही दिखलाई पड़ेंगे।' (पृ. 120) यह जोड़ना अकारण न था। प्रसाद और अज्ञेय की समानता ने साही को सहसा अचरज में डाला था : 'वही शालीनता, वही शब्दों की चौकसी, वही आभिजात्य और कुछ खुला हुआ और कुछ डूबा हुआ व्यक्तित्व।' (पृ. 116) प्रसाद से अज्ञेय तक की इस सम्पूर्ण काव्य-यात्रा को उन्होंने महत् की तीन अवस्थाओं के रूप में समझाया : 'छायावाद में उसका रूप लघु की महानता का है, तीसरे दशक में लघु की महिमा का और उसके बाद भी कविता में लघु के 'महत्त्व' का है।' (पृ. 115) छायावाद के बाद बच्चन, भगवतीचरण, नवीन आदि जवानी और मस्ती के कवियों की कविता से गुजरकर अज्ञेय तक आने वाली काव्य-चेतना को हीगेलियन शब्दावली में साही ने 'मानवीय-रूपों की थीसिस-ऐन्टिथीसिस की सिन्थिसिस' कहा (पृ. 119)। साही ने इस निबन्ध में आधुनिक हिन्दी कविता की गहराई में जाकर अलक्ष्य सामाजिक चेतना को उद्भासित किया। उस युग के टेम्पर के साथ साहित्यिक सन्दर्भों को जोड़ते हुए उन्होंने साहित्य के लघु और महत् के द्वन्द्व का राजनीतिक सन्दर्भ स्पष्ट किया : ''गुलामी की स्थिति यथार्थ और लघुता की स्थिति थी। और दूर कहीं पर, किन्तु निश्चित या अनिश्चित काल के भीतर ही आज़ादी का लक्ष्य आदर्श और महत्त्व का लक्ष्य था।'' (पृ. 68) हिन्दी के सत्याग्रह युग के साहित्य पर उन्होंने रोमांटिक विशेषण लगाने से परहेज़ किया और उसकी मानसिकता को शब्दबद्ध करते हुए कहा कि 'नैतिकता का उदात्तीकरण एक ऐसा विराट प्रभामंडल है, जिसके आगे सत्ता और शक्ति, क्रान्ति अथवा क्रमिक विकास के प्रश्न गौण हो जाते हैं। (पृ. 77) इस तरह साही ने पश्चिम के रोमांटिसिज्म और हिन्दी प्रदेश के छायावाद की मनोभूमि के बुनियादी अन्तर को स्पष्ट करते हुए रेखांकित किया।

दरअसल कविता-सम्बन्धी बहसों में साही की दृष्टि बुनियादी बात की पकड़ पर रही है। शमशेर की काव्यानुभूति की बनावट की चर्चा करते हुए

उन्होंने इस बात को स्पष्ट किया कि किसी कविता में जब बदलाव आता है तो वह सिर्फ बाह्य कलेवर का नहीं होता, गहरे स्तर पर अनुभूति से सम्बद्ध होता है : "नई कविता की बहसों में यह मान्यता अन्तर्भुक्त रही है कि न सिर्फ कविता का ऊपरी कलेवर बदलता है, या नए प्रतीकों या बिम्बों या शब्दावली की तलाश हुई है, बल्कि गहरे स्तर पर काव्यानुभूति की बनावट में ही परिवर्तन आ गया है। लेकिन बहस में इस पर बल कम दिया गया है। चेतना के जो सत्त्व काव्यानुभूति के आवश्यक अंग दिखते थे, उनमें से कुछ अनुपयोगी या असार्थक दिखने लगे, कुछ अन्य जो पहले अनावश्यक या विरोधी लगते थे, काव्यानुभूति के केन्द्र में आ गए। और कुल मिलाकर काव्यानुभूति और जीवन की काव्येतर अनुभूतियों में जो रिश्ता दिखता था, वह रिश्ता भी बदल गया।" (विवेक के रंग, पृ. 69)। अपने इस निबन्ध में साही ने मलार्मे की काव्यानुभूति के सादृश्य पर शमशेर की कविता की बनावट को समझने का प्रयत्न भी किया।

साही की मृत्यु के एक वर्ष बाद हिन्दुस्तानी एकेडेमी से उनका 'जायसी' विषयक चिन्तन पुस्तकाकार प्रकाशित हुआ। इस कृति में व्याख्यानों के रूप में पठित और अपठित दोनों अंश सुनिबद्ध रूप में प्रकाशित हैं। चिन्तन का क्रम 'जायसी के बारे में कुछ उधेड़-बुन' से शुरू होकर 'पदमावत के विश्लेषण' पर समाप्त होता है। 'उधेड़-बुन' से निकलने की प्रक्रिया में साही कुछ ऐसे नतीजों पर पहुँचे हैं जो लीक से हटकर हैं, अप्रत्याशित हैं और विवादास्पद भी। विवाद उनके जीवन काल में ही आरम्भ हो गया था।

उन्होंने जायसी को न शोधार्थी की दृष्टि से देखा न निपट आलोचक की। उन्होंने अपने कवि-हृदय की संवेदना के सहारे उनके काव्यत्व की गहराई की थाह ली और आग्रह किया कि जायसी की परख 'सूफी' नहीं 'कवि' के रूप में की जानी चाहिए।

उन्होंने 'पद्मावत' की कथा की तथाकथित ऐतिहासिकता और उससे सम्बद्ध प्रमाणों की सन्दिग्धता का हवाला देते हुए उसे कवि-कल्पना के रूप में देखने की वकालत की। 'पद्मावत का विश्लेषण' इस दृष्टि से बहुत महत्त्वपूर्ण लेख है कि उसमें कथा की बनावट का विश्लेषण करते हुए साही ने जायसी की मूल सर्जनात्मक क्षमता का उद्घाटन किया है। कहना न होगा कि यह सर्जनात्मकता कवि की है सूफी सन्त की नहीं। यूँ साही का कहना है कि 'जायसी अध्यात्मवादियों के बीच भौतिकवादी हैं और भौतिकवादियों के

बीच अध्यात्मवादी।' वस्तुतः जायसी की एक नई समझ के सन्दर्भ में साही ने नई आलोचनात्मक भाषा और नए प्रत्यय दिए।

उनके शेष आलोचनात्मक लेखों का संग्रह 1987 ई. में 'छठवां दशक' शीर्षक से प्रकाश में आया। इसके नाम के औचित्य और संकलित लेखों की प्रकृति की ओर संकेत करते हुए साही ने लिखा था : 'चूँकि 'छठवें दशक' के पिघलाने वाले ताप में ये लेख लिखे गए थे, इसलिए इनमें उस वक्त की गर्मी मौजूद है।' (पृ. 11)

लेख विभिन्न पत्र-पत्रिकाओं में छपे थे 'संक्रान्ति' के दौर में। इसलिए 'एकापन' इनमें है भी और नहीं भी। 'छठवां दशक' इन सभी में है। विषयों की विविधता इस हद तक है कि 'राजनीति और साहित्य' तथा 'मैदान, पर्वतमालाएँ और राजनगर' से लेकर 'शमशेर की काव्यानुभूति की बनावट' तक सब इनमें शामिल हैं। साहित्य साही के लिए स्वायत्त, आत्मनिर्भर बन्द कक्ष नहीं था। इस संग्रह के हर लेख के पीछे एक जीवित-प्रसंग है, क्योंकि साही के लिए वह एकदम जरूरी है। उनके समय का वैचारिक-संघर्ष इन लेखों का अनिवार्य सन्दर्भ है। यही इनकी सार्थकता भी है और विशिष्टता भी। साही अपने प्रखर चिन्तन और तार्किकता से, समर्थकों को प्रेरित और विरोधियों को उत्तेजित करते रहे। यह बात अलग है कि इन लेखों में से विशेष चर्चा का विषय वे ही दो लेख हुए जिनकी चर्चा हम पहले कर चुके हैं।

साही ने आलोचक की तरफ से कोई बड़ा दावा नहीं किया। वे इस बात को बखूबी समझते थे कि आलोचना किसी साहित्यिक कृति की संवेदना को जबर्दस्ती खींचकर पाठक तक पहुँचाने का काम नहीं कर सकती। वह अधिक से अधिक, उसे विविध प्रकार के पूर्वाग्रहों से मुक्त कर एक उचित तत्परता की अवस्था में छोड़ सकती है। यानी 'रेडियो की सूई को उचित लहर-मान पर लाकर लगा भर देना, आलोचना का काम है।' कहना न होगा साही ने यह काम केवल कविता के पाठकों के लिए नहीं, कुछ दूर तक आलोचकों के लिए भी किया।

लक्ष्मीकान्त वर्मा (1922-2002 ई.) वस्तुतः कवि तो 'अतुकान्त' के हैं किन्तु उन्होंने अपने आलोचना कर्म का आरम्भ नई कविता की सहानुभूतिपूर्ण व्याख्या से किया जिसका पहला दस्तावेज 'नई कविता के प्रतिमान' (1957) है। इस पुस्तक की भावप्रवण व्याख्या शैली के कारण वर्मा जी की ख्याति नई कविता के शान्तिप्रिय द्विवेदी के रूप में हुई। इसी क्रम में आगे चलकर उन्होंने

विजयदेवनारायण साही की बौद्धिक प्रेरणा से नई कविता के मूल में 'लघु मानव' की प्रतिष्ठा की जिसके कारण वे कुछ समय तक विवादास्पद रहे। किन्तु अज्ञेय-केन्द्रित नई कविता के प्रतिष्ठित होते ही वर्माजी ने पैंतरा बदलकर नई कविता की छद्म छायावादिता के खिलाफ़ जिहाद बोल दिया और उन्हें अज्ञेय, शमशेर, सर्वेश्वर, भारती, कुँवरनारायण आदि सभी सप्तकी कवियों की रूमानी भावुकता से चिढ़-सी हो चली। 'नए प्रतिमान : पुराने निकष' (1966) पुस्तक में संकलित 'ताजी कविता : कुछ जोड़, बाकी' शीर्षक निबन्ध इस परिवर्तित प्रवृत्ति का अच्छा उदाहरण है। वर्माजी की मुख्य शिकायत यह है कि "जिस 'लिरिकल मूड' को पिछले पन्द्रह वर्षों से नया कवि तोड़ना चाहता था, आज वह पूरी तरह उस पर सवार है।" (पृ. 291) उनके ख्याल से 'नई कविता और छायावाद के बीच अर्द्धचेतन में प्रयोगवाद के रूप में समझौता हुआ था।' (वही, पृ. 292)। इसलिए उन्होंने रूमानीपन के गैर-रूमानी काव्य-सिद्धान्त का रूप खड़ा किया। इस प्रकार लक्ष्मीकान्त वर्मा नई कविता के व्याख्याकार होने के साथ ही नई कविता के बाद की गैर-रूमानी कविता के उद्घोषक भी हैं।

रामस्वरूप चतुर्वेदी (1931-2003 ई.) सामान्यतः नवलेखन और विशेषतः नई कविता के उन व्याख्याकारों में हैं जिनकी काव्य-रुचि का आधार अज्ञेय का कृति-साहित्य है। उनकी पहली पुस्तक 'हिन्दी नवलेखन' (1960 ई.) बहुत कुछ एक सर्वेक्षण जैसा ही प्रयास है, किन्तु आगे चलकर 'भाषा और संवेदना' (1964 ई.) के साथ उन्होंने काव्य-भाषा की सृजनशीलता को अपनी आलोचना का केन्द्रीय विषय बनाकर विशेष दिशा अपनाई। उन्होंने घोषणा की कि "आज की कविता को जाँचने के लिए, जो अब सचमुच 'प्रास के रजत पाश' से मुक्त हो चुकी है, अलंकारों की उपयोगिता अस्वीकार कर चुकी है, और छन्दों की पायलें उतार चुकी है, काव्य-भाषा का प्रतिमान ही शेष रह गया है, क्योंकि कविता के संघटन में भाषा-प्रयोग की मूल और केन्द्रीय स्थिति है।" (भाषा और संवेदना) इस सिद्धान्त को व्यावहारिक रूप देने के लिए चतुर्वेदी जी ने आधुनिक लेखकों में मुख्य रूप से अज्ञेय के साहित्य की मीमांसा की, जिसका फल है 'अज्ञेय और आधुनिक रचना की समस्या।' (1968 ई.) अज्ञेय की भाषा की सर्जनात्मकता का विश्लेषण करते हुए उन्होंने 'तद्भव शब्दों के चयन' को विशेष महत्त्व दिया है। अज्ञेय की भाषिक मीमांसा से आश्वस्त होकर चतुर्वेदी जी ने हिन्दी के मध्यकालीन कवियों की काव्य-भाषा के

विश्लेषण का भी हौसला दिखाया। 'मध्यकालीन हिन्दी काव्य भाषा' (1974 ई.) इस दृष्टि से पर्याप्त महत्त्वाकांक्षापूर्ण प्रयास है, जिसमें सन्त कबीरदास से लेकर भिखारीदास तक सभी प्रमुख भक्तिकाल और रीतिकाल के कवियों का अध्ययन प्रस्तुत किया गया है। इसके अतिरिक्त चतुर्वेदी जी ने 'कामायनी का पुनर्मूल्यांकन' (1970 ई.) नामक संक्षिप्त किन्तु सारगर्भित पुस्तक के द्वारा एक महत्त्वपूर्ण काव्यकृति की मीमांसा के माध्यम से हिन्दी में पुनर्मूल्यांकन को सही-सही परिभाषित करने का प्रयास किया। इस पुस्तक का आरम्भ इस प्रतिज्ञा से होता है कि "पुनर्मूल्यांकन की बात साहित्य में तब आती है, जब किसी रचना, कवि अथवा युग-विशेष को देखने-परखने की दृष्टि में गुणात्मक अन्तर आ जाए। हर समय की दृष्टि से–अगला–मूल्यांकन पुनर्मूल्यांकन नहीं होगा, क्योंकि सम्भव है कि वह पिछले मूल्यांकन का ही विस्तार अथवा पूरक हो।"

कहना न होगा कि 'कामायनी का पुनर्मूल्यांकन' इस प्रतिज्ञा के अनुरूप न किसी पहले के मूल्यांकन का विस्तार है और न ही पूरक। यह बात अलग है कि इस पुनर्मूल्यांकन की केन्द्रीय स्थापना से सहमति कहाँ तक हो सकी अथवा परवर्ती मूल्यांकनों को इसने प्रभावित किया या नहीं।

रामस्वरूप चतुर्वेदी की बाद की रचनाओं में भी बल भाषा-केन्द्रित अध्ययन पर ही रहा। 'नई कविताएँ : एक साक्ष्य' (1975), 'गद्य की सत्ता' (1977), 'सर्जन और भाषिक संरचना' (1980) इसी दृष्टि से लिखे गए लेखों के छोटे-छोटे संकलन हैं। अध्ययन का विषय बराबर भाषा के उपकरण–शब्द, बिम्ब आदि रहे हैं–सन्दर्भ संवेदना का हो या संरचना का। इनसे कुछ हटकर 'इतिहास और आलोचक दृष्टि' (1982) में आलोचकों की आलोचना है। इतिहास के विभिन्न सन्दर्भों में उन्होंने रामचन्द्र शुक्ल, हजारीप्रसाद द्विवेदी, नगेन्द्र, नन्ददुलारे वाजपेयी, रामविलास शर्मा और देवराज की स्थापनाओं पर विचार किया है। यह ग्रन्थ वस्तुतः उनके आगामी इतिहास की तैयारी है। इसका विषय रचनात्मक साहित्य नहीं, उसकी समीक्षा या इतिहास-दृष्टि है। जिन आलोचकों को केन्द्र में रखकर ये निबन्ध लिखे गए हैं, प्रश्न उनकी इतिहास-दृष्टि पर उठाया गया है और चतुर्वेदी जी ने अपने आग्रहों के अनुरूप पक्ष-विपक्ष में अपनी राय दी है। जाहिर है उनसे सहमति-असहमति आंशिक ही हो सकती है, पूरे तौर पर नहीं।

कुल मिलाकर रामस्वरूप चतुर्वेदी का महत्त्व यही है कि उन्होंने आधुनिक

और प्राचीन कवियों की भाषा सम्बन्धी सर्जनशीलता के विश्लेषण के द्वारा हिन्दी में नए ढंग की रूपवादी आलोचना का पथ प्रशस्त किया।

नई कविता के अन्य कवि आलोचकों में गिरिजाकुमार माथुर, शमशेर बहादुर सिंह और धर्मवीर भारती के आलोचनात्मक प्रयास विशेष रूप से उल्लेखनीय हैं।

शमशेर बहादुर सिंह (1911 ई.–1983 ई.) अपनी कविताओं के समान ही आलोचनाओं के द्वारा भी 'कवियों के कवि' के रूप में सामने आते हैं। कला की जैसी बारीक परख शमशेर में है, वैसी अन्यत्र नहीं मिलती–अज्ञेय में भी नहीं। 'दूसरा सप्तक' में उन्होंने जो कवि-वक्तव्य दिया है, वह एक सच्चा कलाकार ही दे सकता था। उस वक्तव्य से 'इम्प्रेशनिज़्म' की 'शुद्ध कविता' तथा कुछ-कुछ प्रतीकवादी कविता के कला-सिद्धान्तों का अनुभव-सम्मत विवेचन प्राप्त होता है। इसके अतिरिक्त शमशेर ने 'हंस' और 'नया साहित्य' में काफ़ी दिनों तक समकालीन कृतियों की समीक्षाएँ कीं, जिनका संकलन 'दो-आब' (1947 ई.) नाम से प्रकाशित हुआ। इन समीक्षाओं में 'तार-सप्तक' की समीक्षा उल्लेखनीय है। इसके अतिरिक्त उनका 'मुक्त छन्द' शीर्षक निबन्ध इस विषय पर निराला के बाद का एकमात्र महत्त्वपूर्ण विवेचन है। उसी तरह जैसे 'चाँद का मुँह टेढ़ा है' की विस्तृत भूमिका, मुक्तिबोध की कविताओं का अब तक किया गया सबसे अधिक सार्थक और विवेकवान, विश्लेषण है जिसमें एक संवेदनशील कवि की अचूक दृष्टि सर्वत्र दिखाई पड़ती है। शमशेर को प्रयोग की अज्ञेय-भिन्न नई परिभाषा करने का भी श्रेय प्राप्त है।

धर्मवीर भारती (1926-1997 ई.) प्रयोगशील नई कविता के पक्षधर प्रवक्ताओं में होने के कारण आलोचक-कर्म में अधिक तत्पर दिखाई पड़ते हैं। उनके आलोचनात्मक लेखों के दो संग्रह प्रकाशित हुए–'साहित्य और मानव मूल्य' (1960 ई.) और 'पश्यन्ती' (1969 ई.)। भारती ने मुख्य रूप से नई कविता के मूल्यों को सैद्धान्तिक स्तर पर स्थापित करने का प्रयास किया है और इस प्रक्रिया में उन्होंने पुरानी पीढ़ी की धुरीहीनता पर आक्रमण भी किया। उनके लेखों में सामान्यतः पत्रकारिता का रंग मिलता है।

गिरिजाकुमार माथुर (1918-1994 ई.) ने 'तार सप्तक' के कवि-वक्तव्य में कविता के अन्तर्गत प्रयोज्य 'टेकनीक' का जैसा सूक्ष्म विवेचन प्रस्तुत किया है उससे पन्त के 'पल्लव' के 'प्रवेश' की सूक्ष्म शिल्प-चर्चा याद आ जाती है। कुछ दिनों बाद उन्होंने 'नए सिद्धान्त : ध्वनियों के मौलिक अर्थ' शीर्षक

निबन्ध में उन्हीं मान्यताओं को विस्तार दिया। किन्तु आगे चलकर नई कविता के अन्तर्गत जब प्रतिष्ठा की होड़ मची तो गिरिजाकुमार माथुर कोरी शिल्प-चर्चा से आगे बढ़कर नई कविता की ऐतिहासिक पीठिका, नूतन भावबोध, मानवीय मूल्यों का परिप्रेक्ष्य, रोमान और प्रगीतात्मकता जैसे सैद्धान्तिक प्रश्नों पर विचार करने की दिशा में प्रवृत्त हो चले। उनके इन आलोचनात्मक निबन्धों का संकलन अन्ततः 'नई कविता : सीमाएँ और सम्भावनाएँ' (1966 ई.) नाम से प्रकाशित हुआ। अकविता के सामयिक दबाव के अनुरोध से उन्होंने 'अस्वीकृति का नवोन्मेष' शीर्षक विचारोत्तेजक निबन्ध भी लिखा। गिरिजाकुमार के इन आलोचनात्मक लेखों का आधुनिक भाव-बोध के वैज्ञानिक पक्ष के उजागर होने के अतिरिक्त कोई और विशेष महत्त्व है या नहीं, कहा नहीं जा सकता।

: 7 :

हिन्दी की समसामयिक आलोचना की एक बड़ी उपलब्धि दृश्य काव्य के रूप में नाटक की समीक्षा का विकास है। यूँ तो हिन्दी में नाट्य-समीक्षा के आरम्भ का श्रेय कृतिकारों में भारतेन्दु को और आलोचकों में बाबू श्यामसुन्दर दास को दिया जा सकता है, परन्तु भारतेन्दु ने अपने निबन्ध 'नाटक' में और श्यामसुन्दर दास ने अपने ग्रन्थ 'रूपक रहस्य' में मुख्यतः संस्कृत के नाट्यशास्त्र की उद्धरणी ही की। इनके उपरान्त नाट्यालोचन की जो परम्परा चल निकली उसमें या तो नाटकों के कुछ शास्त्रीय अध्ययन सम्मुख आए अथवा उपन्यास और कहानी आदि के समानान्तर एक साहित्यिक विधा के रूप में कथानक, चरित्र-चित्रण, संवाद, देशकाल वातावरण आदि नाटक के तथाकथित तत्त्वों पर विचार किया जाने लगा। इस प्रकार के अध्ययनों के बीच कहीं-कहीं चलताऊ ढंग से नाटक-विशेष की अभिनेयता पर भी विचार कर लिया जाता था परन्तु स्पष्ट ही इस प्रकार की समीक्षाओं में नाटकों की रंगमंचीय समस्याओं के व्यावहारिक और सटीक बोध का प्रमाण नहीं मिलता।

इस बँधी परिपाटी से भिन्न नाटक के सन्दर्भ में कुछ मौलिक और सैद्धान्तिक सवाल उठाने का श्रेय स्वयं 'प्रसाद' को दिया जा सकता है। जबकि विडम्बना यह है कि स्वयं उन्हीं के नाटक उस समय की अधिकांश प्रशंसात्मक और विध्वंसात्मक आलोचनाओं के केन्द्र में थे। रंगमंच की दृष्टि से यदि उस समय नाट्य-समीक्षा के प्रयास किए भी गए तो हिन्दी के किसी निजी रंगमंच के अभाव में वे विशेष उपयोगी सिद्ध नहीं हुए।' 'प्रसाद जी के दो नाटक' नाम से श्री कृष्णनन्द गुप्त ने इसी ढंग का एक प्रयास किया जिसमें उन्होंने 'इब्सोनियन रंगमंच, अभिव्यक्ति शैली, और इब्सोनियन बुद्धिवाद' की कसौटी पर प्रसाद जी के 'स्कन्दगुप्त' की संक्षिप्त और 'चन्द्रगुप्त' की विस्तृत विध्वंसात्मक समीक्षाएँ प्रस्तुत कीं। इस कसौटी के आयात की आवश्यकता

हिन्दी में अपने साहित्यिक या स्तरीय रंगमंच की कंगाली का प्रमाण है। इस प्रयास से किसी रंगमंचीय नाट्य-समीक्षा की प्रणाली का विकास भले ही न हुआ हो, हिन्दी की नाट्य-समीक्षा पर इब्सनवाद के प्रभाव का बोध अवश्य होता है, जिसकी पुष्टि बाद में लक्ष्मीनारायण मिश्र ने अपने समस्या-नाटकों की लम्बी भूमिकाओं में की। रंगमंच से सम्बद्ध समस्याओं की चर्चा उपेन्द्रनाथ अश्क ने भी अपने नाटक-संग्रहों की भूमिकाओं में समय-समय पर की, परन्तु विकसित व्यावसायिक रंगमंच के अभाव में लम्बे समय तक नाटक इन समीक्षाओं में साहित्यिक विधा ही बना रहा है और उसका अध्ययन मुख्यतः श्रव्य-काव्य के रूप में या अधिक से अधिक कल्पित दृश्य-काव्य के रूप में किया गया।

स्वाधीनता के बाद, छठे दशक के अन्त में संगीत-नाटक अकादमी के अन्तर्गत नेशनल स्कूल ऑफ ड्रामा एंड एशियन थियेटर की स्थापना, इस दृष्टि से एक ऐतिहासिक घटना है। विशेष रूप से निदेशक पद पर इब्राहिम अल्काजी की नियुक्ति हिन्दी रंगमंच में एक नए युग के आरम्भ की सूचक है। अल्काजी के आगमन के साथ इस संस्था में पहली बार रंगमंच की आधुनिक तकनीक का विधिवत् अध्यापन और मंच पर व्यावहारिक प्रयोग आरम्भ हुआ। यूँ हर शहर और कस्बे के अपने शौकिया और लोक-मंच पहले भी थे। बंगला और मराठी रंगमंच का इतिहास पर्याप्त समृद्ध रहा है। परन्तु 'नेशनल स्कूल' के रंगमंचीय प्रयोगों के साथ न केवल अभिनय-कला को एक गौरवपूर्ण स्तर मिला बल्कि रंगमंच सम्बन्धी धारणाओं में मूलभूत परिवर्तन परिलक्षित हुआ। रंगमंच की दृष्टि से नाटकीय अपेक्षाएँ कुछ और होने लगीं। खुले रंगमंच पर भारती के 'अन्धा युग' की प्रस्तुति इस दृष्टि से एक महत्त्वपूर्ण घटना थी। यूँ 'कृति' में 1959–60 ई. में 'पार्श्व और प्रेक्ष्य' नामक स्तम्भ के अन्तर्गत नेमिचन्द्र जैन पहले भी नाट्य-समीक्षा के छिट-पुट उदाहरण प्रस्तुत कर चुके थे। परन्तु यह आकस्मिक नहीं है कि उन्होंने 'नटरंग' जैसी नाटक केन्द्रित पत्रिका के प्रकाशन की योजना 'नेशनल स्कूल' की स्थापना और रंगमंचीय प्रयोगों के उपरान्त ही कार्यान्वित की। इसी समय के आसपास (1963–64) 'कल्पना' में धारावाहिक रूप से वीरेन्द्रनारायण ने प्रसाद के 'स्कन्दगुप्त' के रंग-प्रकरण पर समीक्षा-लेखों में विचार किया।

विविध नाटकों की फुटकर समीक्षाएँ लिखने के अतिरिक्त नेमिचन्द्र जैन ने नाट्य-कला पर 'रंग दर्शन' नामक ग्रन्थ की रचना की, और

डॉ. लक्ष्मीनारायण लाल ने 'नाटक और रंगमंच' शीर्षक पुस्तक में भारतीय और पाश्चात्य नाटक एवं रंगमंच की परम्पराओं से विधिवत् परिचय कराने का प्रयत्न किया। कहने का तात्पर्य य ह है कि नाट्य-समीक्षा के केन्द्र में नाटक केवल साहित्यिक विधा न रहकर रंगमंच के सन्दर्भ में नाटक हो गया।

रंगमंच की दृष्टि से जिन बहुत-सी बातों पर विचार करना जरूरी समझा गया उनमें से एक पक्ष नाटकों की भाषा का था। डॉ. गोविन्द चातक ने जब प्रसाद के नाटकों का भाषिक विश्लेषण प्रस्तुत किया तो उसकी मूल दृष्टि रंगमंचीय थी। परन्तु आधुनिक सन्दर्भ में रंगमंच-पक्ष से नाटक में भाषा के प्रयोग का सवाल उठाने का श्रेय प्रमुख रूप से डॉ. विपिनकुमार अग्रवाल को है। उनके द्वारा उठाए जाने पर यह सवाल और भी महत्त्वपूर्ण हो जाता है क्योंकि वे स्वयं एक प्रयोगशील नाटककार थे।

अब तक नाट्य-समीक्षा के जिस विकास की चर्चा की गई उसके समानान्तर एक पूरा दौर उन समीक्षात्मक लेखों का है जो दिन-प्रतिदिन रंगमंच पर प्रस्तुत किए जाने वाले नाटकों को लक्ष्य कर लघु पत्रिकाओं एवं नियमित रूप से निकलने वाली अन्य पत्र-पत्रिकाओं में सामने आते हैं। दिलचस्प बात यह है कि इन लेखों में विचारणीय विषय नाटक नहीं, नाटक की रंगमंचीय प्रस्तुति रहती है। यह पूरा सिलसिला जैसे इस बात का प्रमाण है कि हिन्दी समीक्षा में पहली बार दृश्य-काव्य के रूप में नाटक की सार्थकता नियत हुई है और रंगमंच से उसका सही रिश्ता कायम हुआ है। रंगमंचीय प्रस्तुति की दृष्टि से नाट्य-समीक्षा करने वालों में सत्येन्द्र तनेजा, जयदेव तनेजा, महेश आनन्द, गिरीश रस्तोगी, ऋषिकेश सुलभ आदि के नाम उल्लेखनीय हैं।

यूँ आज भी न 'रूपक-रहस्य' की परम्परा निःशेष हुई है न शास्त्रीय अध्ययनों की। परन्तु रंगमंच के व्यावहारिक ज्ञान से एकदम अनभिज्ञ बुद्धि से रचित इस प्रकार की विशाल पोथियों, शोध-ग्रन्थों और नाट्य कोशों को कहाँ तक सही अर्थ में नाट्य समीक्षा कहा जा सकता है, यह एक अलग प्रश्न है।

: 8 :

हिन्दी की कथा समीक्षा के इतिहास में छठे दशक के मध्य युवा कथाकारों की एक पूरी पीढ़ी का उदय महत्त्वपूर्ण घटना है। मोहन राकेश, कमलेश्वर, राजेन्द्र यादव, निर्मल वर्मा, भीष्म साहनी, रामकुमार, मार्कण्डेय, कृष्णा सोबती, अमरकान्त, फणीश्वरनाथ 'रेणु'—कहानी-क्षेत्र में एक साथ इतने नामों का उभरकर सामने आना कहानी के क्षेत्र में एक आन्दोलन की शुरुआत का सूचक है। इसी समय (1955 ई.) सरस्वती प्रेस से भैरवप्रसाद गुप्त के सम्पादन में 'कहानी' पत्रिका का निकलना आकस्मिक नहीं है। इसके सम्पादक भले ही बहुत सफल कहानीकार न रहे हों, पर उन्होंने एक अत्यन्त सफल सम्पादक के रूप में इस सर्जनात्मक उभार को एकजुट करने में योग दिया। इसी पत्रिका में कहानी सम्बन्धी आलोचनात्मक लेखों का प्रकाशन आरम्भ हुआ, और इसके 1956 ई. के नव वर्षांक में प्रकाशित अपने लेख 'आज की हिन्दी कहानी' में नामवर सिंह ने पहली बार यह प्रश्न उठाया है कि ' 'नई कविता' की तरह 'नई कहानी' नाम की भी कोई चीज है या नहीं?' प्रेमचन्द के वस्तुगत यथार्थ और जैनेन्द्र व अज्ञेय की अन्तर्निष्ठ वैयक्तिक्ता के बीच ये युवा कथाकार मध्यम मार्ग खोज रहे थे। इस 'नए उफान' ने जो नई जमीन तैयार की थी उसकी समीक्षा के लिए कथा-समीक्षा की पुरानी परिपाटी की अपर्याप्तता को भी नामवर सिंह कहीं गहरे महसूस कर रहे थे। 'कहानी-नई कहानी' में संकलित 'नई कहानी : सफलता और सार्थकता' शीर्षक लेख में उन्होंने घोषणा की कि 'यह आवश्यक हो गया है कि कहानी की आलोचना को एक नए स्तर पर उठाया जाए। टेकनीक की शास्त्रीय चर्चाओं और कहानियों का सारांश बतलाते हुए उनकी सामान्य समस्याओं के परिचयात्मक विवरणों का काम बहुत हो चुका।' इसी सन्दर्भ में उन्होंने कहानी-सम्बन्धी सामान्य धारणा को सही कहानी की समीक्षा के रास्ते की बाधा बताते हुए 'कहानी को 'कथानक',

'चरित्र', 'वातावरण', 'भावनात्मक प्रभाव', 'विषयवस्तु', आदि अलग-अलग 'अवयवों' के रूप में देखने की' अभ्यस्तता का विरोध किया और कुछ और आगे बढ़कर 'रचनाधर्मी कहानी की संश्लिष्टता' को समझने की माँग की। अपनी इस समझ को उन्होंने अज्ञेय की कहानी 'पठार का धीरज' पर लागू करके दिखाने की कोशिश की। इसी सन्दर्भ में उन्होंने कहानी की सर्जनात्मक भाषा पर विचार किया और उसमें संकेत, बिम्ब, प्रतीकात्मक प्रयोगों का विवेचन करते हुए उनमें निहित खतरों के प्रति सावधान भी किया। पुस्तक के बारे में उनका दावा है कि 'मैंने कथा-समीक्षा की एक पद्धति निकालने की कोशिश की है।' इस कोशिश की शुरुआत का श्रेय निस्सन्देह नामवर सिंह को दिया जाएगा।

परन्तु विडम्बना यह है कि कहानी के क्षेत्र में जिस नए उफान को उन्होंने 'नई कहानी' नाम देने की कोशिश की उसका दोहरा विरोध हुआ। स्वयं कथाकारों को इस नाम में 'नई कविता' की व्यक्तिवादी संकीर्णता की राह चले जाने का खतरा महसूस हुआ। शायद उन्हें 'नए' विशेषण से कथा-साहित्य पर एक गलत प्रवृत्ति के चस्पा हो जाने की आशंका भी पैदा हुई। दूसरी तरफ 'नई कविता' के पक्षधर आलोचकों को शायद यह आशंका विचलित करने लगी कि 'नई' विशेषण का नकाब ओढ़कर 'कहानी' 'कविता' के गौरवपूर्ण क्षेत्र में घुसपैठ न करने लगे। रामस्वरूप चतुर्वेदी ने तो कहानी को 'बच्चनोत्तर गीतों के स्तर की सरल, सुगम लोकप्रिय विधा' कहते हुए जैसे उसकी साहित्यिकता को नकार दिया। उनके अनुसार ऐसी लोकप्रिय विधा की सीमा यही है कि उसमें कविता की सी सूक्ष्मता और नफासत आना सम्भव ही नहीं। इन दोतरफा विरोधों के बावजूद 'नई कहानी' का यह आन्दोलन लगभग एक पूरे दशक तक चला। इस बीच उसी के समानान्तर कथा-समीक्षा भी लेखों के माध्यम से चलती रही। राजकमल प्रकाशन से भैरवप्रसाद गुप्त के सम्पादकत्व में 'नई कहानी' पत्रिका (1960 ई.) का प्रकाशनारम्भ हुआ और कहानी सम्बन्धी चर्चा भी धारावाहिक रूप से चल निकली। 'हाशिये पर' शीर्षक स्तम्भ में नियमित रूप से लिखते हुए नामवर सिंह ने कहानी की सामान्य चर्चा को कहानी विशेष की चर्चा पर टिका दिया। इस क्रम में सबसे महत्त्वपूर्ण विवाद 'कहानी : अच्छी और नई'; शीर्षक से द्विजेन्द्रनाथ मिश्र 'निर्गुण' की 'एक शिल्पहीन कहानी' और उषा प्रियवंदा की 'वापसी' कहानी को लेकर हुआ। विवाद का आरम्भ नामवर सिंह ने किया लेकिन यह सिलसिला एक साल तक

चला जिसमें अनेक लोगों ने भाग लिया। इन चर्चाओं की विशेषता इस बात में थी कि इनके केन्द्र में विशिष्ट कहानियाँ थीं, सामान्य सिद्धान्त नहीं और इस तरह व्यावहारिक समीक्षा के बीच से कथा-समीक्षा का सिद्धान्त या पद्धति स्वतः उभर रही थी। इसी पत्रिका में मार्कण्डेय ने कहानी-संग्रहों की विधिवत् समीक्षाएँ प्रस्तुत कीं। और इसी में आगे चलकर 'वह एक कहानी' स्तम्भ चालू किया गया जिसमें नई या पुरानी अपनी पसन्द की कोई एक विशिष्ट कहानी चुनकर अनेक कहानीकारों ने कथा-समीक्षाओं का क्रम जारी रखा। बाद में 'धर्मयुग' में लगभग दो वर्षों तक चलने वाला 'एक कथा दशक' शीर्षक स्तम्भ जैसे इसी क्रम का बढ़ाव था। इस स्तम्भ में हिन्दी के सभी उल्लेखनीय कहानीकारों की कहानी के साथ उनके वक्तव्य भी प्रकाशित किए गए और इन वक्तव्यों पर आलोचनात्मक प्रतिक्रियाएँ भी। इस सम्पूर्ण आयोजन से कथा-समीक्षा की किसी निश्चित प्रणाली का विकास भले ही न हुआ हो किन्तु इससे एक तो उस समूचे कथा-दशक के सर्जनात्मक प्रयासों का व्यापक प्रचार-प्रसार हुआ, दूसरे किसी हद तक इस विधा का व्यावसायीकरण भी हुआ ही। कुछ वक्तव्यों में अपनी सृजन-प्रक्रिया की चर्चा से हटकर कहानी की रचना से सम्बद्ध कुछ मूलभूत समस्याओं पर विचार किया गया। इस दृष्टि से निर्मल वर्मा का वक्तव्य विशेष महत्त्वपूर्ण कहा जाएगा।

इस सम्पूर्ण कथा-दशक में समीक्षात्मक लेखों की सरगर्मी के बीच कथा-समीक्षा की दिशा में जो पुस्तकाकार प्रकाशन हुए उनमें नामवर सिंह का 'कहानी-नई कहानी' (जो उनके इस दौर में लिखे गए लेखों का संग्रह है) कमलेश्वर की 'नई कहानी की भूमिका', देवीशंकर अवस्थी द्वारा सम्पादित 'नई कहानी : सन्दर्भ और प्रकृति', और राजेद्र यादव की 'कहानी : स्वरूप और संवेदना' विशेष उल्लेखनीय हैं। राजेन्द्र यादव ने इसके अतिरिक्त 'एक दुनिया समानान्तर' नामक कहानी-संग्रह का सम्पादन कर उसकी एक 72 पृष्ठों की भूमिका भी लिखी। इनमें से कमलेश्वर की पुस्तक का स्वर आन्दोलनात्मक है, वह मानो 'नई कहानी' की समझ से ज्यादा तत्सम्बन्धी घोषणाएँ प्रस्तुत करता है। राजेन्द्र यादव की पुस्तक में 'नई कहानी' की उनकी अपनी समझ व्यक्त हुई है। देवीशंकर अवस्थी को इस बात का श्रेय दिया जा सकता है कि उन्होंने अपने सम्पादित ग्रन्थ की भूमिका में नामवर सिंह की मान्यताओं का भाष्य प्रस्तुत किया। यह बात अलग है कि इस प्रक्रिया में उन्होंने जो ऐतिहासिक प्रमाण दिए उनमें कुछ तथ्य सम्बन्धी भूलें रह गईं।

यह दशक समाप्त होते न होते 'नई कहानी' आन्दोलन की आन्दोलनात्मक प्रतिक्रियाएँ 'सचेतन कहानी' और 'अ-कहानी' के नारे के साथ सामने आईं। विडम्बना यह कि इनमें से सचेतनवादी 'नई कहानी' के समर्थकों की तुलना में पुरातनपन्थी और इनकी तथाकथित नवीनता के विरुद्ध पुराने यथार्थवाद के समर्थक थे और 'अ-कहानी' (एण्टी स्टोरी) के समर्थक इनकी अपेक्षा कहीं अधिक आधुनिक थे। सचेतन कहानी का नारा देने वाले कहानीकारों ने कहानी सम्बन्धी किसी नई दृष्टि या समझ का प्रमाण देने के बजाय कुछ लेखकों के द्वारा सामूहिक रूप से एक नारे की आड़ में अपने को प्रतिष्ठित करने के प्रयत्न का आभास ही अधिक दिया। इनमें प्रायः ऐसे लेखक शामिल थे जो नई कहानी में सम्मिलित न हो सके थे। इनमें महीप सिंह, मनहर चौहान, रवीन्द्र कालिया और गंगाप्रसाद विमल ने 'अ-कहानी' का झंडा उठाकर नई कहानी की तुलना में अपनी अत्याधुनिकता की घोषणा की। इसमें सन्देह नहीं कि अ-कहानी की बात उठाकर इस वर्ग के लेखकों ने कहानी में कथानक का विरोध किया। अपने कथ्य में ये निश्चय ही नए कहानीकारों की अपेक्षा कहीं अधिक साहसी दिखाई पड़े। किन्तु अत्याधुनिकता की दावेदारी के अतिरिक्त कथा-समीक्षा का कोई ठोस और टिकाऊ सिद्धान्त इनकी विरोध-प्रक्रिया के माध्यम से सामने नहीं आया। परिणामतः यह आन्दोलन भी टिक न सका।

असफल होने पर भी इन विरोधी स्वरों की सार्थकता इस बात में सिद्ध हुई कि जिस प्रकार नई कविता के विरोध से कविता के क्षेत्र में भाव-बोध और भाषा, दोनों स्तरों पर यथार्थ की एक नई लहर का उन्मेष हुआ उसी प्रकार कहानी में भी नई कहानी के विरुद्ध रचना के स्तर पर यथार्थ के नए स्तरों के उद्घाटन के प्रयास हुए जिसकी अभिव्यक्ति दूधनाथ सिंह, विजयमोहन सिंह, महेन्द्र भल्ला, सुरेन्द्र चौधरी आदि के समीक्षात्मक लेखों में हुई। ऐसा प्रायः उन समीक्षा-लेखों में हुआ जहाँ उन्होंने 'नई कहानी' आन्दोलन के प्रमुख कहानी-संग्रहों की समीक्षा करते हुए उनसे अपना अलगाव प्रकट किया। यह एक प्रकार का पुनर्मूल्यांकन था जिसके द्वारा कथा-समीक्षा के कुछ नए प्रतिमान भी सामने आए। इस युवा पीढ़ी ने जान-बूझकर व्यावसायिक और बड़ी पत्रिकाओं का विरोध किया अर्थात् कहानी की बढ़ती हुई व्यावसायिकता का विरोध किया। शायद इसीलिए इनमें से बहुत-सी समीक्षाएँ लघु पत्रिकाओं के माध्यम से सामने आईं।

जिस प्रकार कहानी के क्षेत्र में कुछ नए प्रयोगों के कारण, कहानी-समीक्षा

की एक अपनी नई पद्धति की जरूरत महसूस की गई थी, उसी प्रकार उपन्यास में भी नए सर्जनात्मक प्रयासों के साथ नए ढंग की उपन्यास-समीक्षा की पद्धति के विकास की आवश्यकता अनुभव की जाने लगी। इस दृष्टि से फणीश्वरनाथ 'रेणु' के उपन्यास 'मैला आँचल' (1954 ई.) और 'परती परिकथा' (1957 ई.) चुनौती के रूप में समीक्षकों के सामने प्रस्तुत थे। किसी हद तक 'शेखर एक जीवनी' (1940-44ई.) तथा 'नदी के द्वीप' (1951 ई.) की रचना ने एक नई पद्धति के विकास की अपेक्षा पहले ही जगा दी थी। 'रेणु' के उपन्यासों ने जैसे इसका और टाला जाना असम्भव कर दिया। इन उपन्यासों के समीक्षक एक नई पद्धति की माँग भी करते जाते थे और लगे हाथों कुछ दूर तक बनी-बनाई लीक से हटकर समीक्षा भी करते जाते थे। उदाहरण के लिए नेमिचन्द्र जैन ने 'हिन्दी उपन्यास की एक नई दिशा' शीर्षक देकर 'मैला आँचल' की समीक्षा की और 'कथा शिल्प का विशिष्ट प्रयोग' नाम से निर्मल वर्मा ने 'परती परिकथा' का मूल्यांकन किया। ऐसी समीक्षाओं के द्वारा तत्काल उपन्यास-समीक्षा की किसी सुनिश्चित पद्धति का आविष्कार भले ही न हुआ हो, पर इतना स्पष्ट हो गया कि पुराने ढंग की तत्त्वधर्मी आलोचना के कथानक, चरित्र-चित्रण, देशकाल-वातावरण आदि साँचे इस प्रकार की रचनाओं के लिए निरर्थक हो गए हैं। इन समीक्षाओं के शीर्षक उपन्यास-रचना के क्षेत्र में एक नई दिशा के उद्‌घाटन का स्पष्ट संकेत देते हैं और इनकी समीक्षा एक नई पद्धति की खोज के प्रयास का आभास देती है। नेमिचन्द्र जैन ने 'मैला आँचल' के कथानक में अंकित देहाती जीवन के प्रति लेखक के विशिष्ट दृष्टिकोण का विस्तृत विवेचन किया। उस 'अपूर्व आत्मीयता' का जिक्र किया 'जिसके साथ लेखक ने गाँव के जीवन की समस्त कटुता और संगीत को, सरलता और विकृति को, स्वार्थपरता और सामाजिक एकसूत्रता को, अज्ञान और मौलिक नैतिक संस्कार को सँजोया है।' उन्होंने उपन्यास को 'इस कोटि के सभी हिन्दी उपन्यासों से भिन्न' इसलिए माना कि 'लेखक ने देहाती जीवन को अत्यन्त **आत्मीय** और **कवित्वपूर्ण दृष्टि से** देखा है।' आगे चलकर इस कवित्वपूर्ण दृष्टि की जो व्याख्या समीक्षक ने की वह स्पष्टतः उपन्यास में कविता के प्रतिमानों को लागू करने का प्रयास है। समीक्षा के अन्त में उन्होंने संरचना की उस प्रयोगात्मक प्रक्रिया की आलोचना भी की जो एक सीमा के बाद 'रस-सृष्टि में बहुत सहायक सिद्ध नहीं होती' और उपन्यास के भाव बोध को वाद्यवृन्द के सादृश्य से समझाया : "ऐसा लगता है कि विभिन्न

भाव एक बड़े भारी वाद्यवृन्द के अलग-अलग वाद्य हों, जिनकी स्वर-संगति अपनी जगह ठीक होते हुए भी उनके सम्मिलित प्रवाह में समन्वित नहीं है। लगता है, कुछ विवादी स्वर लग रहे हों, अथवा कुछ संवादी स्वर ध्वनियों की विविधता में कहीं खो गए हों।'' इसी प्रकार इस उपन्यास में लोक-संस्कृति की अपूर्व सम्पत्ति के नवीन प्रयोग को समझाने के लिए उन्होंने कभी न थमने वाले किन्तु सर्वथा संवेदनशील पार्श्व संगीत के उपमान का सहारा लिया।

यह आकस्मिक नहीं है कि रेणु के दूसरे उपन्यास 'परती परिकथा' से मन पर पड़ने वाले प्रभाव का विश्लेषण करने के लिए निर्मल वर्मा को भी कुछ इसी प्रकार की पद्धति का सहारा लेना पड़ा : ''समूचा उपन्यास पढ़े जाने के बाद लगता है जैसे हम किसी गाँव का अद्भुत विचित्र 'कार्नीवाल' देख आए हैं। अनेकानेक रंगों, गन्धों, सुरों की हरहराती धारा हमारे बीच बहकर आगे बढ़े गई है, अनेक व्यक्तियों की असंगतियों, सुख-दुःख, हास-विलास से हमने अपने को सम्पृक्त किया है; किन्तु ये चेहरे, रंग और सुर अपने में महत्त्वपूर्ण नहीं हैं—महत्त्वपूर्ण है इस 'कार्नीवाल' की गतिमयता, अविरल प्रवाह की कलकल, हवा में उड़ते रंगों की आभा, एक मायावी लय जो समस्त व्यक्तियों और घटनाओं के बीच गुज़रती हुई हमारे मस्तिष्क और हृदय को आलोड़ित कर देती है।'' अपनी समूची काव्यात्मकता के बावजूद इन पंक्तियों में परती परिकथा की बुनावट, गति, उसमें अंकित जीवन की खासियत, उस जीवन के माध्यम से सम्पर्क में आने वाले पात्रों के बारे में जो कहा गया है, वह किसी तत्त्वदर्शी समीक्षा में सम्भव न था।

निर्मल वर्मा को इसीलिए शिकायत भी है कि '' 'रेणु' ने हिन्दी उपन्यास के रचना-विधान और कथा-शिल्प के क्षेत्र में जो परिवर्तन किए हैं, नए मोड़ लिए हैं, उनके आधार पर हमने अपने रूढ़िगत मानदंडों को परिवर्तित या परिमार्जित करना उचित नहीं समझा।' जिन समीक्षकों ने 'परती परिकथा' पर दुरूहता और अस्पष्टता का आरोप लगाया, उनके बारे में उनका कहना था कि 'इस उलझाव का कारण 'परिकथा' में न होकर हमारी आज की आलोचना पद्धति, साहित्य के तथाकथित मानदंडों में सन्निहित हैं।' क्योंकि निर्मल वर्मा को साहित्य के तथाकथित मानदंडों से शिकायत है इसलिए जाहिर है कि उन्होंने उपन्यासों की प्रकृति और शिल्प के अनुरूप किसी बने-बनाए मानदंड का प्रयोग न कर सन्दर्भ के अनुरूप कुछ प्रासंगिक और कहीं-कहीं मूलभूत प्रश्न उठाए हैं। उदाहरण के लिए किसी साहित्यिक रचना में यथार्थ के प्रति

दृष्टिकोण का स्वरूप, कलाकार की वैचारिकता, विशेषकर अपने को 'सोशलिस्ट' समझने के आग्रह का उसके कलात्मक व्यक्तित्व पर प्रभाव, उपन्यास में नाटकीयता की सृष्टि एवं उपन्यास में तथाकथित 'बिखराव' को कथा-शिल्प के विशिष्ट प्रयोग के रूप में समझने की दृष्टि आदि।

उपन्यासों की जिस समीक्षा-पद्धति का विकास इसी प्रकार की कृति-समीक्षाओं में क्रमशः हो रहा था, उसका एक कारण उपन्यासों की निरन्तर जीवन्त प्रयोगशीलता भी रही। इस प्रकार की समीक्षाओं में देवीशंकर अवस्थी की 'एक टूटा दर्पण' शीर्षक से 'चारु-चन्द्रलेख' की समीक्षा, 'दूसरों का नरक' नाम से श्रीकान्त वर्मा की 'अँधेरे बन्द कमरे' की समीक्षा और 'कविदृष्टि का अभाव' शीर्षक से कुँवरनारायण द्वारा की गई 'झूठा सच' की समीक्षा का उल्लेख विशेष रूप से किया जा सकता है। ऐसे प्रयासों का पहला आभास नेमिचन्द्र जैन के संग्रह 'अधूरे साक्षात्कार' में दिखाई पड़ा।

इस क्रम में राजेन्द्र यादव के 'अट्ठारह उपन्यास' (1981) में संकलित समीक्षात्मक लेख विशेष रूप से उल्लेखनीय हैं। समय-समय पर लिखी गई इन समीक्षाओं में 'चन्द्रकान्ता सन्तति' से 'एक इंच मुस्कान' तक अट्ठारह उपन्यास तो शामिल हैं ही, परिशिष्ट के आठ उप-लेखों में से अन्तिम है : '1977 का साहित्य परिदृश्य : जलता हुआ मकान' शीर्षक से एक टिप्पणी।

पुस्तक की योजना और चयन कुछ अटपटा लग सकता है। ग्रहण और त्याग का सवाल निजी पसन्द और विवेक से ताल्लुक रखता है। यूँ भी राजेन्द्र यादव ने भूमिका में 'औजारों की तलाश' सम्बन्धी चर्चा के बीच इसकी सफाई पेश की है। शायद इसलिए भी कि उसमें खुद उनके अपने कुल तीन जमा दो, यानी पाँच उपन्यास शामिल हैं। वैसे इसकी कोई जरूरत नहीं थी। आलोचक पर अविश्वास व्यक्त करते हुए या ना-इंसाफी की शिकायत करते हुए कवियों ने बराबर अपने पक्ष में बयान दिए हैं। ऐसा अक्सर उस स्थिति में भी हुआ है जब लीक छोड़कर चलने के कारण, उन्हें अपने रचनात्मक कर्म के सन्दर्भ में नए प्रतिमानों को प्रस्तावित करने, या फिर अपनी सृजन-प्रक्रिया या सरोकारों को स्पष्ट करने की आवश्यकता महसूस हुई।

राजेन्द्र यादव की चिन्ता भी ठीक ऐसी ही है : 'परम्परा से न जुड़ने के कारण ही आज हमारे पास न तो समीक्षा की समझ का मानकीकरण है, न मुहावरे का, शायद औज़ार तो है ही नहीं।' यह भी कि 'हर विधा का अपना एक मुहावरा या अनुशासन होता है और वह पूरे परिप्रेक्ष्य के विचार-पुनर्विचार

से ही उभरकर आता है।' (पृ. 14)।

समीक्षकों पर उनके अविश्वास का अन्दाज़ा उस उद्धरण से लगाया जा सकता है जो 'समीक्षकों को सम्बोधन' के नाम पर पुस्तक के आरम्भ में छपा है। यह अविश्वास और सन्देह उपन्यासों की समीक्षाओं के बीच भी दिखाई पड़ता है। मसलन 'धूपछाही रंग' पर लिखते हुए नेमिचन्द्र जैन द्वारा प्रयुक्त 'साक्षात्कार' को जादू की छड़ी कहकर उनके कथा-संस्कार को मूलतः रोमानी और छायावादी कहते हुए यह घोषणा करना कि 'धूपछाही रंग' इन दो दशकों में छठा महत्त्वपूर्ण उपन्यास है, जिसकी पहली कड़ी उनका अपना उपन्यास 'उखड़े हुए लोग' था। यह बात अलग है कि उनकी इस राय से इत्तफाक रखने वाले लेखक-समीक्षक मुश्किल से मिलेंगे।

राजेन्द्र यादव शायद इस बात से बेखबर होंगे कि उनकी गैर-जानकारी में ही कुछ लेख आत्म-मोह और वैयक्तिक मुलाहिजे के शिकार हो गए हैं। परिशिष्ट में अपने उपन्यास के सन्दर्भ में औरों को जवाब देने की बेचैनी कुछ ऐसी ही अकुलाहट का नतीजा है। ठीक उसी तरह अपने उपन्यासों पर लिखे गए लेख पाठक-समीक्षक पर अविश्वास से प्रेरित हैं।

जिस लेख में उपन्यासकार से जितनी दूरी कायम है, वह उतना ही प्रभावी है। ये लेख कथा-समीक्षा के किसी जड़ ढाँचे को स्वीकार नहीं करते। हर कृति के किसी केन्द्रीय बिन्दु की तलाश कर उसके चारों ओर एक अलग ढाँचा तैयार किया गया है जो इस बात का प्रमाण है कि रचना की प्रयोगात्मकता के सामने पूर्व-निर्धारित औज़ार व्यर्थ हो जाते हैं। उसकी समीक्षा के तर्क उसी के भीतर से उभरकर अपना तन्त्र खुद बनाते हैं। कभी-कभी परिवेशीय दबाव (जो रचनाकार/आलोचक में से किसी के हो सकते हैं) अध्ययन की दिशा निर्धारित करते हैं। जैसा कि चन्द्रकान्ता सन्तति पर लिखे गए लेख में हुआ है।

इन लेखों की सबसे बड़ी खूबी इस बात में है कि इनमें आलोचना रचना पर नहीं, बल्कि रचना आलोचना पर हावी है। किसी कृति के अध्ययन का यही सही और कारगर तरीका है। चूँकि रचनाएँ अलग-अलग हैं इसलिए समीक्षा के औज़ार और उनके प्रयोग की विधि भी अलग है। सबसे बड़ा आकर्षण है इनकी रचनात्मकता जिसमें दोहराव कहीं नहीं है। इनमें से कई लेख कथा-समीक्षा के मॉडल हो सकते हैं। हिन्दी के काव्य-समीक्षा के सार्थक और महत्त्वपूर्ण प्रयास जिस तरह स्वयं कवियों ने किए हैं (जिनमें पन्त, निराला, प्रसाद, महादेवी, अज्ञेय, साही-सबकी गणना की जा सकती है) उसी प्रकार

कथा-समीक्षा की दिशा में 'औज़ारों' की सार्थक तलाश का श्रेय राजेन्द्र यादव को दिया जाना चाहिए।

देवीशंकर अवस्थी ने हिन्दी की कथा-समीक्षा पर पड़ने वाले प्रभावों का ज़िक्र करते हुए कहा है कि "कथा-समीक्षा की नई पद्धतियों पर औज़ारों को विकसित करते समय पश्चिम के फिक्शन क्रिटिसिज़्म से भी सहायता ली गई और काव्य-समीक्षा की कोटियों को....भी लागू किया गया।" (नई कहानी : सन्दर्भ और प्रकृति, पृ. 17) कुँवरनारायण की 'झूठा सच' की समीक्षा का शीर्षक ही उपर्युक्त कविदृष्टि की खोज का प्रमाण है।

हिन्दी में उपन्यास-समीक्षा का नितान्त अभाव पहले भी नहीं रहा। हिन्दी के सभी प्रसिद्ध उपन्यासकारों पर और महत्त्वपूर्ण उपन्यासों पर कुछ शोध-ग्रन्थों के रूप में और कुछ समीक्षा-ग्रन्थों के रूप में ऐतिहासिक, परिचयात्मक अथवा तत्त्वधर्मी समीक्षा की भरमार रही। परन्तु इस दशक की उपन्यास-समीक्षा का इस पूर्ववर्ती समीक्षा से मौलिक भेद इस बात में है कि इसमें बने-बनाए साँचों में फिट करके परस्पर सर्वथा भिन्न प्रकृति के उपन्यासों का मूल्यांकन प्रस्तुत करने की बँधी लीक का पालन नहीं किया गया। बल्कि इस आलोचना में उपन्यास की संरचना और उसमें यथार्थ के विभिन्न स्तरों के कल्पनात्मक सृजन का विश्लेषण करने पर विशेष ध्यान दिया गया। परन्तु जैसा पहले कहा जा चुका है हिन्दी में कथा-समीक्षा की किसी सुनिर्दिष्ट पद्धति का विकास नहीं हो सका। कुँवरनारायण ने कल्पना में प्रकाशित 'अधूरे साक्षात्कार' की समीक्षा में इस समीक्षा दृष्टि की खामियों की ओर संकेत किया और 'कथा समीक्षा की समस्याएँ' ('परिशीलन', प्रथमांक 1973 में दिल्ली विश्वविद्यालय द्वारा प्रकाशित) शीर्षक अपने लेख में हमने भी इस समस्या की ओर संकेत करने का प्रयास किया है।

: 9 :

सातवें दशक में रचना के क्षेत्र में परिवर्तन के साथ ही आलोचना में भी परिवर्तन के लक्षण प्रकट होने लगे। गहमागहमी का एक दशक पूरा करके नई कविता और नई कहानी के आन्दोलन ठंडे होते दिखे तथा कवियों और कहानीकारों की एक युवा पीढ़ी ने नए तेवर के साथ साहित्य में प्रवेश किया जिसका मुहावरा ही नया नहीं था बल्कि जिसकी यथार्थ दृष्टि का आग्रह भी प्रबल था। यह अवश्य है कि इस दौर के लेखकों के रुख सामान्यतः आलोचना-विरोधी हैं, फिर भी समकालीन रचना के बीच से कुछ अपने आलोचक उभर ही आए। इन उदीयमान आलोचकों में मलयज और रमेशचन्द्र शाह के नाम विशेष रूप से उल्लेखनीय हैं।

मलयज (1953–1982) के समीक्षात्मक लेखों का पहला संग्रह 'कविता से साक्षात्कार' (1977) उनके जीवन-काल में और शेष दो रचनाएँ 'संवाद और एकालाप' और 'रामचन्द्र शुक्ल' (1987) मरणोपरान्त प्रकाशित हुईं।

अपने पहले संग्रह 'कविता से साक्षात्कार' के लेखों से ही मलयज ने अपनी आलोचनात्मक-समझ की छाप छोड़ी। 'सरोज-स्मृति' के निराला का दुख उन्होंने अन्य छायावादी कवियों के दुःख से अलगाकर पहचाना और 'तीसरे अज्ञेय की तलाश' में अज्ञेय के 'वास्तविक मूल्यांकन की कुंजी' उनकी काव्य-पंक्तियों में चीन्हने का प्रयत्न किया। शमशेर के 'निर्मम काव्य-शिल्प' को उन्होंने उन्हीं के वक्तव्यों के सहारे खोलने का जोखिम उठाया।

त्रिलोचन के 'दिगन्त' पर प्रक्रिया के रूप में मलयज ने अत्यन्त सारगर्भित टिप्पणी की। त्रिलोचन की काव्य-वस्तु और संवेदना को एकदम ठीक-ठीक पहचानते हुए उन्होंने त्रिलोचन को 'औसत भारतीयता का कवि' कहा। भारतीयता के अभिप्राय को स्पष्ट किया और अन्त में उनकी कविता के बारे में ऐसे सवाल उठाए जिनके बारे में खुद मलयज का कहना था कि 'इन प्रश्नों

के उत्तर की सरल सुविधा फिलहाल त्रिलोचन की कविताएँ हमें नहीं देतीं।' (पृ. 66)

मलयज के इन आलोचनात्मक लेखों की निर्मम तटस्थता उनका प्रमुख आकर्षण है। वे न फतवे देते हैं न नारेनुमा वाक्य उछालते हैं, पूरी संवेदनशीलता और आलोचनात्मक विवेक से धीरे से सही जगह उँगली रख देते हैं। ऐसे माहौल में जब उनके एकाध हमउम्र आलोचकों की इकलौती पुस्तकों का समारोहधर्मी स्वागत किया-करवाया जा रहा था, मलयज की ओर जितना और जिस रूप में ध्यान दिया जाना चाहिए था, जाहिर है वह नहीं दिया गया। खुद मलयज अनेक समकालीनों के कृतित्व और रचना-कर्म से सम्बन्धित प्रासंगिक मुद्दों पर विचार करते हुए जिन निष्कर्षों पर पहुँचे उन्हें विनम्रतापूर्वक उन्होंने 'समकालीन जीवन और कविता के परस्पर सम्बन्धों की खोज में आए विभिन्न पड़ाव' कहा; यानी वे खुद को मंजिल तक पहुँचा हुआ सिद्ध नहीं साधक ही समझते रहे।

'संवाद और एकालाप' मलयज के आलोचनात्मक लेखों का दूसरा संग्रह है। इन लेखों में मलयज ने अपने वरिष्ठ समकालीनों—पन्त और शमशेर, मुक्तिबोध, नरेश मेहता, लक्ष्मीकान्त वर्मा, साही, निर्मल, रघुवीर सहाय से लेकर रमेशचन्द्र शाह तक के लेखन के साथ विजय सोनी की चित्र-प्रदर्शनी पर भी लिखा है। दरअसल संग्रह का पहला लेख 'अमूर्त ज्यामिति के बाहर' ही चित्र-प्रदर्शनी पर लिखा गया है। साही की आलोचना-पद्धति को खुद मलयज ने कुछ इस तरह समझाया है : "आलोचना को रचना की सघन और तनावपूर्ण शर्तों पर पाना मुझे हमेशा आकर्षित करता रहा है। आलोचना की सृजनात्मकता उड़ानें कविता में कल्पना की उड़ानों से किस कदर कम हों? एक बड़ी थीम को लेकर लिखी गई कविता या स्थापत्य और रेहटरिक, कुशल बुनावट और पच्चीकारी उस आलोचना में भी तो पाई जा सकती है जो रचना के भीतर से निकलनेवाले प्रश्नों को संवेदना और दृष्टि के एक बड़े फलक पर पूरी विविधता के साथ प्रोजेक्ट करती है।" (पृ. 40)

खुद मलयज की आलोचना भी कुछ ऐसी ही शर्तों को पूरा करती दिखाई पड़ती है। यह बात अलग है कि जिन रचनाओं का चुनाव किया गया है उनमें प्रवृत्तिगत विविधता तो है ही विधा की दृष्टि से भी अधिकांश साहित्य-रूप विचार-परिधि में आ गए हैं। गद्य-रचनाओं का अनुपात अपेक्षाकृत अधिक है। रचनात्मक साहित्य पर आलोचनात्मक और आलोचनात्मक साहित्य पर

रचनात्मक लेख इस संग्रह का प्रमुख आकर्षण है।

इस संग्रह में वस्तुतः आलोचनात्मक लेख कहने लायक कम ही है। शीर्षक के अनुरूप पत्र, नोटबुक, सम्बोधन हर माध्यम से, मलयज रचनाकारों से संवाद या स्वयं से एकालाप में संलग्न दिखाई पड़ते हैं। शब्द के परम्परागत अर्थ में ये समीक्षा-लेख जैसे नहीं, कुछ रचनाओं को समझने की कोशिश भी प्रतीत होते हैं।

मलयज की तीसरी आलोचनात्मक पुस्तक 'रामचन्द्र शुक्ल' का सम्पादन नामवर सिंह ने किया। शुक्ल जी पर स्वतन्त्र आलोचनात्मक पुस्तक लिखने का दायित्व साहित्य अकादमी ने मलयज को सौंपा था। पुस्तक के उत्तरांश में प्रकाशित टिप्पणियों से साफ़ ज़ाहिर है कि मलयज ने उसकी मुकम्मल तैयारी कर ली थी। व्यवस्थित लेख तीन हैं–'पृष्ठभूमि', 'जीवन-वृत्त' और 'मिथ में बदलता आदमी।' टिप्पणियों से उस पद्धति का बोध होता है जिससे शुक्ल जी को समझा गया है।

इस पुस्तक की भूमिका में नामवर सिंह ने जिन विशेषताओं की चर्चा की है वे कवि आलोचक मलयज की आलोचना-पद्धति और भाषा की समझ के लिए बहुत दूर तक सहायक हैं : "मलयज ने आलोचना के शास्त्रीय प्रत्ययों के अन्दर जाकर आचार्य शुक्ल के सामान्य मनुष्य की जिस प्रतिमा का निर्माण किया है वह निश्चित रूप से हिन्दी आलोचना के क्षेत्र में एक मौलिक सृष्टि है, किन्तु इससे भी अधिक महत्त्वपूर्ण वह पद्धति है, जिससे उस प्रतिमा के उपादान और तत्त्व खोजे गए हैं।"

भाषा के बारे में नामवर सिंह का कहना है "आत्म-संघर्ष-युक्त जनसंघर्ष की प्रक्रिया में मलयज ने आलोचना की एक नई भाषा का विकास किया जो आचार्य शुक्ल की ही परम्परा में वस्तुमुखी, यथातथ्य, तर्कनिष्ठ, भाव-संवलित, सघन और सान्द्र है।"

कहना न होगा कि ये विशेषताएँ उनके आत्ममुग्ध समकालीनों में विरल हैं।

रमेशचन्द्र शाह (1940 ई.–) आलोचक से अधिक सहृदय और रसज्ञ हैं। वे अशोक वाजपेयी से और बहुत-सी बातों में भिन्न होने के अलावा इस बात में भिन्न हैं कि उन्होंने समकालीन कविता के साथ कहानियों की समीक्षा में भी रुचि दिखलाई। यों तो उन्होंने छायावाद पर स्वतन्त्र रूप से एक पुस्तक लिखी है, किन्तु उनकी उल्लेखनीय आलोचना-पुस्तक है 'समानान्तर'

(1973 ई.) और वागर्थ (1981 ई.) जो उनकी काव्य-समीक्षा और कहानी-समीक्षा दोनों का पूरा प्रतिनिधित्व करती है। शाह का बल 'सर्जनात्मक समीक्षा' पर है जिसे छायावादी ढंग की 'प्रभावाभिव्यंजक' समीक्षा समझने का भ्रम नहीं होना चाहिए। इसके लिए वे रचनाकार की 'सृजन-प्रक्रिया' का आत्मीय विश्लेषण आवश्यक मानते हैं। स्वयं शाह के शब्दों में उनका आदर्श है : "वही सम्पूर्णता—समझ और सहानुभूति की; दार्शनिक की-सी गम्भीरता और बौद्धिक तेजस्विता, कलाकार की-सी लाघवपूर्णता और परिष्कृति तथा वैज्ञानिक की-सी एकाग्र तथ्य चिन्ता, निर्लिप्ति और दक्षता।" (समानान्तर, पृ. 16) शाह की अभिरुचि अज्ञेय के साहित्य में विशेष प्रतीत होती है, जिससे उनके प्रतिमान निर्धारित हुए हैं। उनका मन कविताओं और कहानियों की भाषा की सर्जनात्मकता के विश्लेषण में विशेष रूप से रमा है। इस दृष्टि से 'कुछ कविताएँ : कुछ कवि' तथा 'हिन्दी कहानी : भाषा-दृष्टि' शीर्षक निबन्ध द्रष्टव्य हैं। वागर्थ के निबन्धों में उनके आलोचनात्मक सरोकार का विस्तार कविता और कथा-साहित्य से आगे बढ़कर साहित्य के बुनियादी सवालों तक हो गया है। संग्रह के पहले निबन्ध 'साहित्य में आज का गतिरोध' में उन्होंने सन् चालीस, पचास और साठ के आसपास होने वाली गतिरोध विषयक चर्चाओं में सन् सत्तर को भी जोड़ने का प्रस्ताव किया है, पर टेक वही पुरानी है : 'भाषा में हम अनुभव को रचते ही नहीं, उसे पाते पहचानते भी हैं। कविता भाषा में अपने होने को पहचानना ही है।' (पृ. 17) निबन्धों के विषयों में विस्तार भी है, विविधता भी। 'हिन्दी कवित्व और हिन्दी गद्य', 'समकालीन रचना में स्वतन्त्रता का अर्थ', 'पराधीन कल्पना : एक दृष्टि' कुछ ऐसे ही निबन्ध हैं। पर उनकी मान्यताओं और नज़रिए में कोई बुनियादी अन्तर नहीं आया। जहाँ तक कृतियों के मूल्यांकन का प्रश्न है, कहा जा सकता है कि कुल मिलाकर शाह ने कृतियों का मूल्यांकन करने की अपेक्षा उनकी सहानुभूतिपूर्ण व्याख्या तक ही अपने को सीमित रखा है—जो उनकी शक्ति भी है और सीमा भी।

इन दो आलोचकों के अतिरिक्त समकालीन समीक्षकों में सुरेन्द्र चौधरी और विजयमोहन सिंह कथा-समीक्षा के लिए और अशोक वाजपेयी तथा विष्णु खरे काव्य समीक्षा के लिए उल्लेख्य हैं। सुरेन्द्र चौधरी की रुचि मुख्यतः समकालीन साहित्य के ऐतिहासिक-सामाजिक परिवेश तथा वैचारिक पक्ष में है। अशोक वाजपेयी विजयमोहन सिंह और विष्णु खरे ने पुस्तक समीक्षाओं के

माध्यम से सामान्यतः विध्वंसात्मक आलोचना के उदाहरण प्रस्तुत किए हैं। मुख्यतः पुस्तक-समीक्षाओं के रूप में लिखी जाने पर भी इनकी आलोचनाओं में कहीं-कहीं सामान्य सिद्धान्तों के भी संकेत प्राप्त होते हैं। इस आलोचना से हिन्दी-आलोचना के बदले हुए मिजाज़ का पता तो चलता ही है, आलोचना के बदलते हुए मुहावरे का भी बोध होता है।

निर्मल वर्मा (1929 ई.–2005 ई.) इन तमाम नामों के बीच एक विशिष्ट नाम कहानीकार चिन्तक निर्मल वर्मा का है। आठवें दशक में सक्रिय रचनाकार आलोचकों में सबसे वरिष्ठ निर्मल वर्मा के समीक्षात्मक और वैचारिक लेखों के तीन संग्रह 'शब्द और स्मृति' (1976), 'कला का जोखिम' (1981) और 'ढलान से उतरते हुए' (1986) प्रकाशित हुए। कहना न होगा कि इस दौरान निर्मल कहानियाँ और उपन्यास भी लिखते रहे।

निर्मल के सर्जनात्मक और चिन्तनपरक लेखन की विशेषता उनकी संजीदगी है। 'शब्द और स्मृति' के प्राक्कथन में उन्होंने लिखा था–'मेरे लिए निबन्ध एक दुनिया की चीज़ है, कहानियाँ दूसरी दुनिया की–किन्तु कभी-कभी उन पहाड़ों को देखते हुए दोनों की सीमाएँ एक-दूसरे में घुल जाती थीं।' यहीं प्रूस्त के हवाले से उन्होंने इन दो दुनियाओं की पहचान बताई है : 'हमारे सामान्य अनुभव समय की दुनिया में होते हैं, लेकिन ध्यान और स्मृति के क्षणों में दूसरी दुनिया की भी झलक मिल जाती है।' (पृ. 12) इन दो दुनियाओं का अन्तर काल और कालातीत का यानी समय और शाश्वत का, अनुभव की भाषा में सन्देह और आस्था का अन्तर है। इन दो छोरों के घात-प्रतिघात को, इनसे उत्पन्न तनाव को झेलना लेखकीय नियति भी है और शायद सृजनात्मक क्षण का सर्वोत्तम रूप भी है। एक से दूसरे में संक्रमित होने का विकल्प भी उसके पास है–जीवन में भी और रचना में भी। निर्मल का अधिकांश चिन्तन इस कशमकश की उपज है। एक साथ समय में और समयातीत होने के तनावपूर्ण अनुभव को झेलते और रचते रहने की अनवरत प्रक्रिया। जब इन दोनों चेतनाओं का समतोल एहसास व्यक्ति को एक ही समय में होता है तभी वह एपिक-संस्कार के सबसे निकट होता है और महाकाव्य की रचना का जोखिम उठाता है।

निर्मल की दृष्टि में भारतीय साहित्य की समस्या है–''बने-बनाए मूल्यों, वैचारिक रहस्यीकरणों और नैतिक पूर्वाग्रहों के सारे बोझ से मुक्त होने की, जिसने कि कलात्मक कल्पना को प्राणवान बनाने वाली मूल प्रेरणा को ही

कुंठित कर दिया है।'' (वही, पृ. 21)

निर्मल का सारा चिन्तन सृजन-प्रक्रिया पर केन्द्रित है। उनके लिए ''बाहर की कोई भी घटना, चाहे वह ऐतिहासिक रूप से कितनी ही क्रान्तिकारी क्यों न हो, लेखक को उस समय तक परेशान नहीं करती। (अपने सृजन में) जब तक वह घटना स्वयं उसकी सृजन-प्रक्रिया की अनिवार्य शर्त न बन जाए।'' (शब्द और स्मृति, पृ. 33) सृजन के बाद कलाकृति की स्वायत्तता के बारे में निर्मल का कहना है कि 'एक बार जन्म लेने के बाद हर कला-कृति की अपनी एक अलग ज़िन्दगी हो जाती है—कलाकार और उसके सन्दर्भ से सर्वथा मुक्त-स्वयं अपनी शर्तों पर आधारित।' (वही. पृ. 33) निर्मल का सारा चिन्तन इन्हीं सूत्रों से परिचालित होता है। कहने के लिए विचार का फलक काफ़ी व्यापक है—सौन्दर्य, नैतिकता, लेखकीय आस्था, सम्प्रेषण का संकट, समाज-व्यवस्था, प्रासंगिकता का प्रश्न, परम्परा और इतिहास-बोध, मिथक और यथार्थ, काल और सृजन, धर्म, धर्मतन्त्र और राजनीति से लेकर भारतीय संस्कृति को जीवित रखने की ज़रूरत तक बहुत कुछ इस विचार-परिधि के भीतर आ गया है। पर प्रश्न विषयों की व्यापकता का नहीं है बल्कि यह है कि आप केन्द्र में खड़े व्यापकता को आलोकित कर रहे हैं या व्यापकता को केन्द्रोन्मुख कर रहे हैं। निर्मल का मार्ग दूसरा है। वे तमाम प्रश्नों की सार्थकता और प्रासंगिकता उनकी केन्द्रीयता यानी सृजन-कर्म की सापेक्षता में देखते हैं। व्यापक सामाजिक प्रक्रिया से जुड़ने का अर्थ उनकी दृष्टि में है—'जहाँ मनुष्य स्वयं इतिहास का अतिक्रमण करके अपने से मुक्त हो सकता हो।' (कला का जोखिम, पृ. 23)

सर्जक व्यक्ति से आरम्भ करके अतिक्रमण की उन सीमाओं में सामुदायिकता / सामाजिकता या फिर मुक्ति का बोध (या अबोध) जो अमूर्त रहस्यवादिता का स्पर्श करती हो चिन्तन की ऐसी दिशा है जिससे सहमति कठिन है। इसके बावजूद निर्मल ने बराबर अपने पक्ष-विपक्ष में सोचने की मजबूरी पैदा की है। कुछ वैसे ही जैसे अज्ञेय ने अपने विरोधियों को कभी यह सुविधा नहीं दी कि वे उनकी उपेक्षा कर सकें। निर्मल ने भी स्वयं केन्द्र में रहते हुए सहमति-असहमति दोनों स्थितियों में तीखी प्रतिक्रियाओं को प्रेरित किया।

इसके अलावा उन्होंने अपने समय के प्रमुख रचनाकारों की अत्यन्त प्रभावी समीक्षाएँ लिखीं। इन समीक्षाओं में ध्यान देने की बात रचनाकारों का

चुनाव तो है ही, उस मूल विशेषता का संकेत भी है जो एक ही समय में स्थित इन साहित्यकर्मियों की निजी पहचान बनाती है। रेणु में उन्हें 'समग्र मानवीय दृष्टि' दिखाई पड़ी तो अज्ञेय में 'आधुनिक बोध की पीड़ा।' मुक्तिबोध की कविता के मुकाबले उनकी 'गद्य-कथा' पर लिखना निर्मल को ज्यादा रुचिकर लगा, तो भी इस बात का एहसास बराबर बना रहा कि मुक्तिबोध का पूरा काव्यलोक उनकी दृष्टि में मौजूद है। इसलिए निष्कर्षों में मुक्तिबोध समग्रता में विद्यमान है : 'कहानी में जो बर्फ़ की तरह जमा दिखाई देता है–कविता में वही बिजली के करंट-सा बहता हुआ मुक्तिबोध की समूची अन्तर्यात्रा को आलोकित कर देता है।' (कला का जोखिम, पृ. 90)

निर्मल की इन समीक्षाओं में प्रकट होने वाली समझ उन दर्जनों आलोचनात्मक लेखों की तुलना में कहीं विवेकपूर्ण और वज़नी है जो इन कृतिकारों पर समय-समय पर लिखे गए।

सम्प्रति हिन्दी आलोचना अपनी नातिदीर्घ ऐतिहासिक यात्रा के बाद अनेक प्रकार की असंगतियों से घिर गई है। निस्सन्देह वह हर नए रचनात्मक प्रयास के प्रति निरन्तर जागरूकता का दायित्व निभाती रही है, किन्तु इस प्रक्रिया में समसामयिकता का आग्रह अधिक प्रबल हो गया है। आज के युवा आलोचक समसामयिक लेखन से इतने आक्रान्त हैं कि उनकी दृष्टि सुदूर अतीत के लेखकों पर एकदम नहीं और निकट अतीत के लेखकों पर बहुत कम जाती है। ऐसा लगता है कि आज के आलोचक को अपने पूर्ववर्ती साहित्य के पुनर्मूल्यांकन के लिए अवकाश ही नहीं है। परम्परा से ऐसा सम्बन्ध-विच्छेद हिन्दी आलोचना के इतिहास में पहले कम ही हुआ है। स्वभावतः इससे हिन्दी आलोचना के विकास को धक्का लगा है। रोज़मर्रा की पुस्तक-समीक्षाओं ने अधिकांश आलोचना-कर्म को कोरी व्यावहारिक समीक्षा के रूप में निःशेष कर दिया है; फलस्वरूप आज साहित्य के सैद्धान्तिक प्रश्नों में उलझने का उत्साह बहुत कम दिखाई देता है। इस प्रकार एक ओर सैद्धान्तिक आलोचना का मैदान अपने-आप 'एकेडेमिक' आलोचकों के हाथ जा पड़ा है जहाँ वे प्रासंगिकता की परवाह किए बिना काव्यशास्त्र, सौन्दर्य आदि की शास्त्रीय चर्चाओं से भरे भारी-भरकम ग्रन्थों के द्वारा हिन्दी आलोचना को समृद्ध करने के लिए पूरी तरह स्वतन्त्र हैं। दूसरी ओर इतिहासकारों और समाजशास्त्र के विद्वानों ने साहित्यिक रचनाओं का उपयोग स्रोत सामग्री के रूप में करते हुए साहित्य में मूल्यांकन की नई दिशाएँ प्रस्तावित की हैं। मध्यकालीन काव्य के

सन्दर्भ में इतिहास के सुविख्यात विद्वान इरफ़ान हबीब और हरबंस मुखिया का नाम उल्लेखनीय है।

आधुनिक उपन्यास साहित्य और उसमें भी विशेष रूप से प्रेमचन्द के साहित्य का उपयोग प्रसिद्ध अर्थशास्त्री पूरन चन्द्र जोशी ने अपनी पुस्तक 'परिवर्तन और विकास के सांस्कृतिक आयाम' (1987 ई.) में और श्यामाचरण दुबे ने 'परम्परा इतिहास-बोध और संस्कृति' (1991 ई.) में किया है। यह आकस्मिक नहीं है कि दोनों की दिलचस्पी प्रेमचन्द के साहित्य में है क्योंकि दोनों का आग्रह ग्रामीण समाज-व्यवस्था को समझने पर है और भारतीय ग्राम-जीवन और सम्बन्धों का जितना अनुभवगम्य प्रामाणिक रूप प्रेमचन्द के उपन्यासों के माध्यम से सुलभ है शायद ही किसी दूसरे स्रोत से होता।

इन समाजशास्त्री आलोचकों का महत्त्व हिन्दी आलोचना को एक नया परिप्रेक्ष्य और पद्धति देने की दृष्टि से है। इस सन्दर्भ में विश्वनाथ त्रिपाठी का उल्लेख भी आवश्यक है। अन्य रचनाओं के अलावा उन्होंने तुलसीदास और हरिशंकर परसाई पर जिन आलोचनात्मक पुस्तकों की रचना की उनका महत्त्व वस्तुवादी दृष्टि और सामाजिक सन्दर्भों से जोड़कर साहित्य का अध्ययन करने की पद्धति से विशेष है।

इसके अलावा उनकी कथा-समीक्षा के लेखों का एक संग्रह है : 'कुछ कहानियाँ, कुछ विचार'। पूर्वकथन में उन्होंने लिखा कि ''इस संकलन में मेरे अनेक प्रिय या महत्त्वपूर्ण समझे जाने वाले **कहानीकारों** पर विचार नहीं हो पाया है।'' यह वाक्य संग्रह के लेखों की प्रकृति का खुलासा करता है जिन पर विचार हो पाया है वे महज कहानियाँ नहीं, कहानीकार हैं। क्योंकि विचार का दायरा 'कहानी' केन्द्रित नहीं, उससे कहीं विस्तृत है। योजनाबद्ध तरीके से नहीं लिखे जाने पर भी यह पुस्तक हिन्दी की कथा-समीक्षा की महत्त्वपूर्ण कड़ी है। सभी विचाराधीन रचनाकार कथा-साहित्य की जितनी प्रतिष्ठित हस्तियाँ हैं, उतना ही महत्त्वपूर्ण है रचनाओं का चयन। संग्रह के आरम्भिक पाँच लेख क्रमशः अमरकांत, शानी, रेणु, कृष्णा सोबती और ज्ञानरंजन की कहानियों पर केन्द्रित हैं। अन्तिम दो 'समकालीन कहानी : कुछ विचार' और 'बदलते समय के रूप', समकालीन कथा-परिदृश्य के सम्बन्ध में विश्वनाथ त्रिपाठी की समझ और विश्लेषण-क्षमता दोनों का प्रमाण हैं। 'पूर्वकथन' में उन्होंने लिखा है कि ''रचना के कुछ पोर होते हैं, जैसे बाँस या गन्ने के, जिन्हें फोड़ने में अतिरिक्त सावधानी की जरूरत पड़ती है।'' कहना न होगा कि

लेखक के पास इन 'पोरों' को पहचानने वाली मेधा भी है और उन्हें 'फोड़ने' का कौशल भी जिसका प्रयोग वे सूत्रवत् छोटे-छोटे वाक्यों में बड़े सहज गद्य-विन्यास में करते चलते हैं। इन दोनों लेखों के माध्यम से पाठक उस दौर के पूरे कहानी-परिदृश्य की खूबियों और खामियों को भलिभाँति पहचान सकता है। सूत्रों में विश्वनाथ जी ने उस दौर के अधिकांश कहानीकारों पर महत्त्वपूर्ण टिप्पणियाँ की हैं। सार्थक सूत्रों में मूल्यांकनपरक निर्णय देते चलना उनकी आलोचना की खूबी है।

: 10 :

बीसवीं शताब्दी के अन्तिम दशक में, पश्चिम में उत्तर-आधुनिक चिन्तन पर पुनर्विचार करने की जरूरत महसूस की जाने लगी थी। उससे जुड़ी शब्दावली और सोच की जकड़ ढीली पड़ने लगी थी। पर इसी दौर में हिन्दी आलोचना में इस प्रवृत्ति की उत्तरजीवी लहर के प्रति सहसा उत्साह दिखाई पड़ने लगा। ऐसे लेखकों की न संख्या बहुत थी न चिन्तन में मौलिकता। पर इंटरनेट की सुविधा से विदेशी सामग्री सहज-सुलभ हो चली थी। उसी के आधार पर इस चिन्तन-पद्धति से जुड़े कुछ नामों और अवधारणाओं की वाचक पारिभाषिक शब्दावली की बौछार सहसा हिन्दी आलोचना के एक सीमित दायरे में दिखाई पड़ने लगी। देरिदा, फूको, रोलाँ बार्थ जैसे तमाम नामों का और पाठ के 'विखंडन' की दृष्टि का बहुतायत से उद्धरण इन लोगों की आलोचना का चालू मुहावरा हो गया।

फ्रांस में सातवें-आठवें दशक में देरिदा ने अपनी विखंडनवादी दृष्टि से विश्व के बौद्धिक माहौल पर निर्णायक प्रभाव डाला था पर उनके विखंडनवाद को किसी परम्परासम्मत रूप-विधान में अँटाना सम्भव नहीं था। वहाँ न विधाओं के वर्गीकरण का सिद्धान्त है, न कोई तत्त्ववाद और न प्रयोग की सुनिश्चित पद्धति।

वे लेखन की अद्वितीयता इस अर्थ में मानते थे कि 'पाठ' के बाहर कुछ नहीं है। और चूँकि 'पाठ' के बाहर कुछ है ही नहीं तो समीक्षा उसकी समझ के लिए बाहरी प्रमाणों या 'कार्य' के कारणों की खोज न करके केवल पाठ (कृति) का 'विखंडन' करती है। 'विखंडन' के द्वारा ही समीक्षा लेखन की कैद में दबे अर्थ को मुक्ति देती है। वह अर्थ, जो ज्ञान रूप में सांस्कृतिक कर्म के द्वारा लेखन के भीतर निहित रहता है।

दिक्कत की बात यह है कि चूँकि 'विखंडन' की कोई निश्चित पद्धति या

प्रक्रिया निर्धारित नहीं है इसलिए हर समीक्षक अपने ढंग से 'विखंडन' करने और तथाकथित 'अर्थ' तक पहुँचने और उसे पाने और मुक्ति देने के लिए सर्व-तंत्र-स्वतंत्र है। विखंडन इस रूप में साहित्य की 'उत्तर-आधुनिक' स्थिति है। यहीं से साहित्य-सिद्धान्त नाम की विधा की शुरुआत होती है और वह दर्शन और समाजशास्त्र का दर्जा और स्वतंत्र सत्ता ग्रहण करती है।

देरिदा के इस विखंडनवाद से समीक्षा को एक सम्मानजनक हैसियत तो मिली और उस मिथ का भंजन भी हुआ जो मूल पाठ के मुकाबले आलोचना को दोयम दर्जे का काम मानती रही है। पर विखंडन को आलोचना कर्म का एकमात्र कर्म और धर्म मानने से एक बहुत बड़ी सुविधा और दूसरी उतनी ही बड़ी अराजकता के लिए बेहदूदी मैदान तैयार हुआ। क्योंकि यह सिद्धान्त आत्यन्तिक रूप में किसी अर्थ या किसी व्याख्या की अनिवार्यता और वर्चस्व की केन्द्रीयता से इंकार करता है इसलिए आलोचना के खुले मैदान में इसने बेलगाम घुड़दौड़ की गुंजाइश भी पैदा की।

संरचनावाद और उत्तर-संरचनावाद में पहले ही एक संस्था के रूप में लेखक की मृत्यु की बात को तरह-तरह से दोहराया जा रहा था। शताब्दी के अन्त तक पहुँचते-पहुँचते साहित्य के अस्तित्व के संकटग्रस्त हो जाने की बात भी जोर-शोर से कही जाने लगी थी। शब्द-संरचना के माध्यम के रूप में साहित्य के विलुप्त होने की सूचना उत्तर-आधुनिक विचारक दे रहे थे। ये लोग साहित्य ही नहीं (आल्विन कर्नेन), इतिहास (फ्रांसिस फूकूयामा), विचारधारा (डेनियल बेल) के साथ आधुनिकतावाद और साम्यवाद सबकी अन्त्येष्टि कर चुके थे। इक्कीसवीं सदी इसी 'अन्तवाद' के दरवाजे पर खड़ी आने वाले समय को दस्तक दे रही थी। गरचे हिन्दी और भारतीय भाषाओं के साहित्य में स्थिति ठीक ऐसी ही नहीं थी, फिर भी हम दर्शन, कला, इतिहास, विचारधारा, साहित्य सब के निषेध से खाली युग में प्रवेश करने के लिए उत्साहित खड़े थे।

यह उत्तर-आधुनिक परिदृश्य सब कुछ के भूमंडलीकरण—अमरीकी आलोचकों की शब्दावली में 'द वर्ल्डिंग ऑफ अमेरिका' का दौर कहा जा सकता है। यह वास्तव में उस तथाकथित 'विश्वदृष्टि' को, जो विश्व के बारे में पश्चिमी दृष्टि थी गैर-पश्चिमी देशों पर हावी करने का प्रयास था। पश्चिम के नाम पर भी रूस के पराभव के बाद यह मूलतः सुपर पावर के रूप में बच रहे अमेरिका की दृष्टि थी जिसे दो धड़ों में बँटे विश्व के 'गैर-विकसित या विकासशील देशों' पर हावी करने का प्रयास हो रहा था। कहना न होगा कि

यह प्रयास अस्थायी रूप में कुछ हद तक सफल भी हुआ। 'ग्लोब' अमरीका का पर्याय हो गया और उसका यथार्थ-बोध ग्लोबल यथार्थ। गैर-विकसित या विकासशील देशों से जैसे इससे बचाव के विकल्प छिन गए। उनकी गैर-जानकारी में उनकी जीवन-शैली और अभिरुचि का अनुकूलन हो चला। अपनी स्थिति पर हाय-हाय करते और ललचाई नज़र से उधर ताकने वालों ने इस प्रभाव को ऊपर से खीझी और भीतर से रीझी मुद्रा में 'अनिवारता' मानकर स्वीकार कर लिया।

दरअस्ल यह पूँजीवादी वृत्तियों, सम्राज्यवादी इरादों और औद्योगिकीकरण की प्रक्रिया का सांस्कृतिक संस्करण था। लक्ष्य वही था अपने वर्चस्व की स्थापना और प्रसार—फ्रेडरिक जेम्स के शब्दों में, 'वृद्ध पूँजीवाद' का सांस्कृतिक विकास। नई तकनीकी के विकास ने इस आक्रमण को सहज बनाया। 'सेटेलाइट', 'टीवी' और इंटरनेट ने सूचना के प्रभावों को पलक झपकते एक कोने से दूसरे कोने तक पहुँचाना आसान कर दिया। परिणाम यह हुआ कि आधुनिकतावाद के गहन अभिव्यंजनात्मक सौन्दर्य के विरोध में 'पैबन्दबाजी और अनेक शैलियों की गड्डमड्ड स्वीकृति' इस शैली की पहचान बन गई। एक ऐसी भाषा का चलन शुरू हुआ जिसमें हर धन्धे की अपनी अलग संहिता विकसित होने लगी। सबका अपना रजिस्टर था और हर व्यक्ति एक 'भाषायी द्वीप' का दर्जा हासिल करने के लिए हाथ-पैर मारने में लगा था।

लेखक के भाषायी व्यापार को उत्तर-आधुनिकतावादी 'व्यंजकों (चिह्नों) की मनमानी और शुद्ध लीला' के रूप में देखने-दिखाने लगे। रचनाओं में माध्यम की भूमिका अहम हो गई। किसी कला रूप के ऐसे 'एक्सक्लूसिव' वर्जित क्षेत्र को अमान्य करार दिया जाने लगा जिसमें दूसरे माध्यमों के प्रवेश और हस्तक्षेप की मुनादी हो। 'माध्यम' की चर्चा के बिना एक ही कविता के 'लिखित' और 'प्रस्तुत' पाठों की समीक्षा को गैर-मुकम्मल ठहराया जाने लगा।

'उत्तर-आधुनिकतावाद के ऐसे परिदृश्य में समीक्षा और ऐतिहासिकता दोनों का खात्मा हो जाता है। आलोचक नाम का पाठक जिस अर्थ को रचना में से निर्मित करता है, वह लेखकीय उद्देश्य और हेतु से एकदम मुक्त चिह्नों (शब्द) की स्वतन्त्रता लीला पर निर्भर रहता है। वहाँ किसी के निजी अर्थ के लिए कोई गुंजाइश नहीं रहती। दरअस्ल यह संरचनावाद का वह बिन्दु था जहाँ से लेखक के विकेन्द्रण की शुरुआत हुई जिसका पूर्ण विकास देरिदा के विखंडन के सिद्धान्त में हुआ।

इस सिद्धान्त की शक्ति, रचना में हर तरह के वर्चस्व और केन्द्रीयता का विरोध करने में प्रकट हुई। चिन्ता की बात केन्द्रीयता और वर्चस्व का टूटना या बदलना नहीं था। चिन्ता की बात थी विचारधारा मात्र का निषेध। विचार के बिना न रचना सम्भव होती है न सांस्कृतिक कर्म। हमारे चाहने या न चाहने के बावजूद वह सहज रूप में अपनी जगह बना ही लेता है। उदाहरण के लिए केन्द्रीयता को विस्थापित करने के साथ ही जब उपकेन्द्रों की तलाश शुरू हुई और उन्हें स्त्रियों, दलितों, उपेक्षितों, जनजातियों, बच्चों, भाषायी समुदायों यानी हाशिए के लोगों के रूप में देखकर केन्द्रों के समानान्तर स्थापित किया जाने लगा, तो यह भी तो निश्चित विचारधारा के तहत ही हुआ।

विखंडन की प्रक्रिया में न कोई प्रधान होता है न गौण। अर्थ की लीला यह होती है कि एक ही 'पाठ' की पाठक के भेद से एकाधिक व्याख्याएँ हो सकती हैं जिनमें किसी भी उपकेन्द्र से देखे गए सत्य की वैधता उतनी ही होती है जितनी किसी अन्य केन्द्र से देखे गए सत्य की। इस सिद्धान्त की सबसे बड़ी देन या शक्ति यही है।

मेरी ईगलटन ने 1978 में ही 'क्रिटिसिज़्म एंड आइडियालॉजी' में 'पाठ' की इस मुक्ति की अवधारणा पर घोर आपत्ति करते हुए साहित्य को विचारधारा से मुक्त करने का विरोध किया था। पश्चिम में इस विचार का 'अन्त' कभी नहीं हुआ कि रचना के पीछे रचनाकार के परिवेश की भूमिका होती है। इसीलिए परिवेश और विचारधारा के एकतरफा अप्रासंगिक करार दिए जाने पर वहाँ पुनर्विचार किया जाने लगा। इस स्थिति में, यह दुर्भाग्यपूर्ण ही कहा जाएगा कि उत्तर-आधुनिकता के प्रहार से हिन्दी आलोचना में जब इस सिद्धान्त का जयघोष शुरू हुआ उस समय तक यह विचार वहाँ सन्देह के घेरे में आ चुका था। देवेन्द्र इस्सर ने सही सलाह दी थी कि "हम अपने काव्य-चिन्तन को यूरोप का जंकयार्ड बनाने से बचा सकते हैं। उनके चिन्तन को रिसाइकल करके प्रस्तुत करने के बजाय अपनी सृजनात्मक और बौद्धिक प्रतिभा को भरपूर तौर पर अमल में ला सकते हैं।" पर कुछ समय तक 'विखंडन' के नाम पर जटिल-संकुल रचनाओं के तरह-तरह से सार-संक्षेप प्रस्तुत करके स्वनामधन्य समीक्षक पाठकों को भरमाते और आत्ममुग्ध होते रहे। इनमें अधिकतर वही लोग थे जो किसी न किसी रूप में सूचना-तंत्र से जुड़े थे। समीक्षा के नाम पर कुछ कृतियों के साथ इन्होंने जो विखंडनबाजी की वह अब हिन्दी आलोचना के जंकयार्ड का ही हिस्सा हो चुकी है।

: 11 :

हिन्दी आलोचना की प्रकृत धारा ने अपने को यथासम्भव प्रवाह-पतित होने से बचाए रखा। जो प्रवृत्तियाँ बीसवीं शताब्दी के उत्तर-काल में निश्चित स्वरूप और पहचान कायम कर चुकी थीं उन्होंने बदलते स्वरूप के साथ इक्कीसवीं शताब्दी में प्रवेश किया। विश्व के राजनीतिक परिदृश्य पर रूस के अवसान और विखंडन के बावजूद केन्द्रीय विचारधारा के रूप में मार्क्सवाद कभी पूरी तरह अप्रासंगिक नहीं हुआ। वैचारिक स्तर पर इस विचारधारा के प्रति आस्था रखने वाली आलोचकों की एक पूरी पीढ़ी विश्व साहित्य में आज भी निरन्तर सक्रिय है। इस प्रवृत्ति की शक्ति और सीमा दोनों इसकी विचारधारात्मक प्रतिबद्धता है। समीक्षा के केन्द्र में साहित्य और परिधि पर या दृष्टिकोण के रूप में विचारधारा इनके निष्कर्षों को समाजोन्मुख और विवेकसम्मत बनाती है। उदाहरण के लिए रामविलास शर्मा की 'निराला की साहित्य-साधना' और 'आस्था और सौन्दर्य' के निबन्ध और नामवर सिंह की 'छायावाद'। इसके विपरीत जब इस आलोचना के केन्द्र में साहित्य नहीं, उसका परिवेश, संस्कृति, इतिहास-दृष्टि और मार्क्सवाद जैसे विषय प्रधान होते हैं और साहित्य का मूल्यांकन उनकी फलश्रुति के रूप में किया जाता है तो साहित्य की सही समझ और आस्वाद दोनों के लिए संकट पैदा होता है।

नमूने के बतौर, इस प्रवृत्ति के वरिष्ठ आलोचकों की कुछ रचनाओं पर नज़र डालें तो बात साफ हो सकेगी। **शिव कुमार मिश्र** : भक्तिकाव्य और लोकजीवन, दर्शन साहित्य और समाज, मार्क्सवाद और साहित्य, मार्क्सवादी साहित्य चिन्तन, साहित्य : इतिहास और संस्कृति, यथार्थवाद आदि।

मैनेजर पांडेय : आलोचना की सामाजिकता, साहित्य और इतिहास दृष्टि, शब्द और कर्म, संकट के बावजूद, अनभै साँचा।

चन्द्रबली सिंह : आलोचना का जनपक्ष, लोक-दृष्टि और हिन्दी साहित्य।

अपेक्षाकृत युवतर आलोचकों/रचनाकारों में भी यह आग्रह कुछ हद तक लक्ष्य किया जा सकता है। उदाहरण के लिए **अरुण कमल** की 'कविता और समय' **शम्भुनाथ** की 'सभ्यता से संवाद' और 'दुस्समय में साहित्य'। नाम और भी हैं और रचनाएँ भी कम नहीं। ध्यान देने की बात यह है कि बीसवीं शताब्दी के अन्तिम दशक से इक्कीसवीं शताब्दी में प्रवेश करने वाली आलोचकों की प्रगतिशील धारा में 'विशुद्ध साहित्य' यानी साहित्य के रूप-कलावादी पक्ष से हटकर ध्यान साहित्य के कारकों में–परिवेश, प्रतिबद्धता, इतिहास-दृष्टि, संस्कृति, वर्ग चेतना आदि की भूमिका पर केन्द्रित होने लगा। अपने पूर्ववर्तियों की तुलना में, विचारधारा के प्रति हठाग्रह या आलोचना में उसकी केन्द्रीयता कुछ क्षीण होने पर भी साहित्येतर सन्दर्भों पर ध्यान केन्द्रित करने से रचनाओं के संवेदन और आस्वादन में बाधा ही पहुँची। इनमें रचना से ज्यादा उसके सामाजिक हेतु और प्रभाव अधिक व्याख्यासापेक्ष समझे जाने लगे। कृति की कलात्मकता से अधिक महत्त्व उसके सामाजिक सन्दर्भ और उपयोगिता को दिया गया। ऐसी आलोचना में स्वभावतः रचनात्मकता कुछ कम और एक हद तक सपाटबयानी के साथ विवरणात्मकता अधिक दिखाई पड़ने लगी। ऐसी आलोचना में कृति केन्द्रित आस्वादपरक पाठ के बजाय कृति-सन्दर्भों का उपयोगितावादी पाठ प्रस्तुत करने का आग्रह ज्यादा था। ऐसी समीक्षा में रचनाओं के अन्तर की गहराइयों में पैठकर उसके मर्म का उद्‌घाटन भले ही नहीं मिलता हो पर उनको प्रेरित-प्रभावित करने वाली वास्तविकता की ठोस जमीन का साक्षात्कार कराने का संकल्प ज़रूर दिखाई ड़ता है। इसी कारण ये रूपवादी प्रभाववादी अध्ययनों की अपेक्षा ज्यादा वस्तुनिष्ठ और तर्कसम्मत मालूम होती हैं। इनका रिश्ता साहित्य के आस्वाद से कम, साहित्येतर के साथ उसके रिश्ते की समझ से ज्यादा होता है। शायद यही कारण है कि इस प्रवृत्ति से प्रेरित समीक्षा प्रायः विधा और कृति केन्द्रित विवेचन के बजाय साहित्य से जुड़े व्यापक प्रश्नों और सन्दर्भों पर ज्यादा बल देती है। रचना-केन्द्रित अन्तर्दृष्टि, उसके कथ्य और शिल्प के बीच सम्बन्ध की परतों को खोलने की व्यग्रता या भाषा की प्रकृति और सामर्थ्य के विश्लेषण का प्रयास इन्हें बहुत ज़रूरी नहीं लगता है। आलोचना की यह शैली साहित्य से ज़्यादा उसके सामाजिक सन्दर्भ और रचनाओं में उसके प्रतिफलन को समझाने का काम करती है।

साहित्यिक आलोचना के आयतन को विस्तृत करने का एक अलग ढंग

का प्रयास डॉ. रमेशकुंतल मेघ ने किया। उन्होंने रचनाओं को नृविज्ञान, कलाशास्त्र, मनोविश्लेषण शास्त्र, समाजविज्ञान आदि के संश्लेष से समझने की वकालत भी की और प्रयोग भी कर दिखाए। 'तुलसी' और 'कामायनी' के आधुनिक मिथकीय अध्ययनों ने इन रचनाओं के अध्ययन की मौलिक पद्धति तो सुझाई और उसका व्यवहार भी कर दिखाया पर उनकी आलोचना की शब्दावली इतनी मेघाच्छन्न और दुरूह हो गई कि उसकी राह से गुज़रकर रचना के स्वरूप को समझ पाना दुष्कर था। कृति की अर्थ-छवि उद्घाटित होने के बजाय अप्रचलित पारिभाषिक शब्दावली (स्वरचित) के वाग्जाल में उलझकर रह गई। इस हद तक कि उनके गुरु आचार्य हजारीप्रसाद द्विवेदी ने ही एक बार परिहास में उनकी रचनाओं के 'हिन्दी अनुवाद' कराने की सिफारिश कर डाली।

कहना न होगा कि उनकी समीक्षाएँ उनकी वैचारिकता (मार्क्सवाद) के ढाँचे का बराबर अतिक्रमण करती हैं। डॉ. मेघ की पुस्तकों के शीर्षकों से ही उनकी आलोचना-भाषा की बनावट और कथ्य की बुनावट का अन्दाजा लगाया जा सकता है। 'समय एक शब्द है', 'अथातो सौन्दर्य जिज्ञासा', 'तुलसी : आधुनिक वातायन से', 'कामायनी : स्वप्न और मिथक', 'वाग्मी हो लौ', 'काँपती लौ' (इक्कीसवीं शती के लिए आलोचिन्तना) आदि।

: 12 :

‘साहित्य का अन्त’ हो जाने की तमाम उत्तर-आधुनिक घोषणाओं और आशंकाओं के बावजूद 21वीं सदी में न रचनाओं के परिमाण में कोई कमी आई और न आलोचना के। प्रकाशकों और पत्रिकाओं की संख्या में इधर लगातार बढ़ोतरी ही हुई है। यह बात अलग है कि जितनी प्रयोगशीलता और शैलीगत ‘फ यूज़न’ और ‘री-मिक्सिंग यानी ‘घालमेल’ रचनाओं में दिखाई पड़ता है, उसके समानान्तर परिवर्तन आलोचना में लक्षित नहीं होता। रचनाओं में प्रयोगशीलता की बढ़त का एक बड़ा कारण है दूसरी कलाओं के प्रति बढ़ती जागरूकता। और दूसरा रंगमंचीय प्रदर्शनधर्मी कलाओं और फिल्मों के प्रति दृष्टिकोण में परिवर्तन। एक ओर पश्चिमी लेखन के प्रभाव ने और दूसरी ओर लोककलाओं के प्रति बढ़ते आकर्षण ने भी प्रयोगशीलता की प्रवृत्ति में नए आयाम जोड़े हैं।

शास्त्र और परम्परानिष्ठता की जकड़ तो आधुनिक युग में प्रवेश के साथ ही ढीली हो गई थी, पर इधर प्रयोग की स्वतंत्रता को जिस हद तक वैधता मिली है, वह एक नई बात है। इसका गहरा रिश्ता मूल्य-विघटन की उसी प्रवृत्ति के साथ है जिसकी शुरुआत विश्व में बीसवीं शताब्दी के दौरान दूसरे विश्वयुद्ध के बाद दिखाई पड़ी थी। जीवन में मूल्यों के विघटन और उनकी अवमानना के समानान्तर साहित्य में भी परम्परा अथवा शास्त्रसम्मत प्रतिमानों की उपेक्षा को स्वाभाविक ही समझा जाना चाहिए।

बीसवीं शताब्दी के अन्तिम दशकों में ही कविता और कथा-साहित्य पर समीक्षाओं के रूप में जो आलोचनात्मक लेख पत्र-पत्रिकाओं और संग्रहों में सामने आ रहे थे उनमें पारम्परिक प्रतिमानों पर तात्त्वाधारित या विश्लेषण के बजाय पाठ-केन्द्रित मूल्यांकन करने की प्रवृत्ति आकार ले रही थी। ऐसी समीक्षाओं में अक्सर रचना का परिचयात्मक सार-संक्षेप प्रस्तुत करने के बाद

उसकी भाषा और संरचना पर विवरणाधर्मी टिप्पणियाँ जोड़ देने में ही समीक्षक अपने दायित्व का निर्वाह कर लेते थे। कथा-समीक्षा में जो अन्तर्बेधी दृष्टि कभी सुरेन्द्र चौधरी, विजयमोहन सिंह और विश्वनाथ त्रिपाठी की आलोचना में दिखाई पड़ी थी वह बिरल हो गई। यूँ परिमाण में कथा-समीक्षा में कोई कमी नजर नहीं आती। अकेले मधुरेश जी ने ही 1962 में 'लहर' में प्रकाशित 'यशपाल' पर आलोचनात्मक टिप्पणी से जो सिलसिला शुरू किया था, वह बदस्तूर जारी है। उन्होंने बड़ी संख्या में समीक्षाएँ ही नहीं कीं, 'हिन्दी उपन्यास' और 'हिन्दी कहानी' के विकास पर भी दो स्वतन्त्र पुस्तकों की रचना की, जिनमें ऐतिहासिक विकास का ब्योरा प्रस्तुत करने के साथ प्रवृत्तियों और रचनाओं पर पड़ने वाले 'बाह्य दबावों' और सामाजिक-राजनीतिक पृष्ठभूमि के सन्दर्भ में आन्दोलनों का मूल्यांकन करने का प्रयास भी किया गया है।

इसी तरह की कथा-समीक्षा में शम्भु गुप्त की—'कहानी : समकालीन चुनौतियाँ', 'कहानी : वस्तु और अन्तर्वस्तु', 'कहानी कभी भी खत्म नहीं होती' उल्लेखनीय हैं। इस तरह की पुस्तकों से हिन्दी कहानी में समकालीन परिदृश्य का जायज़ा तो लिया जा सकता है, पर कथा-समीक्षा की जो शैली कभी नामवर सिंह की 'कहानी-नई कहानी' में सुरेन्द्र चौधरी और बाद में विजयमोहन सिंह और विश्वनाथ त्रिपाठी की कथा-समीक्षा में नज़र आई थी उसका ढब कुछ अलग ही था। कुछ विशेष कहानियों को चुनकर उनकी अन्तर्वस्तु और शिल्प का सूक्ष्म विश्लेषण करने की पद्धति कथा-साहित्य के इतिहास/विकास का ब्योरा प्रस्तुत करने से प्रकृत्या भिन्न होती है। पहली में कहानियों की बनावट के विश्लेषण के द्वारा उसके मर्म की पहचान और उद्घाटन का प्रयास किया जाता है और दूसरी में उसकी प्रवृत्तिगत विकास-यात्रा का ब्योरा प्रस्तुत कर उसमें आनेवाले परिवर्तनों को रेखांकित किया जाता है। दोनों दो तरह की ज़रूरतों को पूरा करती हैं। एक में आलोचकीय विवेक की प्रमुखता होती और दूसरी में इतिहास-दृष्टि की।

: 13 :

'हिन्दी आलोचना का रचनात्मक और जीवन्त रूप सदी के अन्त में उन वरिष्ठ रचनाकारों की आलोचनात्मक टिप्पणियों में दिखाई पड़ने लगा जिन्होंने अपने सर्जनात्मक साहित्य से महत्त्वपूर्ण स्थान बनाया था। इनमें विशेष रूप से उदय प्रकाश, राजेश जोशी और अरुण कमल के नाम लिये जाने चाहिए। इनके अलावा एक और शख्सियत जिस पर कम ध्यान दिया गया, नीलाभ की है। इनमें से किसी ने वैसा बहुत नहीं लिखा जो 'समालोचना' की ठेठ परम्परागत समझ और ढाँचे में अटाया जा सके। पर जो लिखा वह इसलिए महत्त्वपूर्ण है कि विचाराधीन रचनाओं की समझ के आयतन का विस्तार करता है। नए कोणों से उनके अनदेखे पक्षों पर रोशनी डालता है और आलोचना की चली आती अवधारणा में परिवर्तन का अहसास जगाता है।

इन सभी रचनाकारों ने कुछ टिप्पणियों, नोट्स, डायरी, साक्षात्कार के माध्यम से साहित्य से जुड़े तमाम पक्षों और प्रश्नों पर जो लिखा या कहा इसका विशेष महत्त्व इस दृष्टि से है कि उससे साहित्य के बारे में बदलती अभिरुचि और दृष्टिकोण में आने वाले परिवर्तन का पता लगता है। बीसवीं सदी के अन्त से इक्कीसवीं सदी के आरम्भिक दशक के बीच आने वाला सबसे महत्त्वपूर्ण बदलाव यह था कि साहित्य को विशिष्ट 'एक्सक्लूसिव' कला के रूप में देखने-समझने की प्रवृत्ति क्षीण हो चली थी। या फिर वह सिर्फ एकेडमिक किस्म की आलोचना तक सीमित हो गई थी। 'चित्र' और 'संगीत' कलाओं से तो कविता का पुराना रिश्ता था जिसका निर्वाह 'छायावाद' युग तक बराबर किया गया। पर फिल्म, पत्रकारिता, टेलीविजन, विज्ञापन जैसे अभिव्यक्ति के दूसरे रूपों से सहकारिता का सम्बन्ध और आपसी लेन-देन जैसा पिछले दो दशकों में दिखाई पड़ा वैसा पहले नहीं था। सूचना-तकनीकों के तीव्रगामी विस्तार ने भी आपसी सम्पर्क और एक-दूसरे के इलाकों में घुसपैठ को सुगम बना दिया था।

इसके अलावा दैनिक समाचार-पत्रों के रविवारीय संस्करणों में साहित्य के नाम पर 'स्तम्भ लेखकों', 'समीक्षकों', 'टिप्पणीकारों' और 'आलेखकों' की अच्छी-खासी जमात पैदा हो गई जिनका काम समसामयिक विषयों पर 'तुरन्तावादी' लेखन करके पैसा कमाना और आत्मप्रचार साधना रहता है। इन समाचार-पत्रों का सर्कुलेशन किसी नियमित साहित्यिक पत्रिका या पुस्तक की तुलना में कई गुना होता है। समाचारों की तरह ही छपने वाली साहित्यिक सामग्री भी अखबार की नीति, सम्पादक या उसके सहकर्मियों के साथ तालमेल के तहत छपती है। लिहाजा इन प्रायः प्रायोजित समीक्षाओं पर भरोसा कम ही किया जा सकता है। इनमें किसी प्रवृत्ति की खोज और निर्धारण सम्भव नहीं है।

इस दृष्टि से लेखकीय दायित्व संजीदगी से निर्वाह करने वाले रचनाकारों के असंरचित लेखन या विचार-विमर्श के बीच साहित्य की दिशा और दशा के बारे में कहीं अधिक मूल्यवान सूत्र उपलब्ध हो सकते हैं।

ऐसे प्रयासों में अरुण कमल की 'कविता और समय' (1998) और 'गोलमेज' (2009), उदय प्रकाश के साक्षात्कारों का संग्रह 'अपनी उनकी बात' (2008) और 'ईश्वर की आँख', राजेश जोशी की 'एक कवि की नोटबुक' और 'समकालीनता और साहित्य' (2010) और नीलाभ की 'प्रतिमानों की पुरोहिती' (2005) और 'पूरा घर है कविता' (2008) का जिक्र वाजिब होगा।

इन सभी रचनाकारों में एक बात समान है। उपर्युक्त कृतियों की रचना किसी एक विषय पर सुनियोजित ढंग से आलोचना के रूप में नहीं की गई। ये सभी संकलन हैं उन वक्तव्यों, टिप्पणियों, आलेखों और साक्षात्कारों के जो अलग-अलग समय और अवसरों पर प्रस्तुत किए गए (लिखित या वाचिक) और बाद में एक जिल्द में इकट्ठा कर दिए गए। इनमें न विषयों की कोई बन्दिश है न कोई कालक्रम। फिर भी, भले ही अवसर के अनुरोध से हो, पर इनमें ऐसा बहुत कुछ है जिससे इस दौर की वैचारिकता और आलोचना के तेवर का बोध भी होता है और साहित्य के सामाजिक सन्दर्भ और सरोकारों की जानकारी भी मिलती है।

'कविता और समय' (1998) के बारे में खुद अरुण कमल का कहना है कि यह पत्रिकाओं की आदेश पूर्ति का फल है। यह संकलन है सत्रह-अठारह वर्षों में लिखित व प्रकाशित कुछ आलोचनात्मक निबन्ध एवं टिप्पणियों का। इनमें सबसे पुरानी 'इधर की हिन्दी कविता' 1980 की है। बाकी सब बाद

की है, 1997 तक की। बकौल लेखक इनमें संकलित आलोचनात्मक निबन्धों में से अधिकांश 'आलोचना' और 'पूर्वग्रह' में छपे थे। इनके अलावा भी वे हर मिजाज़ की पत्रिका में छपते रहे। इनमें 'नया-पथ', 'आजकल', 'साखी' 'साम्य,' 'दस्तावेज', 'वसुधा', 'पहल', 'समकालीन भारतीय साहित्य', 'कथ्य-रूप', 'कथा' जैसे तमाम नाम शामिल हैं। इनके अलावा कुछ वक्तव्य हैं जो भारत-भवन, हिन्दुस्तानी एकेडमी, भारतीय उच्च अध्ययन संस्थान शिमला आदि संस्थाओं में दिए गए।

अन्त में 'टिप्पणियाँ' नाम से संकलित छोटी रचनाओं के बीच में 'पारचून' शीर्षक के अन्तर्गत कवि और कविता पर 'कुछ अन्धाधुन्ध टिप्पणियाँ' हैं और वहीं अन्त में तीन प्रश्नोत्तर—क्रमशः 'तुलसीदास', 'त्रिलोचन', और 'कविता और समय' पर। इन रचनाओं में विषय के चुनाव का श्रेय-अश्रेय लेखक को नहीं दिया जा सकता क्योंकि वह तो आदेशदाताओं का है। पर निरपेक्ष भाव से लिखना उन्हीं रचनाओं पर सम्भव हुआ है जो निजी सम्बन्धों की परिधि में नहीं आते, इनमें अधिकांश रचनाकार उनके आदरास्पद हैं—तुलसीदास, निराला, नागार्जुन, त्रिलोचन, शमशेर, रघुवीर सहाय, नामवर सिंह, केदारनाथ सिंह, श्रीकान्त वर्मा आदि। नतीजा यह कि वे अपने को पाठ-केन्द्रित विश्लेषण तक सीमित रखते हैं और उसी के माध्यम से समकालीन रचना-परिदृश्य पर भी रोशनी डालते चलते हैं।

पर इन रचनाओं का स्वर प्रायः प्रशंसात्मक ही है, कहीं-कहीं अतिरंजित भी। कारण स्पष्ट है। जब किसी रचनाकार का रचना के बारे में किसी आयोजन के अवसर पर या किसी पत्रिका सम्पादक की फरमाइश पर लिखा जाता है, तो स्वभावतः आलोचक खामियों की नहीं खूबियों की तलाश करने का प्रयास करता है। ऐसे मूल्यांकन काफी हद तक पूर्वाग्रही हो जाते हैं। पर खूबियाँ तलाशने के लिए भी तो रचना में पैठने वाली अन्तर्बेधी दृष्टि और उसके मर्म को पकड़ने और उद्घाटित करने का विवेक चाहिए। अरुण कमल के पास उस विवेक की कमी तो है नहीं, उसे व्यक्त करने वाला स्वच्छ सार्थक गद्य भी है। लगे हाथों अपने समय के विवादों के प्रति सजगता और उनसे जुड़े प्रश्नों में भागीदारी करने की व्याकुलता भी इन्हीं रचनाओं में देखी जा सकती है। एकाध आलेख 'साहित्य क्या है?' जैसे अकादमिक से सवाल पर, जो संक्षिप्त है, पर साहित्य की समाज-सापेक्षता पर बड़े व्यापक सन्दर्भों के हवाले से लिखा गया है। पर यह भी तो सही है कि न होती फरमाइशें तो न

होती आलोचना, क्योंकि वे मूलतः तो कवि ही हैं, पर विचारवान कवि।

अरुण कमल की दूसरी आलोचना पुस्तक 'गोलमेज' उनकी पहली पुस्तक के नौ वर्ष बाद 2008 में प्रकाशित हुई। उन्होंने भूमिका में दो महत्त्वपूर्ण बातें कही हैं। एक तो शीर्षक के औचित्य की सफाई कि "हर आलोचना-कर्म वास्तव में एक गोलमेज वार्ता है जहाँ सारे मूल्य-प्रतिनिधि एक साथ बैठकर लड़ते-झगड़ते हैं और कुछ फैसले भी, सम्भव हुआ तो लेते हैं।" उनकी यह सोच और पुस्तक का शीर्षक सम्भवतः अंग्रेजी में प्रचलित आलोचकों की उस अड्डेबाजी की परम्परा से प्रेरित है जिसकी शुरुआत 'टेबल टॉक' नाम से सेमुअल जॉनसन ने की थी और विस्तार रोमांटिक कवि कॉलरिज के हाथों हुआ।

बहरहाल, दूसरी बात, जो उनके पहले संग्रह के बारे में भी लागू होती है, यही कि इस संकलन के निबन्धों की रचना भी उन संस्थाओं, संस्थानों के आयोजनों में व्याख्यानों या परिचर्चा में भागीदारी के निमित्त हुई जहाँ उन्हें आमन्त्रित किया गया। ये निबन्ध भी विभिन्न पत्रिकाओं में पहले प्रकाशित हो चुके हैं। पहले की ही तरह पत्रिकाएँ और विषय दोनों विविध हैं। गोकि सभी निबन्धों के अन्त में अवसर और पत्रिका का ब्योरा नहीं दिया गया है, जैसे 'भीष्म साहनी : न ममार न जीर्यति', और 'अन्तर्यात्रा : निर्मल वर्मा' जैसे मार्मिक स्मृति लेखों के अन्त में, जो वस्तुतः शोकांजलियाँ हैं।

विषयों का दायरा पहले संकलन की तुलना में अधिक व्यापक भी है और विविधतापूर्ण भी। कारण वही—आलोचना और फरमायश के अनुसार। पहले हिस्से में वे 'कबीर के मस्तक पर मोरपंख' से शुरू कर 'कवि नेरुदा' तक आते हैं। दूसरे में 'कविता के नए प्रतिमान' की पुनःप्रतिष्ठा के बाद अनुवाद सन्दर्भ पर 'गोलमेज' और फिर 'समकालीनता और कविता' के रिश्ते और 'हिन्दी समाज में साहित्य और साहित्यकार की स्थिति पर कुल मिलाकर चार निबन्ध।' तीसरे भाग में कुछ स्मृत्यालेख, कुछ कृतियाँ और अन्त में 'रामविलास शर्मा : कुछ प्रश्न कुछ उत्तर'। प्रश्नकर्ता का नाम नहीं दिया गया, पर प्रश्नोत्तर की तर्ज कुछ ऐसी है जैसे उत्तर इस वार्तालाप का पूर्व पक्ष हो और प्रश्न उत्तर पक्ष। और एक बार फिर 'पारचून' शीर्षक के अन्तर्गत कवि, कविता और समाज पर वही 'अन्धाधुन्ध टिप्पणियाँ'। और अन्त में दो वक्तव्य भारतभूषण अग्रवाल पुरस्कार की क्रमशः बीसवीं और पच्चीसवीं वर्षगाँठ पर और तीसरा स्वयं साहित्य अकादेमी का पुरस्कार ग्रहण करने पर। इन वक्तव्यों की

विशेषता इनका रचनात्मक गद्य है। हर वक्तव्य हिन्दी और हिन्दी की कविता के भविष्य के बारे में कवि की कुछ भविष्यवाणियों पर खत्म होता है : ''और एक दिन ऐसा भी आएगा जब पूरा समाज कवि का समानधर्मा होगा। कविता की मुक्ति और मनुष्य की मुक्ति एक साथ होगी।'' और ''हमारी कविता, हमारे देश की कविता एक साथ कई शताब्दियों में रहती हुई, अनेक पंचांगों को एक साथ मानती हुई एक ऐसे काल में भी अवस्थित होगी जहाँ कोई पंचांग नहीं होता, जहाँ दिन, मास, वर्ष की कोई गणना नहीं होती। तब धरती इतनी स्वच्छ और पवित्र होगी जैसे घर का आँगन और तब जूतों की जरूरत नहीं होगी।'' ऐसी स्वप्नशीलता, ऐसा भावोच्छलन कितना ही आश्वस्तकारी हो, आलोचनात्मक विवेक के बारे में सवाल तो खड़ा करता ही है, संकलन को 'पारचून' या (परचूनधर्मी) बनाने का खतरा भी पैदा करता है। क्या इन्हें शामिल करना बहुत जरूरी था?

उदय प्रकाश ने ठेठ आलोचना के रूप में परिभाषित किए जाने के नजरिए से शायद ही कुछ लिखा हो। पर इसका अर्थ यह बिलकुल नहीं है कि उनकी आँख आलोचना के परिदृश्य, उसके सरोकारों और उससे जुड़े सवालों पर न रही हो। उदय प्रकाश के साक्षात्कारों का एक संग्रह है : 'अपनी उनकी बात'। 'औरों के प्रश्नों के उत्तर में जो उन्होंने कहा, वह 'अपनी' और उनके प्रश्नों के उत्तर में जो औरों ने कहा वह 'उनकी' बात है।

प्रश्नों का सम्बन्ध मुख्यतः उदय प्रकाश की रचनाओं के मिजाज़ से है, पर उत्तर उसी ढब की दूसरी रचनाओं को समझने में भी मददगार हो सकते हैं। कुछ ऐसे सवाल भी हैं जो साहित्य के बुनियादी और मौजूदा सवाल है। कुछ मूल्यांकनपरक फैसलाकुन ढंग की टिप्पणियाँ हैं, जो कुछ लोगों के लिए बहस-तलब हो सकती हैं। मसलन : ''आप जिसे नई कहानी का आन्दोलन' कह रहे हैं, मैं उसे कोई आन्दोलन नहीं मानता। वह कथासाहित्य के व्यावसायीकरण का प्रारम्भिक दौर था, जिसका लाभ सबसे ज्यादा 'नई कहानी' की उस तिकड़ी या चौकड़ी ने उठाया, जिसके बारे में सब जानते हैं। वे इसे 'दूसरे कहानीकारों या उनकी उपलब्धियों को नकारने के', 'उनको हटाकर स्वयं को स्थापित करने के तरीके' के रूप में देखते हैं। जिसकी अति सातवें दशक में हुई, ''जब कविता में 'नई कविता', 'अकविता', 'भूखी पीढ़ी', 'नंगी पीढ़ी' आदि और कहानी में 'नई कहानी', 'अ-कहानी', 'समान्तर कहानी' आदि के तथाकथित आन्दोलन चल रहे थे। लगभग एक अराजकता का दृश्य रहा।''

इसी तरह उनका यह कहना कि "साहित्य में प्रगतिशील, जनवादी, दलित और स्त्री जैसे विभाजन होने ही नहीं चाहिए।"

इसी ढंग का जवाब उन्होंने 'लेखक-संगठनों' के बारे में पूछे गए सवाल का दिया : "ये नाममात्र के संगठन हैं और लेखक-संगठन नहीं, बल्कि राजनीतिक संगठनों की नकल है। जिस तरह राजनीतिक संगठन का काम आजकल सत्ता का प्रबन्धन माना जाता है, उसी तरह ये भी साहित्य-संस्कृति के प्रबन्धन को अपना काम मानते हैं।...लेखक भी मध्यवर्गीय हैं, उनके संगठन भी मध्यवर्गीय हैं और मध्यवर्ग में जो कमजोरियाँ–व्यक्तिवाद, अवसरवाद आदि होती हैं, वे लेखकों में भी हैं और उनके संगठनों में भी। पूरा समाज जिस अपसंस्कृति और उपभोक्तावाद का शिकार है, उसके शिकार लेखक भी हैं और उनके संगठन भी।" यह बात जब एक अनुभवी और सफल मध्यवर्गीय रचनाकार के द्वारा कही जाती है, तो इसे यूँ ही खारिज नहीं किया जा सकता।

साहित्य की दुनिया में भूमंडलीकरण और उससे पैदा होने वाले बाजारवादी दबाव को काफी समय से कोसा-सराहा जा रहा है। उदय प्रकाश ने दोनों के बीच कार्य-कारण सम्बन्ध का खुलासा करते हुए बाज़ार के प्रभाव की अनिवार्यता को निःसंकोच स्वीकार किया : "बाजार हमसे कहीं अलग नहीं, हम स्वयं भी बाज़ार में हैं और दूसरी बात यह कि जिसे हम उपभोक्ता कहते हैं, उसमें हम भी हैं और हमारे साहित्य का पाठक या ग्राहक भी है।...अब अगर वह हमारी साहित्यिक भाषा को नहीं समझता और बाजार की ही भाषा समझता है तो क्यों न हम बाजार की भाषा में लिखें? हम लोगों को भी, जो उन मूल्यों के पक्ष में खड़े है जिन पर आज संकट की घड़ी है, अपना एक दबाव बनाने के लिए बाज़ार की भाषा को अपनाना होगा।"

उदय प्रकाश का यह कथन उनकी कई रचनाओं की अनोखी बुनत और शैलीगत प्रयोगों की समझ के लिए कुंजी का काम करता है। इसके अलावा भी साहित्य की समझ और मूल्यांकन से जुड़े तमाम प्रसंगों पर उन्होंने अपनी जवाबदेही के दौरान बेबाक ढंग से विचार किया। मसलन रमेश उपाध्याय से बातचीत में इस बात को सतर्क साबित करने की कोशिश कि "जादुई यथार्थवाद तीसरी दुनिया के देशों की अपनी चीज है।" या कहानी के बारे में यह कहना कि "कहानी में आख्यान की मूल संरचना में, बहुत बड़े परिवर्तन नहीं हुए हैं। कहानी ऊपर से भले ही कुछ बदली हुई दिखाई दे, पर भीतर से लगभग वही है जो परम्परा से चली आ रही है। इसीलिए कहा जाता है

कि दुनिया की हर कहानी पहले ही लिखी जा चुकी है, हम केवल उसका पुनराख्यान करते हैं।" ज़ाहिर है यह उनकी अपनी कहानी-कला पर विदेशी प्रभाव के आरोपों को निरस्त करने का प्रयास भी है। उदय प्रकाश में अपने ऊपर किए जाने वाले आरोपों को स्वीकार करने का दम भी है और उनकी सफाई देने का विवेक भी।

कहानी-रचना में पुरानी लोक-कथाओं, आधुनिक जीवन से पहले की गाथाओं, उनमें इस्तेमाल किए जाने वाले 'मोटिफ' सबका इस्तेमाल करके भी यथार्थवादी रचना की परम्परा हमारे यहाँ कैसे पहले से ही चली आई है, उसे यूरोप से उधार ली गई प्रवृत्ति के रूप में देखने-समझने के चलन की भी काट करते हुए उन्होंने उसकी देसी ज़मीन और परम्परा पर जोर दिया—सोदाहरण।

ऐसा ही एक और मसला मीडिया द्वारा यथार्थ की प्रस्तुति का है। उन्होंने सूचना-सम्पन्नता को यथार्थ की जानकारी से अलग करते हुए उस वास्तविकता का खुलासा किया कि आज जो मीडिया का सूचना-संजाल है वह यथार्थ को हम तक पहुँचने नहीं दे रहा या अपने मनोवांछित रूप में पहुँचा रहा है। वह सूचनाओं को देने या दिखाने का ही नहीं छिपाने या दबाने का काम भी करता है। इसलिए हमें इस भ्रम से मुक्त हो जाना चाहिए कि हम मुक्त बाजार और मुक्त सूचना के युग में जी रहे हैं। हमें मीडिया-प्रदत्त सूचनाओं के बजाय अपने शरीर, अपनी इन्द्रियों, अपने ज्ञान, चेतना, विवेक और संवेदना पर भरोसा करना चाहिए।

हिन्दी आलोचना और आलोचकों के प्रति उनके मन में गहरी कड़वाहट है। उन्होंने फतवा दिया कि "हिन्दी में दरअसल अकादमिक और सृजनात्मक अर्थों में आलोचना का अस्तित्व है ही नहीं।" उनके इस कथन में सत्य का अंश भले ही हो कि "संस्कृति के क्षेत्र में सत्ता-संस्थान के भ्रष्ट होने की शुरुआत सत्ता से जुड़े लेखकों-बौद्धिकों के भ्रष्ट होने के बाद ही शुरू होती है।" पर उनकी ऐसी बहुत सी कटूक्तियों का कारण उनके कुछ निजी अनुभवों से उपजे बैर-भाव और हिसाब-किताब ही रहे हैं यह बात किसी से छिपी नहीं।

उन्होंने रह-रहकर जिस तरह बाहरी प्रभावों से प्रेरित रचना और आलोचना कर्म की भर्त्सना की है, उससे कभी-कभी सन्देह सा होने लगता है कि कहीं यह अपने लेखन के कुछ विदेशी प्रेरक स्रोतों से ध्यान बँटाने की कोशिश तो नहीं है। ओ हेनरी जैसे अंग्रेज़ी के बड़े कथाकारों की "मात्र कुछ तेज-तर्रार कहानियों का प्रभाव लेकर हिन्दी में कथाकारों की भरपूर फसल" को उदय

प्रकाश जिस तेवर से खारिज करते हैं तो वे भूल जाते हैं कि उनकी अपनी जादुई यथार्थवादी रचनाओं को भी उनकी तमाम कोशिशों के बावजूद कोई विशुद्ध देसी जमीन की फसल नहीं मानता।

वे आलोचना के स्वदेशीकरण की ज़रूरत पर जोर दें, यह तो समझ में आता है पर खुद दर्जनों विदेशी चिन्तकों और रचनाकारों की दुहाई देते हुए, तमाम परिचित/अल्प परिचित/अपरिचित विद्वानों के हवाले से अपनी बात कहे और दूसरों को धिक्कारें यह शोचनीय है। जिस इफ़रात से वे इतालो काल्विनों, रोलाँ बार्थ, अंबर्तो एको, टेरी इगलटन जैसे तमाम विदेशी लेखकों की 'नेम-ड्रॉपिंग' करते चलते हैं उतनी सहजता या बहुलता से प्राचीनों से लेकर आधुनिक आलोचकों/चिन्तकों की देसी परम्परा में कोई बड़ा नाम उनकी स्मृति में नहीं उभरता।

हिन्दी आलोचना से उनकी यह शिकायत भी विचारणीय है कि उसने ऐसे कवियों की लम्बी सूची के महत्त्व का परचम क्यों नहीं उठाए रखा जिन्होंने एक या दो बेशक बहुत अच्छी कविताएँ लिखकर लेखनी को विराम दे दिया। उदय प्रकाश की गिनाई हुई सूची में हिन्दी की सुपरिचित और प्रशंसित कविताएँ हैं। अपने रचनाकाल के लम्बे समय बाद तक उनका जिक्र किया जाता रहा है। पर यह नहीं भूलना चाहिए कि यदि 'उसने कहा था' जैसी रचनाओं की स्थायी कीर्ति की एक वजह गुलेरी जी का बहुमुखी कृतित्व और विपुल सर्जन-चिन्तन भी था तो इन कवियों की विस्मृति की एक वजह उनका अल्पजीवी रचना-कर्म है। एकाध रचनाएँ किसी रचनाकार को स्थायी यश की दावेदार नहीं बना सकतीं।

उदय प्रकाश ने खुद बच्चन जी के इस विश्वास का कि 'जब लिखो तो जम के लिखो' समर्थन करते हुए लिखा था कि "नए रचनाकारों के लिए उनकी यह प्रेरक बात काफी काम की है।" इसमें शक नहीं कि उदय प्रकाश ने कहानियाँ जब लिखीं जम के लिखीं। हर कहानी के पीछे की लम्बी तैयारी और एक दूसरी के बीच लम्बा अन्तराल इसका प्रमाण है। यह गुंजाइश पत्रकार-लेखक के पास नहीं होती। अखबारों/पत्रिकाओं के लिए जो खुदरा लेखन होता है उसमें अक्सर तात्कालिक दबाव के तहत तुरन्त प्रतिक्रिया को कलमबंद करके चलता करने की मजबूरी होती है। ऐसे मौकों पर लेखक की अपनी जमा-पूँजी यानी पढ़ा-लिखा, अर्जन-मनन काम आता है और लिखे हुए की गुणवत्ता पर अपनी छाप छोड़ता है। उदय प्रकाश के पास ऐसे पूँजी की

कमी नहीं है। यह बात अलग है कि वह प्रायः समयबद्ध भी है और पश्चिमोन्मुख भी। उनकी ऐसी रचनाओं के दो संकलन क्रमशः 'ईश्वर की आँख' (1999) और 'नई सदी का जनतन्त्र (2008) में प्रकाशित हुए। पहली में प्रकाशन वर्ष से दो दशक पहले से लिखे जाते रहे आलेखों का संग्रह है। और दूसरे में बकौल खुद उनके "छिटपुट यहाँ-वहाँ लिखे गए आलेखों-टिप्पणियों, निबन्ध-समीक्षाओं का संकलन है जिनकी रचना इन दो संकलनों के अन्तराल के बीच हुई। इनमें समीक्षाओं की संख्या अनुपात में कम है। पर बहुत कुछ ऐसा है जो उनकी अपनी रचनाओं को समझने के लिए सहायक सूत्रों का काम करता है। उनकी मानसिक बनावट को भी। 'ईश्वर की आँख' के पहले ही आलेख "सरकारें पलटती हैं जहाँ हम दर्द से करवट बदलते हैं।" 'हंस' में 1994 में छपा था। सोन नदी में लगभग डूब जाने के क्षणों में आसन्न मृत्यु का एहसास और फिर घाट पर कपड़े धो रही एक स्त्री के हाथों बचाव का क्षण क्योंकि "उस एक घटना के बाद से मृत्यु हमेशा मेरे आसपास रही है।" इसी अनुभव से उपजा यह सोच कि "मृत्यु को 'ह्यूमेराइज' नहीं किया जा सकता। किया नहीं जाना चाहिए। मृत्यु चेतना, विचार और इन्द्रियों को अभिभूत कर डालने वाली एक गम्भीर, अनिवार्य उपस्थिति है। यह सत्य की आत्मा है।"

ऐसे निष्कर्ष तक पहुँचने के पीछे उनका पारिवारिक इतिहास कि : "पिछली कई पीढ़ियों से हमारे परिवार में छियालीस वर्ष की आयु रेखा को पार नहीं किया।" इसके साथ ही यह भी कि "जिस व्यक्ति से भी मेरी घनिष्ठता और गहरी आत्मीयता स्थापित होती है, कुछ दिनों बाद अचानक किसी आश्चर्य की तरह यह तथ्य उद्‌घाटित होता है कि उसके परिवार में कैंसर का हस्तक्षेप कभी न कभी हो चुका है।" और अन्त में यह स्वीकृति कि "यह स्वीकार करने में कोई संकोच नहीं कि कैंसर और मृत्यु के आसन्न आगमन को अतिक्रमित करने या उससे टकराने की इच्छा ही मेरी कविताओं और कहानियों का मूल उद्‌गम स्रोत है।" क्या मृत्यु को जीतने की दारुण चेष्टा ही उदय प्रकाश की रचनाओं को समझने की कुंजी है। क्या किसी ऐसी स्थायी चेष्टा से उनकी या किसी भी रचनाकार की संवेदनशीलता या निर्ममता को, उसकी पसन्द-नापसन्द को, उसके ताटस्थ्य या संलग्नता को समझा-समझाया जा सकता है? या फिर ऐसी आत्मग्रासी निजता से मुक्ति या उसे अतिक्रमित करने में मिलने वाली सफलता रचना की कसौटी होती है, होनी चाहिए।

इसी लेख में उन्होने बहुत सी मौजूदा स्थितियों—सामाजिक और

साहित्यिक से अपनी नाराज़गी व्यक्त की। अपनी रचनाओं पर नकल होने के आरोपों का उत्तर दिया है। पर पता नहीं कि कभी उन्होंने अपनी ही इस प्रवृत्ति पर ध्यान दिया या नहीं कि वे खुद चाहे बात साहित्यिक रचनाओं की करें या मीडिया की, बराबर विदेशी साहित्य के हवाले या उद्धरणों के साक्ष्य पर अक्सर काम की बात भी नामों की थोक उद्धरणी के बोझ तले दम तोड़ देती है। ज़रूरी नहीं कि औसत पाठक उन तमाम रचनाओं और रचनाकारों से वाकिफ हो जिनके हवाले से वे कोई स्थापना करने की कोशिश कर रहे हों (दे. 'सत्य और भाषा और उपन्यास') यह उनका 'ऑबसेशन' है जिसके उदाहरणों की कोई कमी नहीं है।

एक सम्भावना यह भी है कि वे उच्च भ्रू बौद्धिकों पर नज़र रखकर अपनी बात कह रहे हों।

जब एक रचनाकार अपने समानधर्माओं पर पाठक/आलोचक की दृष्टि से विचार करता है तो सामान्य पाठक की अपेक्षा उसके मर्म तक पहुँचने वाली अन्तर्दृष्टि से वह अधिक सम्पन्न होता है। पर साथ ही उसके निष्कर्ष अक्सर निजी रचनाधर्मिता से परिचालित होते हैं। ज़रूरी नहीं कि पाठक उसके आलोचनात्मक विवेक का कायल हो। यह कठिनाई उदय प्रकाश की समीक्षात्मक रचनाओं में प्रायः पैदा होती है। अपनी पसन्द-नापसन्द का इजहार करते हुए उनके अतिरेकी निष्कर्ष और अहम्मन्यता की ठसक पाठक के लिए असमंजस पैदा करती है। उनके संकलन का शीर्षक (ईश्वर का आँख) तक इसका उदाहरण है।

इन संकलनों में 'आकलन' और 'समीक्षा' खंडों में संकलित कई आलेखों में यह बात कृतियों और कृतिकारों के चयन से लेकर उनके विश्लेषण विवेचन तक दिखाई पड़ती है। 'चयन' हो सकता है पत्रिकाओं का हो जिनके लिए ये 'समीक्षाएँ' की गईं, पर विवेचन का श्रेय तो समीक्षक के हिस्से में ही आएगा।

इसके बावजूद उनकी समीक्षाओं के बीच तमाम सूत्र ऐसे होते हैं जो रचनाकार आलोचक की कलम से ही उतर सकते थे, अध्यापकीय ढंग की आलोचना से नहीं। विशेषकर कृतियों में समय की पहचान का उनका आग्रह, साहित्य को देखने की वृहत्तर दृष्टि, उसे पाठक के लिए प्रासंगिक ही नहीं बनाती उसके नजरिए और समझ का विस्तार भी करती है। आलोचना को 'कथ्य और शिल्प' की बन्द और 'एक्सक्लूसिव' कारा से बाहर निकालकर समाज की खुली दुनिया से जोड़ती है। अनकहे ढंग से प्रतिमानों की अवधारणा

का विस्तार भी करती है।

यह सम्भव शायद इसलिए हुआ कि उदय प्रकाश ने निरन्तर फिल्म, पत्रकारिता, संस्कृति के तमाम अन्य क्षेत्रों में विचरण और संघर्ष किया। नतीजतन समाज में जो भी घटित हो रहा था उस पर उनकी नज़र बराबर टिकी रही। कहना न होगा कि इस अनुभव-समृद्ध जीवन-दृष्टि ने, (भले ही उसमें कटुता का योग अधिक रहा हो) यदि उनमें तल्खी पैदा की, उनके राग-द्वेष को नियमित किया, तो विवेक और प्रौढ़ समझ भी कम पैदा नहीं की। इसका प्रमाण उनकी समीक्षाओं से ज्यादा उन तमाम टिप्पणियों में मिलता है जो उन्होंने सामयिक विषयों पर अखबारों और पत्रिकाओं में की। वे अपनी वस्तुनिष्ठ दृष्टि और बेलाग अभिव्यक्ति के कारण अधिक प्रभावी हैं। इसलिए और भी क्योंकि उनका लेखक महज़ पत्रकार नहीं, मेधावी रचनाकार है।

रचनाकारों की इस पीढ़ी में आलोचकीय विवेक, निस्संग दृष्टि और अभिव्यक्ति लाघव **राजेश जोशी** में सबसे अधिक है। उन्होंने भी अपने समानधर्माओं की तरह आलोचना जमकर नहीं की। पर जितनी और जैसी की वह कहने के लिए 'एक कवि की नोटबुक' (2005) में और 'समकालीनता और साहित्य' नाम से 'एक कवि की दूसरी नोटबुक' (2010) में संकलित है। दोनों में गाहे-बगाहे यूँ ही अंकित कर ली जाने वाले टीप नहीं हैं। पहली नोटबुक कविता पर केन्द्रित है और दूसरी में 'कविता और गद्य (दोनों) का लेखा-जोखा है। पहली नोटबुक के बारे में लेखक का कहना है कि 'इस किताब में कवियों या कविता पर केन्द्रित जो टिप्पणियाँ हैं या कविता की किताबों पर समीक्षात्मक टिप्पणियाँ, सब कुल मिलाकर नोट्स ही हैं।'' वे उन्हें डायरियाँ कहना भी मुनासिब नहीं समझते, क्योंकि ''डायरियों में एक व्यवस्था होती है।'' जबकि इन तथाकथित नोट्स में बेतरतीबी है। एक अव्यवस्था है।'' पर यह अव्यवस्था विषय के प्रति गैरज़िम्मेदाराना रवैए से नहीं बल्कि ''रचना के भीतर अर्जित की गई स्वतन्त्रता के अधिक करीब पहुँचने में'' ज्यादा कारगर कोशिश के रूप में फलित होती है।

''आठवें दशक की कविता को सामने रखकर अपने से पहले की कविता को टटोलने की कोशिश में नोट्स का पुलिन्दा'' है यह नोटबुक। जिसमें राजेश जोशी के अनुसार, ''व्यवस्था कम, बहक ज़्यादा है।'' हो सकता है उन्होंने यह कहना इसलिए मुनासिब समझा हो क्योंकि इसकी रचना किसी योजनाबद्ध ढंग से किसी विशेष विषय को केन्द्र बनाकर जमकर नहीं की गई। पर क्या ''अपने

से पहले की कविता को टटोलने की कोशिश'' ही वह केन्द्रीय सरोकार नहीं है जो नोट्स के इस पुलिन्दे को एक व्यवसथा देता है। क्या टटोलने की इस कोशिश के सार रूप में गढ़ा गया यह रूपक विचारणीय नहीं है कि हिन्दी कविता की ''काया मुक्तिबोध, शमशेर, नागार्जुन, केदारनाथ अग्रवाल और त्रिलोचन के पाँच तत्त्वों से बनी है और इसके प्राणतत्त्व निराला हैं।'' यह बात अलग है कि यह रूपक एक विशेष दौर की कविता पर ही लागू किया जा सकता है और इसमें बहुतों को अज्ञेय की अनुपस्थिति पर आपत्ति भी हो सकती है। पर गढ़ने वाले की नीयत और सूझ पर शक नहीं किया जा सकता।

राजेश जोशी के नोट्स के पुलिन्दों पर संक्षेप में विचार करना, उनमें बहुत कुछ को छोड़ देने या अनदेखा कर देने जैसा है। पर प्रस्तुत प्रसंग में वैसा ही सम्भव है। इसलिए फिलहाल कुछ ऐसी बातों का जिक्र जो सिर्फ उनकी ही पहचान हो सकती हैं। पहली बात : ये नोट्स कवि और कविता पर ही केन्द्रित हैं। जब वे इस दायरे से बाहर निकलते हैं–जैसे 'मणिकर्ण' पर दो टिप्पणियों में, 'नदी और जल' और 'रंगों के बारे में' तो भी पाठक जानता है कि यह टिप्पणी एक कवि ही कर सकता है। वैसा लिखने के लिए एक कवि की ही आँख, उसकी संवेदनशीलता और कलम चाहिए। कुछ टिप्पणियाँ ऐसी जिनका 'आलोचना' या उसके ह्रास से गहरा रिश्ता है–'अड्डेबाजी का अन्त : एक और दो' या फिर लेखक की मानसिक बनावट और घुमक्कड़ी से उसका रिश्ता। ऐसी टिप्पणियाँ लेखकीय-संस्कृति के कुछ पक्षों की तरफ ध्यान दिलाती हैं।

'एक कवि की नोटबुक' के नोट्स पाँच हिस्सों में बँटे हैं। दरअसल नोट्स तो मुख्यतः दो ही हिस्सों में हैं। पहले का (क्रम में दूसरा) शीर्षक ही है 'एक कवि की नोटबुक' और दूसरे का 'टिप्पणियाँ'। दोनों में फ़र्क़ बारीक है। पहले में शायद 'कवि' यानी उसकी निजता का अनुपात कुछ ज़्यादा है और दूसरे में कम। ''टिप्पणियों के शीर्षक अलबत्ता यह भ्रम ज़रूर पैदा करते हैं–अपने समय का रूपक खोजती कविता, कामोद्दीपक (इरोटिक कविता), प्रेम कविता, गद्य कविता और कविता का आठवाँ दशक पर 'एक कवि की नोटबुक' शीर्षक खंड में संकलित नोट्स में भी तमाम ऐसे सूत्र हैं जो कविता की रचना प्रक्रिया से, उसकी समझ से ताल्लुक रखते हैं, जिनमें आलोचक के विवेक और पैठ का साक्ष्य मिलता है। कुछ उदाहरण हैं : ''कविता में, भाषा का बोझ बढ़ रहा है। कविता में अब ज़्यादा शब्द, ज़्यादा भाषा का उपयोग हो रहा है। उसमें

शब्दान्तराल कम है। भाषा के मामले में वह मितव्ययी कविता नहीं है। वह ज़्यादा बोलती है।'' और फिर यह सवाल कि ''क्या यह इस नए बाज़ार की भाषा है। क्या यह वस्तुओं के आक्रमण से उपजी भाषा है?'' (कविता और वस्तुएँ)।

वे तमाम गम्भीर प्रश्नों पर सूत्रों में बोलते हैं। दृष्टांतों के, रूपकों के, व्यंजनाओं के सहारे। मसलन : ''जैसे ज्योतिष, जो घट चुका और घटेगा, दोनों को समेटता है, उसी तरह कविता को भी अपने डैने फैलाकर रखने चाहिए।'' (ज्योतिष और कविता)

''सामूहिकता वर्चस्वशाली का गुण नहीं है। उत्पीड़ित का स्वभाव है।'' (गाना) ''कवि एक दुनिया रचता है और उस सृष्टि के अस्तित्व में आते ही वह सबसे पहले उससे बाहर कर दिया जाता है या बाहर हो जाता है।'' (कवि का निर्वासन) ''फैंटेसी मुक्तिबोध के लिए बाध्यता है और वात्स्यायन जी के लिए मात्र एक प्रयोग।'' (फैंटेसी और प्रतिरोध)।

राजेश जोशी के लेखन में ऐसे व्याख्यासापेक्ष अर्थगर्भित सूत्रों की भरमार है, वैविध्य भी। क्योंकि उन्होंने हर रंग के कवि पर कलम उठाई है। वरिष्ठों पर कुछ विस्तार से–''आएँगे वे जन भी देश के धरातल पर'' किताब की अन्तिम रचना है। 'अरघान' शीर्षक है इसका जिसे वे खुद ''निराला की कविता पर एक बेतरतीब-सी आधी-अधूरी टिप्पणी'' कहते हैं। निराला के 'बहुवचनीय' और 'बहुविध' कविता-संसार की केन्द्रीयता को पकड़ पाने में उन्हें दिक्कत महसूस होती है। वे इसका बयान कुछ ऐसे करते हैं : ''उसका कोई एक अकेला 'की होल' नहीं है। उपयुक्त चाबी के लगते ही जो खुल जाए या कम से कम खुलने लगे, हमारे सामने। कोई ऐसी केन्द्रीयता, जहाँ से प्रवेश करके टोहते हुए आप उसे जानते चले जाएँ, परत-दर-परत, धीरे-धीरे जो खुलता जाए। प्रकट हो जाए। इतना आसान नहीं। थोड़ी टेढ़ी खीर है।'' यह बयान कुछ दूर तक चलता है और निराला में निरालेपन की तरफ कुछ ऐसे सूत्रों में इशारा करता चलता है कि कोई समझदार पाठक चाहे तो उसमें से अनेक चाबियाँ और उतने ही प्रवेश द्वारों को पा सकता है। इस तथाकथित बेतरतीब-सी आधी-अधूरी टिप्पणी में उन्होंने अपने प्रवेश के लिए निराला की कविता 'महगू महँगा रहा' का चुनाव किया है। परत-दर-परत वे इस कविता से गुज़रते हुए मुक्तिबोध की कविता 'भूल गलती' तक का रास्ता तय करते हैं। दोनों कविताओं के आधार पर इन कविताओं की ही नहीं, दोनों कवियों

की काव्य-चेतना, उनके रचना-समय और अभिव्यक्ति के ढब की तुलना करते हुए इस नतीजे पर पहुँचते हैं कि "शायद इसीलिए निराला की कविता मुझे अपने लिए ज़्यादा करीब लगती है।"

राजेश जोशी नाम के कवि की इस नोटबुक में कविता और कवियों के बारे में उनकी पसन्द-नापसन्द को, विचार की परिधि के विस्तार को, आलोचक की अन्तर्बेधी दृष्टि और विवेक को, और इस सबसे अधिक भाषा की रचनात्मकता को पंक्ति-पंक्ति में विशेषकर नोट्स के शीर्षकों में सराहा जा सकता है।

वरिष्ठों में उन्हें मुक्तिबोध, शमशेर, नागार्जुन, त्रिलोचन, केदारनाथ अग्रवाल, रघुवीर सहाय और केदारनाथ सिंह कुछ विस्तार से विचार करने लायक लगते हैं। इनमें अज्ञेय की लगभग अनुपस्थिति कुछ चौंकाती है। ध्यान देने की बात है कि इन कवियों पर उन्होंने 'आधार' शीर्षक में कुछ विस्तार से विचार किया है। 'एक कवि की नोटबुक' में सिलसिला कुछ व्यापक हो गया है। अपने समकालीनों और इर्द-गिर्द के रचनाकारों में विष्णु नागर, अरुण कमल, वेणु गोपाल, कुमार विकल, चन्द्रकान्त देवताले, धूमिल, विनोद कुमार शुक्ल, ज्ञानेन्द्रपति आदि की किसी एक कविता या एक प्रवृत्ति के सहारे वे उसके रचनात्मक भूल को पकड़ने का प्रयास करते हैं। वही पद्धति–किसी ऐसी केन्द्रीयता की तलाश जिसके पकड़ में आने पर रचना का मर्म परत-दर-परत खुलता जाता है यथावसर तुलनात्मक टिप्पणियों के साथ। क्या यह मात्र संयोग है कि उनके पसन्दीदा कवियों में मध्यप्रदेशवासियों की संख्या औरों के अनुपात में कुछ ज्यादा है।

इस नोटबुक में एक दिलचस्प और विचारणीय टिप्पणी आलोचना की दशा पर भी है : "अड्डेबाजी के अन्त का शायद सबसे बुरा प्रभाव हमारी आलोचना पर हुआ है।" "खुली बहसें जब खत्म होने लगती हैं तो कुटिल कानाफूसी उसकी जगह ले लेती है।" "अड्डेबाजी के अन्त ने लेखक को सूमड़, कान का कच्चा और अपनी आलोचना और मजाक के प्रति बहुत अनुदार बनाया है।"

राजेश जोशी के दूसरे संकलन 'समकालीनता और साहित्य' में शीर्षक के अनुरूप उन्होंने **अपने समय में** कविता और गद्य का लेखा-जोखा प्रस्तुत किया है–तरह-तरह से। खुद उनके अनुसार "इस दूसरी नोटबुक का मिजाज थोड़ा अलग है।" अलग इसलिए कि इसमें कविता के अलावा गद्य पर लिखी गई

टिप्पणियाँ तो हैं ही, जीवन-जगत के नाना व्यापारों और पक्षों पर मसलन 'वनस्पतियों और परिन्दों के नाम', 'आवारगी और कविता', 'पुराने सिक्के नए सिक्के' 'तारा पीठ की तारा...तारा माँ' जैसी अनेक टिप्पणियाँ शामिल हैं। पर नज़र उनकी अपने समय पर ही है। इसलिए जब वे अन्त में 'रामचरितमानस को पढ़ने के सुख और दुख' की बात करते हैं तो यह भी अपने समय में 'अरघान' के बतौर वैसा ही सलूक है जैसे पहली नोटबुक के अन्त में 'निराला' के साथ किया गया था। यानी अपने समय में खड़े रहकर पूर्व-परम्परा की तरफ मुड़कर उसके दाय की पहचान करना।

राजेश जोशी द्वारा प्रस्तुत यह लेखा-जोखा बहुत सी बातों के लिए महत्त्वपूर्ण है। संकलन की शुरुआती टिप्पणी कविता पर (जिसे यदि 'साहित्य' पढ़ लिया जाए तो कोई हर्ज़ नहीं) उनके अटूट विश्वास का बोध कराती है। शीर्षक है 'बची हुई विश्वसनीय आवाज़' जिसका पहला ही वाक्य है : ''कविता सम्भवतः हमारे समय की वह आखिरी आवाज़ है जिसे बाज़ार और हिंसा अभी तक मलिन और गुमराह नहीं कर सकी है।'' जाहिर है कविता की ताकत पर यह कुछ ज़्यादा ही भरोसा करना है क्योंकि उनका मानना यह भी है कि : ''दृश्य में हस्तक्षेप करना कविता का ही जैविक विस्तार है।'' जबकि वास्तविकता यह है कि चारों ओर का परिदृश्य यानी कविता-समय कविता पर भले ही निर्णायक असर डाले, पर अपने सीमित पाठक समुदाय को लिये-दिये दृश्य में कारगर हस्तक्षेप करना कविता के लिए किस रूप में और कितनी दूर तक संभव हुआ है, यह विचारणीय है।

बहरहाल, संकलन के अलग-अलग खंडों में राजेश जोशी ने जो कुछ भी टिप्पणियाँ, नोट्स और समीक्षा के रूप में लिखा–'कुछ कवि कुछ किताबें', 'कुछ कवि और कुछ और कविताएँ' (शीर्षकों पर शमशेर के 'कुछ कविताएँ' और 'कुछ और कविताएँ' की छाप है) तथा 'गद्यकाल' नाम से उसमें न कोई योजना है न तरतीब। इसके बावजूद बहुत कुछ ऐसा है जिससे उनकी अलग और विशिष्ट पहचान बनती है।

शीर्षक के अनुरूप उनके विचार-केन्द्र में जितना साहित्य है, उतना ही समय। साहित्य और समय की परस्पर-सम्बद्धता। साहित्य की विशिष्टताओं, उसके संकटों, उसके शिल्प और भाषा पर बात करते हुए रचना-समय की वास्तविकता, घटनाक्रम बराबर उनके ध्यान में बना रहता है। उदाहरण के लिए समकालीन कविता के संकट की पहचान के लिए उन्होंने इस बात पर जोर

दिया कि सन् 1985 से 90 के बीच की घटनाओं पर विचार किया जाना हमारे जातीय मानस को समझने के लिए ज़रूरी है।

इसी तरह यह भी कि 15 अगस्त, 1947 को एक काल्पनिक विभाजक रेखा मानकर समय को स्वतंत्रता पूर्व और स्वातंत्र्योत्तर में विभाजित कर लेना विमर्श के लिए तय की गई सुविधा भर मान लेना एक किस्म का सरलीकरण होगा। 'समकालीनता' पद के इस्तेमाल के बारे में भी उन्होंने सचेत किया कि हम 'विभाजक रेखाओं को स्वीकार किए बिना आगे नहीं बढ़ सकते। यानी 'समकालीन' घटनाक्रम हो या साहित्य, उस पर विचार करने से पहले यह साफ कर लेना ज़रूरी है कि हम उसकी शुरुआत और अन्त कहाँ से कहाँ तक मानते हुए अपनी विचार-परिधि की सीमा निर्धारित करते हैं।

साहित्य की बनावट और बुनावट पर समकालीन घटनाओं का प्रभाव जिस रूप में पड़ा है इसका जिक्र उन्होंने मध्यवर्ग के जीवन की रफ्तार और गणित में आने वाले बदलाव पर बिल-गेट के कम्प्यूटर की आमद के प्रभाव के रूप में किया। कैसे नॉलिज बेस्ड ज्ञानाश्रयी समाज जब इन्फॉर्मेशन बेस्ड सूचनाश्रयी समाज में बदलता है तब कविता और गद्य की भाषा का फ़र्क़ खत्म हो जाता है।

इसी तरह उन्होंने 'गोदान' और 'कामायनी' और जवाहरलाल नेहरू की आत्मकथा के सारतत्त्व (1931) में एक ही दौर की रचनाएँ होने के कारण कुछ समानान्तरता लक्ष्य की। "अपने सारतत्त्व और पढ़ने के बाद मन पर बच रहे प्रभाव में महान ट्रेजिडीज़ ही हैं।" क्योंकि "निराशा से उपजी रिक्तता का सम्बन्ध चौथे दशक की मन्दी और राजनीतिक परिस्थितियों के साथ रचनाकार की निजी जीवन स्थितियों से भी उतना ही है।"

पर सामाजिक स्थितियों के साथ समाजशास्त्रीय अन्दाज में जोड़ बिठाने की कोशिश का समर्थन नहीं करते राजेश जोशी। ऐसी कोशिश से रचना को 'निरर्थक सवालों के कटघरे में' खड़ा कर देने का खतरा पैदा होता है। रचना हर छोटी-बड़ी घटना का साक्ष्य नहीं प्रस्तुत करती। कविता के बाहर का समय तो सामाजिक-राजनीतिक समय होता है। जीवन के कार्यकलापों और हलचलों से भरा समय। कविता के भीतर का समय इसी बाहर के समय से आयात किया गया समय होता है। बाहरी समय की अनुकृति नहीं, पुनर्सृजित समय जो न बाहर के समय की 'अनुरचना' होता है और न ही उसका 'अनुकीर्तन'। होता इतना ही है कि उसकी लय में जो अन्तर्निहित गति होती है वह बाहर

के समय के दबाव को प्रकट करती है।

ध्यान देने की बात है कि राजेश जोशी ने अस्सी के बाद से कविता में ब्योरों की बढ़त पर एतराज किया है : ''ऐसा लगता है जैसे किसी ने वनस्पति को वनस्पतिशास्त्र में बदल दिया है।'' ब्योरों की बढ़त कभी-कभी कविता के आकार में अनावश्यक विस्तार करती है। उसकी तुलना में ''छोटे आकार में लिखी गई रचना अपनी भाषा के बारे में ही नहीं, अपनी अन्तर्वस्तु के बारे में भी ज़्यादा चौकन्नी होती है।''

कविता की रचना-प्रक्रिया, शिल्प, समय और समाज से उसके रिश्ते की प्रकृति, उसकी ताकत जैसे तमाम मुद्दों पर अपनी टिप्पणियों और नोट्स में राजेश जोशी ने बड़े मानीखेज़ सूत्रों में विचार किया है। इसके अलावा उन्होंने कुछ कवियों और कुछ किताबों पर दो खंडों में और 'गद्यकाल' पर एक खंड में जो संक्षिप्त समीक्षात्मक आलेख लिखे वे भी अनेक अर्थों में विशिष्ट हैं। इनमें भी न आपस में कोई सम्बन्ध है, न कोई तरतीब। दो आरम्भिक लेखों में समकालीनता की हद को कुछ पीछे ले जाते हुए उन्होंने 'प्रसाद के नाटकों की कविता' और 'मायकोव्स्की की कविताएँ' पर अपने समकालीन होने के कारण नहीं, उनकी रचना में 'समकालीनता' यानी वर्तमान समय में उनकी अर्थवत्ता के नजरिए से विचार किया। इसी खंड में आगे चलकर उन्होंने नरेश मेहता, शिवमंगल सिंह 'सुमन', त्रिलोचन जैसे वरिष्ठ कवियों के किसी एक काव्य-संग्रह या किसी एक केन्द्रीय विशेषता का विश्लेषण किया—बड़ी निजता और निष्ठा से। और तो और 'गद्यकाल' में हरिशंकर परसाई की व्यंग्य रचनाओं के बीच उनके 'लेखन में कविता की एक महीन बुनावट' खोज निकाली और इस बुनावट को 'घायल वसन्त' उद्धरण से स्पष्ट किया। खास बात यह कि उन्होंने उसकी व्याख्या कलावादी कविता के विरुद्ध एक 'तीव्र समााजिक अनुभूति' की कविता के रूप में की।

राजेश जोशी ने अपनी नजर जानी-पहचानी लोकप्रिय रचनाओं से ज़्यादा उन रचनाओं पर डाली जो किसी वजह से अनदेखी या कमदेखी रह गई हैं। इनमें 1857 पर लिखी गई कुछ विस्मृत और कुछ ऐसी कविताओं का जिक्र है जो अनदेखी रह गईं। इनके अलावा कुछ जाने-माने कवियों की कम चर्चित कविताओं की तरफ़ भी उन्होंने ध्यान आकर्षित किया जिनमें भोपाल के दिवंगत कवि सोमदत्त की दो कविताओं के अलावा जाने-माने कवि कुँवर नारायण की कविता 'नीरो का संगीत प्रेम' उल्लेखनीय है। इन कविताओं पर

पाठकों ने कम ध्यान दिया था। इसी क्रम में उन्होंने स्वर्गीय कवि वेणु गोपाल की 'आवारगी और कविता' का विश्लेषण किया। एक ऐसा कवि जिसे सम्भवतः अपने औघड़पन और अजीबोगरीब ढंग की जिन्दगी जीने के कारण अपेक्षित महत्त्व नहीं मिला था। कुछ उपेक्षित कवियों और रचनाओं को विषय बनाकर राजेश जोशी ने अनछुए-अनदेखे विषयों को तो आलोकित किया ही, कुछ ऐसे कवियों पर भी ध्यान दिया जिनसे बड़ी अपेक्षाएँ अधूरी रह गईं। इनमें सुकांत भट्टाचार्य (कुल आयु 26 वर्ष) और हिमालय के गायक चन्द्र कुँवर बर्त्वाल (कुल आयु 28 वर्ष) उल्लेखनीय है।

राजेश जोशी की समीक्षक नजर का विस्तार और वैविध्य आश्चर्यजनक है। अपने समय की दो युवतम पीढ़ी की कवयित्रियों में नीलेश रघुवंशी, 'चौसर' पर लिखी कविता के कारण और कात्यायनी 'हॉकी खेलती लड़कियाँ' शीर्षक कविता के कारण उन्हें विचारणीय लगीं। पहली इसलिए कि उसमें 'कुछ उम्रदराज ग्रामीणों के चौसर खेलने का रोचक वर्णन है। कविता खेल को बिम्ब या रूपक में बदलकर किसी अन्य बात की ओर संकेत करने की कोशिश नहीं करती।' "दूसरी इसलिए ध्यान आकर्षित करती है कि उसमें 'वर्गीय पहचान के बनिस्बत लिंग-अस्मिता का प्रश्न प्रमुख हो गया है। ये एक छोटे शहर की लड़कियाँ हैं। इसमें हमारे घरों में लड़कियों को लेकर सोचने-समझने के ढंग से टकराव की ध्वनियाँ हैं। ये लड़कियाँ उस सोच से निपटने की तैयारी करती अपने घर लौटती हैं।" दो कविताएँ, दोनों की अलग प्रकृति, अतः विश्लेषण के अलग तर्क।

लगभग इसी ढंग से उन्होंने अपने जिन हमउम्र कवियों की रचनाओं को विचार का विषय बनाया, उनमें कई रंग के कवि शामिल हैं। देवीप्रसाद मिश्र, बद्रीनारायण, लीलाधर मंडलोई, सुदीप बनर्जी, विनय दुबे, मनमोहन और मलय आदि। लिखने के अनुपात और वैचारिकता में सब एक दूसरे से अलग। इन नामों के चुनाव पर भी कुछ मतभेद की गुंजाइश हो सकती है। वह बहुत कुछ व्यक्ति की निजी पसन्द-नापसन्द का मामला होता है। इनमें से मनमोहन जैसे कवियों ने तो परिमाण में भी बहुत कम लिखा है। पर यदि राजेश जोशी इन पर टिप्पणियाँ या समीक्षात्मक आलेख लिखने के लिए प्रेरित होते हैं, तो इसके उनके अपने तर्क तो हैं ही, हर कवि और कविता को उसकी विशिष्टता में पहचानने की क्षमता भी है और अनायास कुछ प्रतिमानों का प्रस्ताव भी। जाहिर है, इन प्रतिमानों की कोई निश्चित व्यवस्था या तन्त्र नहीं है। उनका

स्वरूप रचना की प्रकृति और बनावट से तय होता है। उदाहरण के लिए मालवा के **लोककवि** भावसरे बा के मूल्यांकन की कसौटी ठीक वही नहीं हो सकती जैसी नागर कवियों की।

यह विविधता 'गद्यकाल' में भी बरकरार है। वे प्रेमचन्द की प्रसिद्ध कहानी 'शतरंज के खिलाड़ी' से शुरुआत करते हैं। पर प्रेमचन्द के अलावा उन्होंने दो ही और कहानीकारों पर विचार किया है—स्वयंप्रकाश और शशांक। इन दोनों के अलावा एक नाम और है—हरिशंकर परसाई का, जिनके निबन्ध और कहानियाँ राजेश जोशी को इसलिए विचारणीय लगी क्योंकि "उनकी कला में लोककथाओं की सरलता और नाटकीयता दोनों हैं।" इसके अलावा "राजनीति परसाई की रचना का एक सबसे महत्त्वपूर्ण पक्ष है।" परसाई ने खुद लिखा भी है कि "राजनीति मनुष्य की नियति तय कर रही है।" उन्हें कहानी और निबन्ध दोनों में परसाई एक 'समर्थ शिल्पकार' मालूम होते हैं। उन्होंने 'फंतासी और यथार्थ के समन्वय के अद्‍भुत प्रयोग' तो किए ही। उनकी रचनाओं की विशेषता इस बात में है कि उनका कलेवर ऊपर से भले ही यह एहसास कराए कि "जैसे फक्कड़िया अन्दाज में कोई सामाजिक विद्रूपताओं को उधेड़ रहा है, पर उसके भीतर एक गहरी जिम्मेदारी अन्तर्निहित है।" परसाई अपने विशिष्ट शिल्प के अलावा राजेश जोशी को इसीलिए महत्त्वपूर्ण रचनाकार लगते हैं कि "हमारे समाज की शासक राजनीति के ढोंग, कठमुल्लेपन, क्रूरताएँ और विसंगतियों को जितना पसाई ने बेनकाब किया है, उतना हमारे समय के किसी अन्य लेखक ने नहीं।"

इस खंड में श्रीलाल शुक्ल एकमात्र ऐसे कथाकार हैं जिनके दो उपन्यासों—'मकान' पर 'कुछ नोट्स : बेतरतीब से' और 'राग दरबारी' पर कुछ टिप्पणियाँ की गई हैं। 'नोट्स' बेतरतीब होने के बावजूद कुछ लम्बे और टिप्पणियाँ 'राग दरबारी' उपन्यास की टिप्पणियों को रेखांकित करने के बाद उसे 'खिलंदडे गद्य' के ऐसे उदाहरण के रूप में देखने-दिखाने का प्रयास जो "आजादी के बाद के भारतीय समाज के राजनीतिक, समाजिक और सांस्कृतिक विद्रूप की जितनी अधिक परतों में झाँकने और उसे उधेड़ने का काम करते हैं उतना कम ही रचनाकार कर पाते हैं।"

इस क्रम में उन्होंने दूधनाथ सिंह के उपन्यास 'आखिरी कलाम' का कुछ विस्तार से विश्लेषण किया है। उन्होंने खुद उसको 'कुछ असम्बद्ध सी टीपें' के खाते में भले ही डाल दिया है पर इस रचना के औपन्यासिक शिल्प के बारे

में इन 'टीपों' में कुछ मौलिक और महत्त्वपूर्ण सूत्रों में उनका विस्तार किया : ''इसका प्रारूप सफरनामे का है कि यह औपन्यासिक गद्य के भीतर एक स्वतंत्रता आन्दोलन है।'' उसमें एलियनेशन इफेक्ट पैदा करने वाली ब्रेख्तियन नाटक की प्रविधि की खोज के बाद अन्त में वे इस निष्कर्ष पर पहुँचे कि ''तत्सत पांडेय की मृत्यु और जमील का पागल होना ही जैसे इस पूरे उन्माद की अनिवार्य परिणति है।'' वैसे ही जैसे ''पागलपन के उन्माद ने कभी मंटो के यहाँ टोबा टेकसिंग को पैदा किया था।''

अन्य गद्य-विधाओं में राजेश जोशी ने मुक्तिबोध और नेमिचन्द्र जैन के बीच हुए पत्राचार, नामवर सिंह की आलोचना पुस्तक 'कविता के नए प्रतिमान' और विश्वनाथ त्रिपाठी की 'विधाओं के खाँचे से मुक्त' रचना 'नंगातलाई का गाँव' पर ध्यान दिया।

तीन रचनाएँ, तीन विधाएँ, विश्लेषण की तीन पद्धतियाँ। सबमें अलग-अलग राहों से रचना के मर्म तक पहुँचने और सस्वर चिन्तन की शैली में सम्प्रेषित करने की व्यग्रता—यथावश्यक छोटी-बड़ी टीपों, नोट्स और समीक्षाधर्मी छोटे-बड़े आलेखों के माध्मय से। जहाँ तक बात ले जाए वहीं तक कम न ज़्यादा। यही राजेश जोशी की शैली की विशिष्ट पहचान है।

इस क्रम में एक और उल्लेखनीय नाम नीलाभ का है। नीलाभ बहुमुखी प्रतिभासम्पन्न रचनाकार हैं—एक साथ कवि, गद्यकार, अनुवादक, पटकथा-लेखक आरम्भ में प्रकाशक भी। उनके अनुभव का क्षेत्र व्यापक है। सबसे अधिक महारत उन्हें अनुवाद कर्म में हासिल है। इस कारण साहित्य की विविधता में विचरण करने का अवसर उन्हें सहज रूप में मिलता रहा है। आलोचनात्मक रचनाओं में उनके दो संकलन प्रकाशित हुए 'प्रतिमानों की पुरोहिती' (2005) और 'पूरा घर है कविता-हिन्दी कविता का परिदृश्य' (2008) जैसा शीर्षकों से प्रकट है, दूसरा संकलन 'कविता केन्द्रित है, और पहले का दायरा अपेक्षाकृत व्यापक है। लेखक के अनुसार पहले संग्रह के ''लेखों का प्रमुख सरोकार साहित्य और विशेष रूप से कविता से है, मगर इनका दायरा कुछ ऐसे बेढंगेपन से विस्तृत है कि वह राजनीति, इतिहास, समाजशास्त्र, अन्य कला-रूपों और जिसे शास्त्रीय शब्दावली से कहते हैं, सिद्धान्त विवेचन तक फैला हुआ है।'' जिसे नीलाभ ने बेढंगेपन से विस्तृत दायरा कहा है, दरअस्ल वही इसकी खासियत है। गालिब के हवाले से 'मुद्दआ अंका' शीर्षक में नीलाभ ने इन लेखों की प्रेरणा और प्रकृति का जो खुलासा किया है, उससे इनकी शक्ति और

सीमा दोनों का अन्दाज़ा हो जाता है।

पहली बात तो यह कि उनकी या बाद की पीढ़ी में ऐसे रचनाकार नहीं के बराबर हैं जो 'सिद्धान्त-विवेचन' के बीहड़ में प्रवेश करने का हौसला रखते हों। क्योंकि वर्तमान समय में वैसा करने के लिए विशुद्ध साहित्य-केन्द्रित शास्त्र-चर्चा से काम नहीं चलाया जा सकता। उसके लिए राजनीति, इतिहास, समाजशास्त्र और अन्य कला-रूपों की दुनिया की खोज-खबर रखना भी अपेक्षित होता है। भले ही उससे कुछ अतिरिक्त फैलाव और 'बेढंगेपन' की आशंका पैदा हो जाए। इस रास्ते के खतरे अपनी जगह हैं जिन्हें उठाने का हौसला नीलाभ ने दिखाया है।

इन लेखों की रचना महज फ़रमाइशी तौर पर नहीं की गई है गोकि वे लिखे नहीं लिखवाए गए हैं। पर उनके पीछे गम्भीर उद्यम और कुछ मसलों को अपने और औरों के लिए साफ़ करने, उन्हें 'बेहतर तौर पर समझने' समझाने की व्यग्रता साफ़ दिखाई पड़ती है। आलोचना की वर्तमान स्थिति के बारे में अपनी शिकायत को लेखक ने 'कलाओ का अन्तर्सम्बन्ध' शीर्षक पहले ही लेख में अन्त में दर्ज कर दिया है। लेखक का यह दावा भी सही है कि उसकी शैली में उक्ति वैचित्र्य नहीं है। वह लेख की शुरुआत अक्सर सवाल से करता है। अपने भीतर कुलबुलाते कुछ सवालों के जवाबों की तलाश में वह जैसे यात्रा पर निकलता है। उत्तर ढूँढ़ने की प्रक्रिया में वह प्रायः प्रश्न के सीमित दायरे के भीतर-बाहर यात्रा करता है—कहीं-कहीं कुछ असम्बद्ध से लगने वाले क्षेत्रों तक भी। इस यात्रा के दौरान वह अपने से और ज़रूरत पड़ने पर औरों से टकराता है। बीच में प्रसंगवश कुछ जानकारियाँ, कुछ सलाहियतें, कुछ सवाल-जवाब, प्रश्न को लेकर कुछ छानबीन और अन्त में किसी निष्कर्ष तक पहुँचने की कोशिश। यह परिक्रमा कभी कुछ छोटी और विषय के अनुरोध से कभी बहुत घेरदार भी हो सकती है। बात शुरू हुई है तो आगे तक जाएगी वाले अन्दाज़ में।

इन लेखों में नीलाभ जो विषय उठाते हैं, प्रायः उसकी शुरुआत उसके बारे में उठे किसी विवाद से होती है या फिर इस बात से कि उस पर वे नए सिरे से बात करने की जरूरत महसूस करते हैं। 'प्रेमचन्द की विरासत' और 'प्रासंगिकता का प्रश्न' पहले ढंग के लेख हैं और 'अमानचित्रित रास्तों की मंज़िल' और 'प्रतिमानों की पुरोहिती' दूसरे ढंग के। इन पिछले दो निबन्धों में वे नामवर सिंह जैसी शख्सियत से टकराते हैं—'अँधेरे में' और 'चम्पा काले

काले अक्षर नहीं चीन्हती' की व्याख्या के सन्दर्भ में।

नीलाभ ने यह स्पष्ट नहीं किया कि इन लेखों के विषय-चयन की जिम्मेदारी लिखने वाले की थी या लिखवाने वालों की। अधिक सम्भावना इसी बात की है कि माध्यम के स्तम्भ 'निरन्तर' में छपने वाले विषयों का चयन लेखक का होगा। बाकी कुछ विशेष अवसरों और आयोजनों से जुड़े होने के कारण अवसर के तकाज़े के तहत लिखे गए होंगे और 'वर्तमान साहित्य' में छपने वाले लेख विशेषांक की जरूरत के हिसाब से। हो यह भी सकता है कि लम्बे लेख पत्रिकाओं के लिए और छोटे आयोजनों में मंचीय प्रस्तुति के लिए।

नीलाभ के लेखों की एक विशेषता यह है कि वे किसी विषय पर एक ही दिशा में धाराप्रवाही ढंग से बात रखने के बजाय नोट्स की शक्ल में उसके अलग-अलग पक्षों पर टुकड़ों में विचार करते हैं। उसका एक समुच्चय-सा पाठक के सामने होता है, कुछ ऐसे जैसे किसी केन्द्र को अलग-अलग कोणों से आलोकित किया जा रहा हो। 'नई रचनाशीलता : समस्याएँ और चुनौतियाँ' में रचनाशीलता को वे सिर्फ साहित्य तक सीमित न रखकर चित्रकला, नाटक, संगीत और अन्ततः फिल्म जैसे कला माध्यमों में उसके प्रतिफलन को आँकते हैं। विचार क्रम का सूत्र-वाक्य है : "रचनाशीलता को निर्धारित करते समय कला और समाज के आपसी रिश्तों की भी चर्चा अनिवार्य हो जाती है और यह परखना भी ज़रूरी हो जाता है कि कलाकार ने 'निजी' और 'सार्वजनिक' जीवन के द्वन्द्वात्मक सम्बन्धों को किस हद तक पहचानकर अपनी रचना को संवेदना और विचार दोनों से लैस किया है।"

'प्रेमचन्द की विरासत' की चर्चा करने की तात्कालिक प्रेरणा उन्हें उस विवाद से मिली जो सी.बी.एस.ई. के बारहवीं कक्षा के पाठ्यक्रम से प्रेमचन्द के उपन्यास 'निर्मला' को हटाकर मृदुला सिन्हा के उपन्यास 'ज्यों मेहँदी को रंग' को लगाने पर शुरू हुआ। इस प्रसंग पर विचार करते हुए नीलाभ ने इस विवाद में हिन्दी के लेखकों, लेखक-संगठनों और पत्र-पत्रिकाओं की हिस्सेदारी का दो-टूक विश्लेषण ही नहीं किया, इस बात पर ज़्यादा ज़ोर दिया कि "इस कजबहसी में कुछ बुनियादी सवाल, जिन पर गौर किया जाना चाहिए था, यकसर छूट गए।" अन्ततः यह पूरा प्रकरण, "महज एक प्रवाद-पर्व बनकर रह गया।"

इस निर्णायक वाक्य के बाद नीलाभ ने विस्तार से प्रेमचन्द के साहित्यिक कद का जायजा लिया। ऐसा करते हुए कुछ पूर्व परिचित बातों को दोहराया

जिनमें समूचे हिन्दी-भाषी क्षेत्र में प्रेमचन्द के प्रति लगाव, वास्तविक जीवन से, समाज विशेष के सत्य से, विषयवस्तु का चुनाव कर पाठकों की अभिरुचि में परिवर्तन करने में उनकी भूमिका, सामाजिक बुराइयों की शिनाख्त और विरोध, उनकी पक्षधरता, जैसी बातों की चर्चा शामिल थी। पर महत्त्व उन निष्कर्षों का है जिन पर वे इस लम्बी चर्चा के बाद पहुँचते हैं : "इतना ही कि प्रेमचन्द की विरासत की पहचान उन सारे आदर्शों और मूल्यों के सन्दर्भ में की जानी चाहिए, जिन्हें 1857 से लेकर 1947 तक भारतीय समाज ने अर्जित किया और जिनमें प्रेमचन्द ने अपने अनुभवजनित निष्कर्षों और विचारों से बहुत कुछ जोड़ा।" प्रेमचन्द की विरासत को वे हिन्दी भाषा और साहित्य के दायरे से बाहर जाकर समूचे भारतीय समाज की विरासत के रूप में देखने की सिफारिश करते हैं। उनका तर्क है कि "प्रेमचन्द का कृतित्व अपनी समग्रता में पहली बार आने वाले समय के साहित्यिक, सांस्कृतिक और सामाजिक सरोकारों का कार्यक्रम और कार्यसूची निर्धारित कर देता है।"

प्रेमचन्द की विरासत के उत्तर-पक्ष का जायजा लेते हुए जो सवाल उठाए गए हैं वे एक व्यापक परिप्रेक्ष्य में किसी भी रचनाकार के ऊपर लागू होते हैं और विरासत के सवाल के आयाम का विस्तार करते हैं। विरासत का वास्तविक अर्थ क्या होता है? विरासत सिर्फ बाद में आने वाले रचनाकारों के लिए होती है या उस जनता के लिए भी जो इन रचनाओं का विषय है। कथाकारों के अलावा, सामान्य साहित्य प्रेमियों, विभिन्न संगठनों, राजनेताओं और अन्ततः हम सबके लिए भी प्रेमचन्द की विरासत का वास्तविक अर्थ क्या है? ये ऐसे सवाल हैं जो किसी भी रचनाकार की कृतियों के सरमाए के बारे में उठाए जा सकते हैं।

अन्त में उन्होंने एक टिप्पणी की और एक काबिले-गौर सवाल किया–(1) "राजनीति के आगे मशाल लेकर चलने वाली सच्चाई को उद्धृत बहुत किया गया, पर माना कतई नहीं गया।" और (2) "प्रेमचन्द के बाद जनता और साहित्य के बीच दूरी बढ़ती क्यों गई है?"

नीलाभ ने आलोचना थोक में नहीं की पर उनकी दृष्टि का प्रसार विगत और वर्तमान दोनों पर है। मैथिलीशरण गुप्त, प्रसाद, पन्त, महादेवी, निराला, प्रेमचन्द के साथ गालिब और मीर भी उनके आलोचना-वृत्त में मौजूद हैं। समकालीनों में नागार्जुन, मुक्तिबोध, त्रिलोचन जैसे वरिष्ठों के साथ रघुवीर सहाय, धूमिल, मंगलेश डबराल, असद जैदी, सर्वेश्वरदयाल सक्सेना, इब्बार

रब्बी, गोरख पांडे और निलय उपाध्याय जैसे तमाम रचनाकारों की उपस्थिति नीलाभ की व्यापक साहित्यिक रुचि और अध्ययनशीलता का सबूत है। खास बात यह है कि नीलाभ ने साहित्यिक रचनाशीलता को बराबर सामाजिक परिदृश्य और अन्य कला-रूपों के हवाले से देखा-परखा जरूर है। पर उनमें अपनी सीमाओं को स्वीकार करने की ईमानदारी भी है : "साहित्य और चित्रकला के बाद मैं संगीत पर बहुत संक्षेप में ही कुछ कहूँगा, क्योंकि मुझे इस कला-रूप की उतनी भी जानकारी नहीं है, जितनी चित्रकला की।"

हिन्दी के आलोचक को विशेषकर विश्वविद्यालयों में पनपने वाले अध्यापकों को "आत्मतुष्ट, आत्ममुग्ध और अपनी झूठी ताकत के नशे में मखमूर" समझने वाले रचनाकार की अपनी सीमा की यह स्वीकृति समझ में आती है। पर उनकी आलोचकीय टीपों में न विवेक की कमी है, न साहस की। नीलाभ ने अधिकांश आलोचना व्यवस्थित लेखों के रूप में की, बेतरतीब टिप्पणियों या नोट्स के रूप में नहीं। इसलिए जब वे निर्णायक टीपें दर्ज करते हैं तो वे उन तक पहुँचने के लिए तारतमिक विवेचन की यात्रा तय करते हैं। 'लेखक की बात को पाठक तक पहुँचाने वाले पुल' का काम करने वाली आलोचना के बारे में उनका यह कहना तर्कसंगत ही है कि "भाषण और इंटरव्यू श्रम और चिन्तन से लिखे लेखों की जगह नहीं ले सकते।" उन्होंने बड़े बेलाग ढंग से, 'श्रोतानुकूलित' और 'अवसरानुकूलित' आलोचना की खबर ली। सदा-सर्वदा मंच पर विराजित मठाधीशों के लिखित में अन्तर्विरोध और असंगतियों की तरफ ध्यान दिलाया। कुछ समानधर्मिताओं की तरफ इशारा किया—'इन सर्च ऑफ कॉमन पर्सूट' की तर्ज पर नामवर सिंह और अशोक वाजपेयी दोनों ने 'सहयोगी प्रयास' की बात की। साथ ही यह भी कि 'दो-टूक निर्णय देने से अशोक और नामवर जी **दोनों** बचते हैं।'

अपने बारे में यह सफाई भी पेश की कि 'कविता के नए प्रतिमान' के दो दशक बाद निर्माण की पूरी प्रक्रिया के सामने प्रश्न-चिह्न लगाने की 'पुनर्विचार' की जरूरत क्यों पड़ी। इसी जरूरत के तहत 'काव्य-चिन्तन के नए आयाम' की रचना की गई। संग्रह के इस अन्तिम लेख में 'कविता क्या है?' प्रश्न से जूझने की व्यग्रता दिखाई पड़ती है। खास बात यह है कि लेखक इस सवाल पर संस्कृत-आचार्यों की चिन्तन-परम्परा से भी बेखबर नहीं है। वह हिन्दी के आलोचकों और कवियों की राह से गुजरता हुआ समकालीन रचनाओं तक का सफर तय करता है। यह यात्रा न एकरेखीय है न समतल। विविधवर्णी

रचनाओं से, वक्तव्यों से और स्थितियों से गुजरते हुए बहुत-सी बातों का लेखा-जोखा करने के बाद उसका प्रस्ताव है कि 'सभ्यता समीक्षा' ही वह अनिवार्य उत्तरदायित्व है जो "कविता ही नहीं 'अन्य चिन्तन' का भी प्राथमिक लक्ष्य होता है।" कहना न होगा कि महत्त्व निष्कर्ष से ज्यादा उस यात्रा का है जो उसने तय की है। इस संकलन के तीन लेख विशेष ध्यान देने योग्य हैं। 'इतिहास, गल्प और उपन्यास', 'अमानचित्रित रास्तों की मंजिल' और 'इतिहास और आख्यान'। पर इसका यह अर्थ नहीं है कि बाकी लेखों का महत्त्व नहीं है।

नीलाभ के दूसरे संकलन 'पूरा घर है कविता' में जैसा शीर्षक से स्पष्ट है 'हिन्दी कविता के परिदृश्य' का जायजा लिया गया है। इब्बार रब्बी की कविता पर लिखे गए संकलन के अन्तिम लेख का शीर्षक भी यही है। संकलन के पूर्वार्द्ध में पूर्वजों का स्मरण किया गया है कुछ विस्तार से और उत्तरार्द्ध हमसफर कवियों पर केन्द्रित है। पूर्वजों में छायावाद के तीन बड़े नामों–पन्त, महादेवी और निराला के अलावा भगवतीचरण वर्मा और सुभद्रा कुमारी चौहान शामिल हैं। चूँकि ये लेख किसी योजना के तहत नहीं लिखे गए, इसलिए प्रसाद की अनुपस्थिति पर सवाल नहीं उठाया जा सकता।

दूसरे हिस्से में भी नामों का चुनाव चाहे अवसर के अनुरोध से किया गया हो, या लेखक की अपनी पसन्द से पर वे समसामयिक कविता-परिदृश्य के प्रतिनिधि नाम है जिनमें अरुण कमल की अनुपस्थिति की भरपाई उन्हें पुस्तक ही समर्पित करके कर दी गई है। दूसरे भाग के शुरू में 'आज की कविता का माहौल' शीर्षक से की गई टिप्पणी नाकाफ़ी होने पर भी जिन स्थितियों और जरूरतों की तरफ ध्यान दिलाती है, वे महत्त्वपूर्ण हैं।

नीलाभ ने इन आलोचनाओं में वस्तुपरकता का दावा नहीं किया। उनका यह कहना भी सही है कि "कला को देखने का नज़रिया हमेशा व्यक्तिसापेक्ष होता है और इसके पीछे बहुत से तत्त्व काम करते हैं। कला को देखने वाले की अपनी अभिरुचि से लेकर उसकी जानकारी तक बहुत कुछ ऐसा है, जो कला को जाँचने के काम को वस्तुपरक नहीं रहने देता।" जब आकलन करने वाला व्यक्ति होगा, तो वह खुद से कहाँ तक बचेगा। शर्त इतनी ही होनी चाहिए कि उसका आकलन राग-द्वेष से प्रेरित-प्रायोजित न हो। अपने लेखों के बारे में नीलाभ ने स्वीकार किया है कि वे "वस्तुपरकता से बचकर एक साथी कारीगर का जायज़ा हैं।...और जिसका जायज़ा लिया जा रहा है, वह

भी अपने तईं एक कारीगर ही है।"

यह नहीं भूलना चाहिए कि जायज़ा लेने वाले कारीगर का अपने विषय से रिश्ता कैसा है, इसका प्रभाव जाने-अनजाने उसकी आलोचना पर यानी वस्तुपरकता-साधे रखने के प्रयास पर पड़ता जरूर है। यानी उम्र में, रचना-समय में, काव्य-संस्कार में दूरी और समीपता उसके निष्कर्षों को कहीं न कहीं प्रभावित करती है। यह अन्तर अग्रजों और समकालीनों की आलोचना के बीच साफ़ दिखाई पड़ता है। जो सम्मान या श्रद्धा के पात्र हैं, उनकी असफलताओं और कमज़ोरियों का बखान उतनी निर्ममता या तटस्थता से करना सम्भव नहीं होता जितना समकालीन समानधर्माओं का। इसका प्रमाण है पूर्वार्ध में भगवतीचरण वर्मा पर संकलित लेख 'आत्मपरकता की अन्धी गली' जिसमें उनकी यौवन कालीन रचनाओं के उत्तरवर्ती काव्य में पर्यवसान को मानवीय सहानुभूति से कुछ ऐसे देखा गया है कि "मनुष्यों की ही तरह कविता भी कई बार गरिमा के साथ बुढ़ाने में विफल रहती है।" ऐसा नहीं है कि पूर्वजों का आकलन करते हुए वे कोई दबाव महसूस करते हों। निराला के दाय की चर्चा करते हुए उन्हें यह कहने में संकोच नहीं होता कि "इस कार्यभार को पूरा करने के लिए हमें निराला से बहुत मदद नहीं मिलेगी। उनकी विराट उपलब्धियों की तरह उनकी विफलताएँ भी विराट हैं।" पर कुल मिलाकर ये हैं तो 'पूर्वजों को' अंजलि-दान ही।

अपने समकालीन साथियों की कविता का आकलन नीलाभ ने बड़ी कीमियागीरी से किया है। ज़ाहिर है इन सीमित आकार वाले लेखों में किसी कवि की समग्र रचनाओं का आकलन नहीं हो सकता। पर नीलाभ अक्सर रचनाओं का काफ़ी बड़ा दायरा घेरते हैं। जिन विशेषताओं को वे लक्ष्य करते हैं, उनका आधार जाहिर है कविताएँ ही होती हैं। वे बात हवा में नहीं किसी कविता के हवाले से शुरू करते हैं और फिर कविता-दर-कविता बात आगे बढ़ती जाती है। अन्त तक पहुँचते-पहुँचते कवि के रचना-क्रम में आने वाले परिवर्तनों, खूबियों-खामियों से पाठक का परिचय होता चलता है और अन्त में नीलाभ अपनी अपेक्षाओं का यथावश्यक जिक्र करते हुए कविता की ताकत या कमजोरी पर अपनी टिप्पणी दर्ज करते हैं। नीलाभ की आलोचना-भाषा में न कवियाने का रोग है न ही वह 'अहो-अहो मार्का या पूरी तरह द्वेष प्रेरित लेख' की शक्ल में अवतरित होती है। उन्होंने भरसक कोशिश इस बात की की है कि उनकी आलोचना "लेखक और पाठक के बीच में एक पुल का काम

करे"–ऐसा पुल जिसमें लेखक और पाठक कोई घाटे में न रहे। पाठक उनके निष्कर्षों से या व्याख्याओं से सहमत हो, यह ज़रूरी नहीं पर रचना के साथ किसी किस्म की बदसलूकी की शिकायत उनसे कतई नहीं की जा सकती–व्यक्ति सापेक्ष नज़रिए के बावजूद।

पिछली शताब्दी के अन्तिम दशक से वर्तमान शताब्दी के पहले दशक तक परिमाण में आलोचना की कमी की शिकायत किसी को नहीं हो सकती। किसिम-किसिम की पुस्तकों की भरमार तो है ही, तरह-तरह की पत्रिकाओं में समीक्षा वाले स्तम्भ में नाना प्रकार के तथाकथित आलोचक यानी समीक्षक तरह-तरह की रचनाओं की प्रायः प्रयोजनवती समीक्षाओं का अम्बार लगाए हैं, जिन पर समीक्ष्य रचना के शत्रु-मित्रों के अलावा कोई ध्यान नहीं देता। गम्भीर आलोचना के नाम पर उँगली पर गिनाने लायक कुछ ऐसे प्रयास जरूर सामने आए हैं जिनके पीछे शोधपरक साधना साफ दिखाई पड़ती है। पिछले वर्ष पुरुषोत्तम अग्रवाल की कबीर साहित्य पर केन्द्रित पुस्तक 'अकथ कहानी प्रेम की' और 'हिन्दी का लोकवृत्त' फ्रांचेस्का आर्सीनी का शोधग्रन्थ जिसका हिन्दी अनुवाद कवि नीलाभ ने किया। इन ग्रन्थों पर ध्यान देना इसलिए भी जरूरी है कि दोनों का विषय समसामयिक साहित्य से नहीं लिया गया है। पहली का विषय कबीर का काव्य है और दूसरी का 1920-40 के दौरान राष्ट्रवाद के युग में भाषा और साहित्य। क्या यह घटना इस निष्कर्ष की ओर संकेत नहीं करती कि रचनाकाल और आलोचना काल के बीच समय की दूरी सार्थक आलोचना-कर्म के लिए अनिवार्य है। इस सन्दर्भ में रामचन्द्र शुक्ल, हजारीप्रसाद द्विवेदी, नगेन्द्र, विजयदेवनारायण साही, रामविलास शर्मा की स्मृति से क्या वह युवा वर्ग कुछ सीख लेना चाहेगा जो समसामयिक विषयों पर इक्का-दुक्का रचनाओं के बल पर 'हम युवा आलोचक' या 'उदीयमान आलोचक' की तख्ती लटकाए मान्यता पाने के लिए विकल-व्याकुल है।

: 14 :

बात अधूरी न रह जाए इसलिए अन्त में आलोचना की उन 'विमर्शवादी' प्रवृत्तियों की चर्चा ज़रूरी है जिन्होंने पिछले दो दशकों के दौरान रचना और आलोचना में अपनी पहचान कायम की। कहना न होगा कि यह इतिहास की 'सबालर्टन' स्टडीज़ नाम की शाखा के प्रभाव का नतीजा था। मूलतः इसका नाता सामाजिक-संरचना की भेदवादी दृष्टि के खिलाफ आवाज़ उठाने की प्रवृत्ति से था। रंग, लिंग, जाति, वर्ण के आधार पर समाज में सदियों से चले आते भेद-भाव के खिलाफ यह उन समूहों की पहचान का संघर्ष था जिन्हें तथाकथित 'मुख्यधारा' समझे जाने वाले समुदाय ने हाशिए पर धकेल रखा था। भारतीय साहित्य में यह प्रतिरोध रचना और आलोचना दोनों स्तरों पर 'स्त्री-विमर्श' और 'दलित-विमर्श' के रूप में प्रकट हुआ। वस्तुस्थिति के चित्रण में यह साहित्य करुणा उपजाता था और प्रतिरोध में आक्रोश। साहित्य के क्षेत्र में यह नई विषयवस्तु और तदनुकूल नए शिल्प की शुरुआत थी। यह ऐसा यथार्थ था जिसे समझने-सराहने के लिए नए दृष्टिकोण और आलोचना के नए औजारों की अपेक्षा की जाने लगी। यहाँ तक तो बात तर्कसम्मत थी। पर कठिनाई तब पैदा होने लगी जब इन्होंने अपने लिए आरक्षित क्षेत्रों की माँग और वकालत शुरू की। तर्क यह था कि फैंस के दूसरी तरफ के रचनाकार यानी गैर-दलित लेखक और पुरुष न इनकी बात को सही ढंग से व्यक्त कर सकते हैं और न इनकी रचनाओं का निष्पक्ष मूल्यांकन कर सकते हैं। आधी शताब्दी पहले 'नए' रचनाकारों ने 'अनुभूति की प्रामाणिकता' और 'प्रतिमानों की नवीनता' का जो नारा बुलन्द किया था, वह एक बार फिर बदले रूप में वैधता की माँग करने लगा। जाहिर है यह माँग न व्यावहारिक थी न तर्कसंगत। दोनों स्थितियों में अन्तर यह था कि 'नए' रचनाकारों ने अपनी रचनाशीलता की समझ के लिए नई समझ और संवेदनशीलता की अपेक्षा की थी, ठीक-ठीक

न समझे जाने की शिकायत ज़रूर की थी, पर औरों को हिस्सेदारी से वर्जित नहीं किया था।

विमर्शों के इस नए दौर में, जो नए विषय, नए रचनाकार, नया शिल्प सामने आया उसमें धीरे-धीरे अपनी रूढ़ियाँ बनने लगीं और क्रमशः विषयवस्तु में मौलिकता की जगह दोहराव ने ले ली। दलित साहित्य में यह समस्या कम स्त्री-केन्द्रित रचनाओं में ज़्यादा सामने आई। भारत के जातीय भेदभाव से उत्पन्न सामाजिक स्थितियाँ ठेठ देसी धरती की पैदावार थीं। अधिकांश लेखक उस वस्तुस्थिति के भोक्ता या साक्षी रहे थे। इसलिए काफी हद तक वे स्वानुभूत स्थितियों की पुनर्रचना कर रहे थे। इस साहित्य के मूल्यांकन के प्रतिमानों का आधार निपट देशज विषयवस्तु थी। दलित साहित्य का सौन्दर्यशास्त्र प्रस्तावित करने के कुछ प्रयास भी हुए। इन रचनाओं का अनुभव-संसार कला के पूर्व प्रचलित मानदंडों की कसौटी पर अपने नग्न यथार्थ के कारण कठिनाई पैदा कर रहा था। विषयवस्तु के अनुरूप इनकी भाषा को सराहने में समाज के तथाकथित 'शालीन' और 'भद्र' पाठक वर्ग को असुविधा और असमंजस पैदा हो रहा था। यह साहित्य उस पारम्परिक अवधारणा को चुनौती दे रहा था जिसके अनुसार कला का एक काम तथ्यों की पुनर्रचना करके उन्हें सुन्दर और ललित रूप में प्रस्तुत करना होता है। जीवन में भदेस, अश्लील या कुत्सित कहकर अवमानित करने वाली सवर्ण मानसिकता के सामने यह नग्न अनिवार्य यथार्थ, चुनौती की तरह खड़ा अपनी स्वीकृति की माँग कर रहा था। इसकी अभिव्यक्ति का अपना नजरिया और पैमाने थे।

इस नजरिए से दलित साहित्य की परिभाषा कुछ ऐसी होगी : ''दलितों के द्वारा दलितों के बारे में दलितों के लिए लिखा गया साहित्य ही दलित साहित्य है।'' जाहिर है, यह दलित साहित्य की पहचान तो हो सकती है, प्रतिमान नहीं। इसमें भी वे उसी साहित्य को मान्यता देना चाहते हैं जो केवल अम्बेडकरवादियों से प्रभावित है। इस सिद्धान्त को समर्थन देने वालों में केवल 'जन-संस्कृति-मंच' नाम की संस्था है जो अपने को 'मार्क्सवादी-लेनिनवादी' कहती है।

विचार के स्तर पर इसका सम्बन्ध उस नई विचारधारा से जुड़ता है जो उत्तर-आधुनिकता या उत्तर-संरचनावाद के नाम पर विकासशील या तीसरी दुनिया कहे जाने वाले देशों में प्रचलित हुई। जहाँ के परम्परावादी समाजों में जाति और धर्म आदि की अनेक श्रेणियाँ मौजूद हैं। भारत में यह सवाल

'पॉलिटिक्स ऑफ आइडेंटिटी' यानी 'पहचान की राजनीति' के साथ जुड़ गया। अम्बेडकरवाद के नाम पर एक ऐसी विचारधारा निर्मित हो चली संयोग से जिसकी संगति पश्चिम के अनेक सिद्धान्तों और 'सबालर्टन स्टडीज़' और 'जेंडर स्टडीज़' से बैठती थी।

समीक्षा के लिए यह इस साहित्य की अलग 'कैटेगरी' के रूप में स्वीकृति का आग्रह था। कृतियों की गुणवत्ता के बजाय दलित बनाम सवर्ण और स्त्री बनाम पुरुष। व्यवस्था वाली दृष्टि से 'कैटेगरी' बनाकर किए जाने वाले मूल्यांकन को ही यह विमर्श न्यायसंगत मानता था।

इसमें सन्देह नहीं कि किसी व्यक्ति का जन्मना दलित या स्त्री होना ऐसी हकीकत होती है जिसके कारण वह उन स्थितियों और अनुभवों से गुजरता है, जिनके प्रत्यक्ष अनुभव की तीव्रता का जैसा अहसास उसे होता है, किसी गैर दलित या पुरुष को नहीं हो सकता। कोई दूसरा व्यक्ति अपनी अनुभूतियों और कल्पना का चाहे जितना विस्तार कर ले उस अनुभव को उसकी तीव्रता और तनाव के साथ आपको अनुभव नहीं करा सकता। पर यह भी तो सही है कि इस यथार्थ से जुड़े रचनाकारों के अनुभव लगभग एक जैसे होते हैं। सबके लेखन में एक जैसी घटनाएँ घटित होती दिखाई पड़ती हैं। यथार्थ की भी रूढ़ियाँ बनने लगती हैं। उसकी रचनात्मकता और साहित्यिकता सन्दिग्ध हो जाती है। रूढ़ियों के सहारे रचा गया साहित्य चाहे वह आत्मकथा हो या कुछ और प्रभावी नहीं हो सकता।

गैर-दलित रचनाकारों ने दलितों के बारे में जो साहित्य लिखा उसे इन लेखकों ने 'संरक्षणवादी' कहकर खारिज कर दिया। दलितों के प्रति 'दया दिखाने वाला।' जिस साहित्य को ये दलित साहित्य मानते हैं, उसका **लक्षण** है सारी सवर्ण व्यवस्था के खिलाफ गुस्सा और उस व्यवस्था को तोड़कर एक नई व्यवस्था कायम करने के लिए पहल। तो क्या इस गुस्से और आक्रामकता की तीव्रता ही **रचनाओं** की उत्कृष्टता और साहित्यिक गुणवत्ता का पैमाना होगी?

यह उन समुदायों की पहचान का संघर्ष था, जिन्हें 'मुख्यधारा' समझे जाने वाले समुदायों ने हाशिए पर जगह दे रखी थी। साहित्य में यह प्रतिरोधी स्वर 'दलित-विमर्श' और 'स्त्री-विमर्श' के रूप में प्रकट हुआ। 'विमर्श' दरअस्ल मिशेल फूको के 'डिस्कोर्स' का अनुवाद है जो मूल के अभिप्राय को पूरी तरह व्यक्त नहीं करता पर बेहतर शब्द के अभाव में प्रचलित हो गया है।

साहित्य में यह नई विषयवस्तु और नए शिल्प की शुरुआत थी। यह ऐसा यथार्थ था, जिसमें मूल्यांकन के लिए नए दृष्टिकोण और आलोचना के नए औज़ारों की अपेक्षा की जाने लगी। यहाँ तक तो बात तर्कसम्मत थी। पर कठिनाई तब पैदा हुई जब रचनाकारों ने अपने लिए आरक्षित क्षेत्र की माँग और वकालत शुरू की। तर्क यह था कि गैर-दलित लेखक न दलित-जीवन का सही ढंग से चित्रण कर सकते हैं और न दलित-रचनाकारों का निष्पक्ष मूल्यांकन कर सकते हैं। प्रश्न 'स्वानुभूति बनाम सहानुभूति' का हो गया। और जो इस जातिगत भेदभाव के भुक्तभोगी थे, उन्होंने रचना और आलोचना दोनों की जिम्मेदारी उठाने की पेशकश की।

इन रचनाओं का निपट देशज यथार्थ कला के पूर्व-प्रचलित प्रतिमानों की कसौटी पर अपने नग्न और नए स्वरूप में कठिनाई पैदा कर रहा था। विषयवस्तु के अनुरूप इनकी भाषा को सराहने में समाज के तथाकथित 'शालीन' और 'भद्र' पाठक वर्ग के सामने असुविधा और असमंजस की स्थिति थी। अतः 'दलित साहित्य का सौन्दर्यशास्त्र' प्रस्तावित करने के कुछ प्रयास भी किए गए। इसमें सन्देह नहीं कि साहित्य की विषयवस्तु के रूप में यह नया यथार्थ उस पारम्परिक अवधारणा को चुनौती दे रहा था जिसके अनुसार कला का एक काम तथ्यों की पुनर्रचना करके उन्हें 'सुन्दर' और 'ललित' रूप में प्रस्तुत करना होता है। सवर्ण मानसिकता जीवन की जिस सच्चाई को 'भदेस', 'अश्लील' या 'कुत्सित' कहकर अपमानित करती रही थी, उसके सामने यह नया यथार्थ चुनौती की तरह खड़ा अपनी स्वीकृति की माँग कर रहा था। इसकी अभिव्यक्ति का अपना नज़रिया और पैमाने थे।

जिन रचनाकारों ने इनके समर्थन के लिए आवाज़ उठाई, दुर्भाग्य से उनमें मूल्यांकन के निश्चित प्रतिमान प्रस्तावित करने का विवेक उतना नहीं था जितना इनका नेतृत्व लूटने की आवेगपूर्ण मुद्रा। गम्भीर वैचारिक विश्लेषण की जगह झंडाबरदारी की आकांक्षा से प्रेरित नारेबाज़ी का उत्साह उनमें अधिक प्रबल था। इनमें सबसे बुलन्द आवाज़ 'हंस' के सम्पादक राजेन्द्र यादव की थी। उन्होंने दलित-विमर्श के लिए पत्रिका के रूप में वर्षों एक सार्थक मंच प्रदान किया। संबद्ध सरोकारों पर बहसें की और कराईं। पर मूल्यांकन की कोई निश्चित कसौटियाँ वे नहीं सुझा सके। इसका कारण संभवतः गम्भीर सरोकार से ज़्यादा अपने आपको इस विमर्श में प्रासंगिक और केन्द्रीय स्थिति में बनाए रखने का आग्रह था। कहना न होगा कि अपने इस प्रयास में वे बहुत

हद तक सफल भी हुए। इसके बावजूद कि उन्होंने अपने भाषणों और सम्पादकीयों में लगातार अपने को दोहराया, उन्हें इस पूरी बहस को पूरी जिन्दादिली से एक दशक से भी अधिक समय तक चलाए रखने का श्रेय तो दिया ही जाना चाहिए।

वास्तविकता यह है कि इस साहित्य के जितने पक्ष-समर्थक और प्रवक्ता उठ खड़े हुए, उतने आलोचक और सिद्धान्तकार नहीं। अन्ततः आलोचना का दायित्व निर्वाह करने का बीड़ा स्वयं रचनाकारों ने उठाया। पर वहाँ भी इनकी आपसी कलह और प्रतिस्पर्धा के धारणा यह आलोचना विवादों के चक्रव्यूह में फँस गई। प्रेमचन्द की कहानी 'कफ़न' पर होने वाली बहस दलित बनाम सवर्ण दृष्टि का मामला होने के साथ दलित रचनाकारों के बीच आपसी मतभेद का भी मसला हो गया। ठीक ऐसी ही स्थिति धर्मवीर और उनके विरोधियों के बीच कई मुद्दों को लेकर पैदा हुई जिसमें एक महत्त्वपूर्ण प्रश्न दलित समाज में स्त्रियों की हैसियत का भी था।

भूलना नहीं चाहिए कि यह सवर्ण बनाम अवर्ण रचनाधर्मिता का सवाल होने के अलावा अवर्णों के बीच उपजातियों और विभिन्न समुदायों के बीच आपसी टकराहट का भी हो गया जिसका असर इनकी आपसी बहसों में स्पष्ट रूप से दिखाई पड़ने लगा। जाति-उपजातिगत विभाजन के अलावा सामाजिक स्थितियों में अन्तर ने भी इनकी भाव-संरचना में अनेक अन्तर पैदा कर दिए—सम्पन्न और विपन्न, सत्तावान और सत्ताहीन, ग्रामीण और नागर, शिक्षित-अशिक्षित या अल्पशिक्षित हर वर्ग के लेखक साहित्य-रचना की दावेदारी करने लगे। ऐसे परिदृश्य में अनुभूति की प्रामाणिकता की जाँच कठिन हो जाती है और प्रतिमान के रूप में उसकी वैधता सन्देहास्पद।

दलित-विमर्श के महत्त्व का प्रमाण यह है कि कोई महत्त्वपूर्ण पत्रिका ऐसी नहीं बची जिसने इस विषय पर विशेषांक न निकाला हो। पर अपनी अलग पहचान की लगातार माँग और दावेदारी के बावजूद, शायद ही किसी ने इस साहित्य के कोई निश्चित आलोचनात्मक प्रतिमान निर्धारित किए हों।

भारतीय सामाजिक जीवन में वर्ण, जाति, लिंग, वर्ग के आधार पर भेदभाव, व्यवस्था का ऐसा प्रश्न है जिसका इतिहास बहुत पुराना है। सामाजिक न्याय का यह प्रश्न जीवन में धर्माधारित वर्ण-व्यवस्था से नाभिनालबद्ध है। समय-समय पर इसका विरोध तो होता रहा, पर भारतीय मानस में बद्धमूल 'धार्मिकता' का निदान गांधी ने 'उदार वैष्णवता' में खोजा,

और अम्बेडकर ने धर्मान्तरण (बौद्धधर्म) में धर्म-भाव के उन्मूलन या उससे मुक्ति में नहीं।

सामाजिक स्तर पर भेद-भाव के विरुद्ध संघर्ष का एक स्वदेशी और दूसरा वैश्विक सन्दर्भ है। भारत में नवजागरण का यह प्रमुख और स्वाधीनता-संग्राम का पूरक एजेंडा रहा। पर स्वाधीन भारत में क्रमशः यह सामाजिक न्याय से ज़्यादा सत्ता की राजनीति और वर्चस्व का सवाल होता गया। उसी को दमन से मुक्ति का राजमार्ग समझा जाने लगा।

वैश्विक स्तर पर मानवीय अधिकारों के हवाले से रंग, नस्ल, लिंग, धर्म, जाति पर आधारित संगठन आकार लेने लगे। बुनियादी रूप में यह औपनिवेशिक वृत्ति के विरोध की लड़ाई है। पर इसका स्थायी निदान आरक्षण के सहारे सत्ता और महत्त्व की छीना-झपटी कर अपनी पहचान कायम करने में नहीं पाया जा सकता। आरक्षण के गलियारे से उन्नति का रास्ता तय करने वाला आत्मसम्मानहीन व्यक्ति अन्ततः मनोवैज्ञानिक दृष्टि से कमज़ोर ही साबित होता है। स्वयं अम्बेडकर ने भी आरक्षण को इस समस्या के स्थायी या प्रलम्बित निदान के रूप में प्रस्तावित नहीं किया था। वे इसका समर्थन क्षमताओं और योग्यताओं का विकास करने के अवसरों से वंचित समुदाय को समान अवसर मुहैया कराने के नज़रिए से करते थे।

दलित-विमर्श में एक समस्या 'दलित' पद के विशेषणपरक इस्तेमाल से सामने आई। यह पद क्रमशः उन रचनाओं का वाचक हो गया जो दलितों के द्वारा दलितों को विषय बनाकर की जा रही थीं। दलित जीवन की समस्याओं को विषय बनाकर दूसरे रचनाकारों ने पहले भी रचनाएँ की थीं और अब भी कर रहे हैं। पर इन रचनाओं को 'प्रामाणिक अनुभूति' के अभाव को तर्क बनाकर खारिज किया गया। 'सहानुभूति' के विपरीत स्वानुभूति को तरजीह देकर। कहना न होगा कि विषय के वस्तुनिष्ठ चित्रण के लिए प्रामाणिक अनुभूति जितनी आवश्यक होती है, उतनी ही 'स्व' से अतिक्रमण की क्षमता। वरना रचना पूर्वग्रहग्रस्त होने के लिए अभिशप्त होगी।

दलित विमर्श ने साहित्यिक रचनाधर्मिता को नए आयाम दिए। उसके सरोकारों के दायरे का विस्तार किया। पर उसमें प्रवेश को प्रतिबन्धित कर उसे एकांगी और संकीर्ण भी बनाया। यह एक तरह के 'साहित्यिक जातिवाद' को प्रश्रय देना था जो इनके भीतरी असुरक्षा-बोध को उजागर करता था।

दलित-विमर्श की मूल संकल्पना की सबसे बड़ी सीमा यही रही कि वह

दलित-सवर्ण संघर्ष को मूल्य-रूप में प्रस्तावित करता है। समाज के इन धड़ों की पहचान प्रतियोगी रूप में करते हुए इनके बीच टकराहटों की धार के पैनेपन को एक महत्त्वपूर्ण प्रतिमान का दर्जा देता है। नतीजतन साहित्य में दृष्टि की एकांगिता को बढ़ावा मिलता है।

प्रतिरोध, आक्रोश, संघर्ष समाज की वास्तविकता तो हो सकते हैं, उन्हें रचनाओं की पहचान भी बनाया जा सकता है, पर मूल्यांकन के लिए प्रतिमान का दर्जा देने में व्यावहारिक कठिनाई पैदा होती है। इसलिए और भी कि ये सीमा-पार के दूसरे आलोचकों की नियत और क्षमता दोनों को सन्देह की दृष्टि से देखते हैं। ऐसी स्थिति में यह एक सीमित आरक्षित क्षेत्र के रचनाकारों के बीच रचने और सराहने का मामला होकर रह जाता है।

इस साहित्य से जो नया बोध और युक्तियाँ सामने आईं उन्होंने क्रमशः रूढ़ियाँ विकसित कर लीं और ऐसी ब्रांडधर्मिता पैदा हो गई जिसके कारण दोहराव और आपसी टकराव की सम्भावना बढ़ने लगी।

रचनाकार की जाति और वर्ण ज्यादा से ज्यादा उसके अनुभव-जगत् की पहचान और उसके दृष्टिकोण की समझ और व्याख्या में मददगार हो सकता है, पर रचनात्मक क्षमता की व्याख्या और मूल्यांकन का आधार नहीं बनाया जा सकता। इसी कारण, लगभग दो दशकों तक फैली वैचारिक सरगर्मी के बावजूद 'दलित-विमर्श' के बीच इस साहित्य की परख के ऐसे निश्चित प्रतिमान उभरकर नहीं आए जिसके आधार पर रचनाओं के सफल-असफल, अच्छी-बुरी होने का निर्णय किया जा सके। पर आपसी विवादों के बावजूद ऐसे नामों की लम्बी सूची है जिन्होंने रचनात्मक हिस्सेदारी तो की ही, इस साहित्य की समझदारी विकसित करने की दिशा में भी पहलकदमी की।

इनमें उल्लेखनीय हैं धर्मवीर, ओमप्रकाश वाल्मीकि, मोहनदास नैमिशराय, जयप्रकाश कर्दम, कँवल भारती, सूरजपाल चौहान, अजय नावरिया, रूपनारायण सोनकर, श्यौराजसिंह, तेजसिंह आदि। इनके अलावा प्रो. तुलसीराम का उल्लेख उनकी आत्मकथा 'मुर्दहिया' और इस पूरे विमर्श में गम्भीर वैचारिक हस्तक्षेप दोनों के लिए विशेष रूप से किया जाना चाहिए। गैर-दलित रचनाकारों में राजेन्द्र यादव और मुद्राराक्षस का और भारतीय-भाषाओं के दलित-साहित्य से परिचित कराने का लगातार उद्यम करते रहने के लिए बजरंग तिवारी का योगदान स्वीकार किया जाना चाहिए।

: 15 :

'दलित-विमर्श' के समानान्तर 'अस्मिता की पहचान' का सवाल 'स्त्री-विमर्श' के रूप में सामने आया। साहित्य में इसका सम्बन्ध स्त्री की सामाजिक हैसियत के प्रति उभरती सजगता और प्रश्नशीलता से था। समस्या वहाँ भी स्त्री की जैविक और सामाजिक सत्ता के प्रति भेद-भावपूर्ण रवैये की थी। नारीवादी चेतना के भी देश-कालगत दोहरे आयाम थे। पर बीसवीं शताब्दी के अन्त में जो बौद्धिक और विद्रोहात्मक तेवर इस समस्या ने अख्तियार किया, उसका इतिहास बहुत पुराना नहीं था।

प्राचीन और मध्ययुगीन साहित्य में सामाजिक संस्थाओं को चुनौती देने वाली रचनाकार सामान्य, मध्यवर्ग या निम्नवर्ग की स्त्रियाँ बहुत नहीं थीं। अतः उन्होंने समस्या का निदान आध्यात्मिक या असामान्य जीवन-शैली में प्रस्तावित किया। उनके जीवन के बारे में भी मिथकों की सृष्टि और प्रचलन होता रहा। उनके कृतित्व की सराहना उसमें व्यक्त साहसिकता, भावावेग, त्याग और समर्पण के लिए की गई—भक्ति साहित्य की परम्परा में। इसके लिए अलग प्रतिमानों को प्रस्तावित करने की आवश्यकता नहीं समझी गई।

आधुनिक काल में, महादेवी ने सम्भवतः पहली बार अपने व्याख्यानों और लेखों में स्त्री की पराधीनता, आर्थिक आत्मनिर्भरता, शिक्षा, आत्मनिर्णय की स्वतंत्रता जैसी तमाम समस्याओं को वैचारिक स्तर पर उठाया। पर वहाँ भी स्त्री की स्थिति का चित्रण प्रधान रहा, प्रतिरोध या प्रतिशोध का आह्वान नहीं।

ठीक यही स्थिति पुरुषों के द्वारा समर्थित समाज-सुधार के कार्यक्रमों की रही। पत्र-पत्रिकाओं में प्रकाशित तमाम सामग्री इसका प्रमाण है। इसके अतिरिक्त प्रेमचन्द, जैनेन्द्र, यशपाल के कथा-साहित्य में ऐसे अनेक साहसी स्त्री पात्रों की सृष्टि की गई जिन्होंने पूरे आत्मविश्वास के साथ आत्मनिर्णय का अधिकार अपने हाथ में लेकर अपनी सामर्थ्य का प्रमाण प्रस्तुत किया। कुल

मिलाकर यह स्त्री के प्रति सहानुभूतिपूर्ण मानवीय दृष्टिकोण था।

बीसवीं शताब्दी के अन्तिम दशकों में जिस नारीवादी विचार का विस्तार हुआ वह स्त्री के हर रूप में उत्पीड़न, दमन और शोषण को जन्म देने वाली स्थितियों, 'इश्यूज़' के खिलाफ 'अस्मिता' की लड़ाई थी। इसका लक्ष्य अपनी वर्तमान हैसियत में बदलाव लाना था। उसके लिए ज़िम्मेदार सोच को चुनौती देना था।

इस प्रसंग में सबसे बड़ी दुर्घटना यह हुई कि इस विचार को इसके प्रवक्ताओं ने सीधे पश्चिम से आयात कर लिया। जिस भारतीय यथार्थ पर इसे अन्धाधुन्ध लागू करने का प्रयास किया गया उसके जटिल-बहु-सांस्कृतिक स्वरूप की लगभग अनदेखी करके। जाति, धर्म, आर्थिक-स्थिति, शिक्षा, सामाजिक और पारिवारिक संरचना, भौगोलिक स्थिति जैसे तमाम कारणों से स्त्री-पुरुष सम्बन्धों के, उसकी सामाजिक हैसियत के इतने रूप और संयोजन बनते हैं कि कोई विचार या सैद्धान्तिकी निरपेक्ष रूप में सब पर लागू नहीं की जा सकती।

स्त्रीवादी-विमर्श की एक समस्या स्त्री के 'अन्य' को परिभाषित करने की भी थी। स्त्री की 'अस्मिता' का संकट पैदा करने वाली सत्ता 'पुरुष' है, पारिवारिक-संरचना है, व्यवस्था है या सांस्कृतिक-परम्पराएँ हैं—इस सवाल का दो-टूक उत्तर इस विमर्श में नहीं मिलता। साथ ही बगावत करने वाली स्त्री की पहचान भी पूरी तरह कायम नहीं होती, कुछ अपवादों को छोड़कर। स्त्री की लड़ाई के दो प्रमुख मोर्चे हैं—अर्थ और काम। वह आर्थिक दृष्टि से अधिकांश समाजों में आत्मनिर्भर नहीं होती और यौन सम्बन्धों में सीता-सावित्री सिंड्रोम से ग्रस्त रहती है। शरीर-सम्बन्धों को लेकर शुचिता की अवधारणा और जवाबदेही जैसी अधिकांश समाजों में स्त्री पर लागू होती है, वैसी पुरुष पर नहीं। साहित्य की स्त्रीवादी दृष्टि मुख्यतः जीवन के इन्हीं दो पक्षों में स्त्री की आत्मनिर्भरता और स्वाधीनता की वकालत करती है। यह समस्या समाज के अधिकांश वर्गों में रूप-भेद से व्याप्त है। लेखिकाओं में सबसे अधिक संख्या मध्यवर्ग की शिक्षित स्त्रयों की है जिन्होंने तथाकथित सैद्धान्तिकी और विद्रोहधर्मी मुहावरा और तेवर, तो पश्चिम से ग्रहण कर लिया, पर भारतीय समाज के विभिन्न समुदायों में इस समस्या की ज़मीनी हकीकत पर अपेक्षित ध्यान नहीं दिया।

सामाजिक समस्या के रूप में इसका रिश्ता समाज-सुधार के उन कार्यक्रमों

से जुड़ता है जिनको नवजागरण के प्रमुख एजेंडा के रूप में अंजाम दिया गया था। उस दृष्टि से यह सामाजिक न्याय का प्रश्न था। समाज में स्त्री की सामाजिक स्थिति, भेदभाव पर आधारित उसके प्रति पक्षपातपूर्ण रवैये के विरुद्ध अनेक संस्थाओं ने, समाज-सुधारकों ने (जिनमें पुरुषों की भारी संख्या थी) अनेक प्रथाओं और रवायतों के विरुद्ध कार्यक्रमों को कार्यान्वित किया।

उत्तर-आधुनिक दौर में यह विमर्श इतिहास की सबालटर्न-स्टडीज़ नाम की शाखा से प्रेरित सोच का हिस्सा है जिसमें इसके सरोकार का केन्द्र हाशिए पर स्थित वे सभी समुदाय हैं जो गैर-बराबरी की जिन्दगी जीने के लिए अभिशप्त हैं। स्त्रियाँ इनमें से एक बड़े और बहुरूपी समुदाय की हैसियत रखती हैं। स्त्री मात्र की समस्या के रूप में यह 'जेंडर स्टडीज़' का विषय है। स्थिति-भेद से यह अलग-अलग देशों की, समाजों की अपनी विशिष्ट समस्या है। इसलिए इस विषय पर दूसरे देशों के चिन्तन को सन्दर्भ-मुक्त रूप में भारतीय साहित्य पर लागू करना तर्कसम्मत नहीं कहा जा सकता।

भारतीय जीवन के औपनिवेशिक परिदृश्य के बीच आज भी सामन्ती जीवन-शैली के 'लाल डोरा' इलाके मौजूद हैं। स्त्री-पात्रों की एक पूरी दुनिया आबाद है उनमें। ये औसत मध्यवर्ग की स्त्रियाँ ही नहीं हैं। इनके बीच अज्ञात कुल-शील विशिष्ट स्त्रियाँ भी हैं। हाशिए सिर्फ जाति-लिंग भेद के नहीं होते। वैभवपूर्ण जीवन जीने वाली स्त्रियों के अपने संघर्ष होते हैं। इसके अलावा समाज में अर्थ के बढ़ते प्रभुत्व, पारिवारिक सम्बन्धों में संरचनागत परिवर्तन, जीवन-मूल्यों की बदलती अवधारणाएँ, सबने मिलकर एक ऐसी बेलौस स्त्री के उदय के लिए अनुकूल परिस्थिति पैदा की है जिसने अपनी साहसिकता से प्रतिरोध को, मूर्तिभंजन को मूल्य का दर्जा देने का हौसला तो दिखाया पर वह अपनी इस नई भूमिका के प्रति पूरी तरह आश्वस्त है, ऐसा नहीं कहा जा सकता।

फिर भी 'स्त्री-विमर्श' के बैनर तले ऐसी रचनाओं की अच्छी-खासी संख्या लेखों और पुस्तकों के रूप में उपलब्ध है जिनमें एक ही साँस में फ्रांस की सिमोन द बोअर, ब्रिटेन की वर्जीनिया वुल्फ़, अमेरिका की केट मिलर जैसी और तमाम फेमिनिस्ट लेखिकाओं के हवाले से भारतीय सन्दर्भ में नारी-मुक्ति की आवाज़ उठाई गई है। ऐसी अधिकांश रचनाओं में न कोई तर्कसंगत वैचारिकता है न समाज-सम्बद्धता। अनुवाद की दुश्वारियाँ अलग।

सबसे बड़ी त्रासदी यह कि जहाँ से यह सामग्री आई वहाँ इस आन्दोलन

की सार्थकता पर पुनर्विचार किया जा रहा है। वहाँ सम्पूर्ण औरत (टोटल वुमेन) की तलाश के प्रयास हो रहे हैं। साथ ही इस समस्या पर विचार कि 'विवाह' नामक संस्था को कैसे बचाया जाए। भारत में भी लम्बे समय तक एक खास किस्म के 'छद्‌म स्त्रीवाद' की गिरफ त में रहने के बाद इस पूरे विषय पर पुनर्विचार की आवश्यकता महसूस की जा रही है।

'दलित-विमर्श' की ही तरह 'स्त्री-विमर्श' भी इस हठाग्रह से किसी हद तक युक्त हो चला है कि स्त्रियों की समस्याओं पर स्त्रियाँ ही प्रामाणिक ढंग से लिख सकती हैं। दरअस्ल 'स्त्री-विमर्श' के नाम पर तथाकथित 'लेखिकाओं' ने स्त्री लेखन के इस आरक्षित बाड़े में ऐसी घुसपैठ मचाई कि साहित्य की पहचान मुश्किल हो गई। विवाहेतर सम्बन्ध, बलात्कार, समलैंगिकता, अप्राकृतिक यौन-व्यवहार जैसे विषयों पर ताबड़तोड़ लेखन को साहसिक अकुंठ मानसिकता, और स्वतन्त्रता के प्रमाण के रूप में परोसा जाने लगा—इस हद तक कि वरिष्ठ और प्रतिष्ठित लेखिकाओं की एक पूरी पीढ़ी ने 'स्त्री-विमर्श' की 'कैटेगरी' में शामिल होने से तौबा की।

स्त्रीवादी चिन्तन की सार्थकता स्त्री की सामाजिक भूमिका और हैसियत के बारे में परम्परावादी दृष्टिकोण के विरुद्ध चेतना जाग्रत् करने में है। स्त्री के उत्पीड़न और शोषण का मुख्य कारण पुरुष के ही बरक्स समाज में उसका असमान दर्जा और परतंत्रता रहा है। इस वस्तुस्थिति का प्रतिरोधी साहित्य ही स्त्रीवादी नज़र में सार्थक साहित्य है। स्त्री की पक्षधरता का अर्थ है आत्मनिर्णय की स्वतन्त्रता के लिए संघर्ष। यह संघर्ष अपने अतिरिक्त उत्साह में जब 'देह की स्वतन्त्रता' का नारा बुलन्द करता है तो विचारणीय हो जाता है। अपनी देह पर उसका स्वत्व हो, उसके उपयोग की दिशा और सीमा के निर्णय का अधिकार भी उसका हो, यहाँ तक तो बात तर्कसम्मत है। यह देह को वस्तु में रिड्यूस करने की प्रवृत्ति, उसके व्यावसायिक और उन्मुक्त इस्तेमाल का सवाल मातृत्व का दायित्व वहन करने से इनकार, विवाह और परिवार की संस्था को चुनौती देना, उन्मुक्त या अप्राकृतिक यौनाचार ऐसी स्थितियाँ है जो गम्भीर चिन्तन की अपेक्षा रखती हैं। क्योंकि यह एक पूरी जीवन-शैली के परिवर्तन का सवाल है जिसके दूरगामी प्रभाव हो सकते हैं और हो रहे हैं। स्वतंत्रता और साहसिकता को मूल्य का दर्जा देना एक सीमा तक उचित और समर्थनीय हो सकता है, पर इनका सर्वथा निजी और उपयोगितावादी इस्तेमाल व्यक्ति को जिस हद तक स्वार्थी, आत्मकेन्द्रित और असामाजिक बना सकता

है, इस प्रश्न पर गम्भीरता से विचार करना ज़रूरी है।

ऐतिहासिक दृष्टि से 'स्त्रीवादी चिन्तन' ने गतिशील प्रक्रिया के रूप में वैश्विक स्तर पर अपनी उपस्थिति बराबर बनाए रखी है। 1972 में फ्रांस की क्रान्ति में इसकी प्रेरणा का उत्स मेरी वोलस्टन क्राफ ट की 'विंडीकेशन ऑफ द राइट्स ऑफ विमेन' में देखा जा सकता है। जहाँ औरतों के विरुद्ध मनोवैज्ञानिक और आर्थिक अन्यायों के हवाले से कहा गया कि यह प्रयास इसलिए सम्भव हो सका क्योंकि उन्हें (स्त्रियों को) नागरिक सरकारों से अलग रखा गया था। मूल आन्दोलन की शुरुआत स्त्रियों की स्वतंत्रता या राजनीतिक, आर्थिक, सामाजिक समता की वकालत और उसके लिए संघर्ष के रूप में हुई। इसलिए इस भूमंडलीय समस्या से सम्बद्ध चिन्तन मूल रूप में ग्लोबल ही होना चाहिए था। पर व्यावहारिक रूप में यह समस्या देश-काल विशिष्ट है। अतः समय और सन्दर्भ के अन्तर से इसका अनुकूलन अनिवार्य है। 'स्त्री-विमर्श' के नाम पर अपनी जरूरत के हिसाब से 'नारीवाद' का जो ठेठ भारतीय मॉडल तैयार किया जाना चाहिए था, उसके बजाय उसकी 'लिबरल', 'रेडिकल', 'मर्क्सिस्ट', 'पोस्ट मॉडर्निस्ट', 'पोस्ट स्ट्रक्चरलिस्ट' जैसी श्रेणियाँ गिनाने या सार्वभौमिक भगिनीवाद' की दुहाई देने से कोई प्रासंगिक या सार्थक समीक्षा संभव नहीं हो सकी। परम्परा के नाम पर ऋषिकाओं से शुरू कर मेधा पाटकर, रोमिला थापर, महाश्वेता देवी और अरुंधती राय जैसी एक्टिविस्ट महिलाओं के नाम गिनाते हुए इस समस्या पर चलताऊ ढंग से विचार जैसा कुछ परोसकर गम्भीर चिन्तन का भ्रम पैदा करने का छल न प्रभावी हो सकता है न स्थायी।

इस तथाकथित 'स्त्री-विमर्श' में न स्त्री-जीवन की समस्याओं के कारणों की दो-टूक पहचान थी, न मुद्दों का रेखांकन और न ही बदलाव की किसी ऐसी प्रविधि और प्रक्रिया का निर्देश जो प्रकृति में देशज हो और जिसे भारतीय सन्दर्भ में कारगर रूप से लागू किया जा सके। कुछ था तो आत्मदया या आवेग प्रेरित हाहाकार या फिर आक्रोश। चिन्तन आवेग के नहीं विवेक के आधार पर ही प्रासंगिक और प्रभावी हो सकता है। आयातित सामग्री की अन्धाधुन्ध उद्धरणी के सहारे रोब गालिब करने की, या सेलिब्रेटी की हैसियत हथियाने की चेष्टा कितनी अस्थायी और निरर्थक हो सकती है इसका प्रमाण है वह 'ब्रांडधर्मी' विमर्श जो इस 'बैनर' के तले किया गया। ऐसी रचनाओं को लक्ष्य करके एक वरिष्ठ आलोचक ने टिप्पणी की थी कि 'स्त्री-विमर्श' प्रायः सम्पन्न,

सुखी, उच्च जीवन जीने वाली सतियों का उद्योग है। उसे 'हलचली' और 'खलबली' का साहित्य कहना ज्यादा ठीक होगा।'' बहुतों ने इसे कुछ महिला रचनाकारों के 'फुर्सत के वक्त का शगल' के रूप में देखा क्योंकि वास्तविक समस्या की ज़मीन और अनुभव से इनमें से अधिकांश विमर्शकार अनजान और असम्बद्ध हैं। इस हद तक कि वे इस षड्यंत्र को भी देख-समझ नहीं पा रही कि जिस प्रचंड नारीवाद की अगुआई या समर्थन करने में जो पुरुष बढ़-चढ़कर हिस्सा ले रहे हैं वह उनके लिए स्त्री की स्वतंत्रता के नाम पर उसके निर्बाध भोग का मार्ग प्रशस्त करने का षड्यंत्र भी हो सकता है।

स्त्री-विमर्श का गहरा सम्बन्ध बदलती हुई सामाजिक स्थितियों से, एक नए यथार्थ में उनके रूपान्तरण से है। यह महज संयोग नहीं है कि एक ही दौर में, एक और अनेक रचनाकारों में, जिनमें पुरुष और स्त्री दोनों शामिल हैं स्त्री के अनेक रूप दिखाई पड़ते हैं। इसका गहरा सम्बन्ध सामाजिक परिवर्तनों से है। बदली हुई वस्तुस्थिति में नई सम्बन्ध-संरचनाएँ जन्म ले रही हैं। अच्छाई-बुराई, सही-गलत, करणीय-अकरणीय के पुराने श्रेणी-विभाजन अप्रासंगिक होते जा रहे हैं। महत्त्वपूर्ण है चुनाव–चुनने और न चुनने का द्वन्द्व। चुनकर–चुनाव के बोझ के नीचे की छटपटाहट। सबसे बड़ी बात है–सीता-सावित्री सिंड्रोम से मुक्ति। आत्म-बलिदान के मानसिक फ्रेम से निजात। ध्यान से देखने पर इस प्रक्रिया की शुरुआत पिछली पीढ़ी की रचनाओं में ही देखी जा सकती है। भले ही इतनी आत्मसजगता, अस्मिता की ऐसी चेतना, वर्चस्व की ऐसी लालसा उस दौर में न रही हो। पर यह नहीं भूलना चाहिए कि तब अर्थ-सत्ता का ऐसा लोभ, बाज़ारवाद का ऐसा दबाव भी मानसिकता पर हावी नहीं था। जीवन-मूल्यों के महत्त्वक्रम के परम्परागत सोच में पूरी तरह उलट-फेर से स्त्री की जीवन-दृष्टि और अपेक्षाओं में भारी परिवर्तन घटित हुआ है।

स्त्रीवाद क्रमशः सेलिब्रेटी का दर्जा पाने के लिए आतुर आत्ममुग्धता में लिप्त ऐसी रचनाकारों के हाथ में पड़कर विपथित हो चला जिनका वाकई दमन-शोषण की शिकार स्त्रियों से कुछ लेना-देना नहीं था। यह समस्या पश्चिम में भी पैदा हुई तो सूजन ब्राउन मिलर ने टिप्पणी की कि आन्दोलनकारी लोग नहीं रह गए हैं। जो बोल रही हैं वे बढ़-चढ़कर स्टार बनने के लिए व्यक्तिगत रूप से प्रयत्न कर रही हैं। सेलिब्रेटी संस्कृति सुदृढ़ हो रही है। समान अधिकारों और आत्मनिर्णय की स्वतन्त्रता के लिए आरम्भ किया जाने वाला संघर्ष क्रमशः अभिजात महिलाओं की बौद्धिक जुगाली का विषय होता चला गया।

इस प्रश्न पर की जाने वाली बहसों में गम्भीर चिन्तन की अपेक्षा आवेश और आत्मप्रदर्शन का खतरा अक्सर पैदा हो जाता है। पुरुषों द्वारा स्त्री की प्रताड़ना के प्रचार में अतिशयोक्ति की सम्भावना भी बनी ही रहती है। इस प्रवृत्ति के कारण 'फेमिनिज़्म' का कब 'फेमिनाजीज़्म' में विरूपण हो जाए यह सम्भावना भी बनी रहती है। राजनीतिक-सामाजिक आन्दोलन के रूप में अपनी पहचान बनाए रखने के बजाय, स्त्रियाँ कब पुरुष और सन्तान-विरोधी आवेग-पगी भाषा में ही अपनी सार्थकता तलाश करने लगे, कहा नहीं जा सकता।

स्त्रीवाद कोई अगतिशील जड़ स्थिति नहीं, परिवर्तनशील प्रक्रिया है। सामाजिक स्थितियों में परिवर्तन के साथ इसके स्वरूप और सोच में भी परिवर्तन अनिवार्य है। हाशिए के दूसरे समुदायों की तरह स्त्रियों की स्थिति और भूमिका में भी लगातार परिवर्तन होता रहा है और होता रहेगा। भारतीय सन्दर्भ में इस समस्या के कारकों की पहचान, विशिष्ट समुदायों और वर्गों में विरोधी तत्त्व अर्थात् 'अन्य' कौन है? इसका बोध। व्यक्ति, वर्ग, मानसिकता सबसे मिलकर निर्मित स्त्री-विरोधी स्थिति यानी विरोध के 'लक्ष्य' का रेखांकन और बदलाव की प्रविधि और प्रक्रिया के चरणों की सुचिन्तित अवधारणा के बिना कोई 'नारीवाद' न सफल हो सकता है न सार्थक। भाषिक समुदायों की बहुलता का सवाल अपनी जगह अलग है।

यही कारण है कि दलित-विमर्श की ही तरह स्त्री-विमर्श का जो स्वरूप मराठी और दक्षिण की कुछ अन्य भाषाओं में आकार ले सका, वैसा हिन्दी आलोचना में नहीं। कथनी और करनी के बीच तालमेल से अनुभवों की जो प्रामाणिकता, रचनात्मक ऊर्जा पैदा होती है, उसकी अपेक्षा बौद्धिक जुगाली, अतिरंजित प्रतिरोधी भंगिमाएँ और आयातित अवधारणाओं की अन्धाधुन्ध उद्धरणी ने 'स्त्री-विमर्श' के नाम पर होने वाले लेखन को अबूझ वाग्जाल में या आवेगपूर्ण मुद्राओं की नाटकीयता में भटकाया।

भारतीय भाषाओं में विशेष रूप से हिन्दी समीक्षा में स्त्रीवाद का अभियान चलाने वालों को यह ध्यान रखना चाहिए कि जाति, धर्म, अर्थ, भूगोल की दृष्टि से भारतीय स्त्रियों की समस्याएँ अलग हैं। इनकी समस्याओं को इन्हीं के सन्दर्भ में पहचानकर विचार को उन पर केन्द्रित किए बगैर कोई विमर्श न प्रासंगिक हो सकता है, न सार्थक—भूमंडलीकरण के सारे शोर-शराबे के बावजूद।

स्त्रीवाद को सेक्स केन्द्रित स्वच्छन्दता और सेलिब्रेटी संस्कृति तक सीमित

करने के लोभ से बचना होगा। आर्थिक आत्मनिर्भरता और देह की स्वतन्त्रता जैसे सरलीकृत फतवों से, इस कहीं अधिक जटिल समस्या को सुलझाया नहीं जा सकता। सरलीकृत निदानों से बात ओछी हो जाती है और केन्द्र ओझल होने लगता है। इस व्यापक विमर्श के, सारी खामियों के बावजूद दो बड़े लाभ हुए—पुरुषों की मानसिकता में बदलाव और स्त्री की क्षमता में विश्वास की बढ़त। इसके लिए पुरुष-विरोधी प्रचंड नारीवाद ही कारगर हो यह ज़रूरी नहीं है।

इसका सबसे बड़ा प्रमाण है कि जितना सार्थक नारीवादी रचनात्मक साहित्य इस दौर में प्रकाश में आया है उसकी तुलना में उल्लेखनीय गम्भीर, मौलिक और प्रामाणिक चिन्तन, जिसका रिश्ता जमीनी सच्चाई से हो, न के बराबर है।

: 16 :

हिन्दी आलोचना का वर्तमान परिदृश्य बहुत आश्वस्तकारी नहीं कहा जा सकता—परिमाण की नहीं, गुणात्मकता की दृष्टि से। इसका मुख्य कारण है साहित्य के केन्द्र से विचारधारात्मक चिन्तन का ह्रास। बीसवीं सदी के अन्तिम दौर में तकनीक और सूचना तंत्र की प्रविधियों में जो परिवर्तन शुरू हुआ, उसके समानान्तर लिखित शब्द के भविष्य के बारे में तरह-तरह की आशंकाएँ, भविष्यवाणियों के रूप में व्यक्त की जाने लगीं। समय साक्षी है—न प्रकाशन में कोई कमी आई है, न लेखन में। पुस्तकों और पत्र-पत्रिकाओं की संख्या में वृद्धि हुई है। रचनात्मक साहित्य के अनुपात में गम्भीर सरोकारों से प्रेरित विचार-समृद्ध आलोचना-ग्रन्थों की रचना भले ही बहुत उत्साहवर्द्धक न हो, पर समीक्षा लेखों (मुख्यतः प्रायोजित) का अम्बार लगा है। कुछ महीने पहले प्रकाशित एक ग्रन्थ की आनन-फानन में तीस से अधिक प्रशस्तिपरक समीक्षाएँ सामने आ गईं। अफवाह है कि एक अस्तमान रचनाकार अपनी एक गुज़रे ज़माने की रचना पर पूर्व प्रकाशित समीक्षाओं का संग्रह छपवाने की फिराक में है, ताकि पाठकों की स्मृति में एक बार फिर अपनी छवि ताजा कर सकें। इससे मिलते-जुलते उदाहरण और बहुत से मिल जाएँगे।

युवा पीढ़ी को शिकायत है कि उनका नोटिस नहीं लिया जा रहा। वरिष्ठों को अफसोस है कि गम्भीर लेखन के अनुकूल माहौल नहीं रह गया। आलोचकों ने अपनी लेखनी को लगभग विराम दे दिया है। कौन फजीहत मोल ले। हर रचना काबिले तारीफ हो ज़रूरी नहीं। आलोचना सुनने की किसी में ताब नहीं। आत्मपरीक्षण करने के बजाय आलोचक की नियत या काबिलियत शक के घेरे में आ जाएगी।

आलोचक का एक गम्भीर और ज़रूरी दायित्व यह भी होता है कि वह अपनी विरासत की तरफ मुड़-मुड़कर देखे। अतीत और वर्तमान को एक-दूसरे

के आलोक में निरखे-परखे। कालजयी साहित्य के गर्भ से भी अक्सर आनेवाले समय की रचनात्मकता को समझने-सराहने वाले सूत्र जन्म लेते हैं। हर बड़े आलोचक ने यह दायित्व निभाया और आलोचकीय विवेक को विकसित करने में मदद दी। समीक्षा के प्रतिमानों का सिलसिला इस क्रम को बनाए रखने से ही गतिशील होता है। पर उत्तर-आधुनिक माहौल में गम्भीर मानविकीय सरोकारों और विरासत के प्रति जितनी निरपेक्षता व्याप्त हो गई है, साहित्य उससे अप्रभावित रहे, यह सम्भव नहीं है।

दूसरे महायुद्ध के बाद, विश्व में अस्तित्ववादी विचार के तहत जिस 'क्षणवाद' का अस्थायी प्रभुत्व हुआ था, उसका अंशावतार हुआ है—पूरी जीवन-शैली में, रूप बदलकर। हर कर्म तुरन्तावाद के तहत, पर लाभ-लोभ की मानसिकता से अंजाम दिया जा रहा है। किन्हीं मूल्यों के लिए, निष्ठा, समर्पण, दूरगामी महत्त्व या परिणामों की चिन्ता जैसे अप्रासंगिक हो गए हैं। कर्म के फल को भविष्य के लिए टालने का धैर्य नहीं है तो आलोचना की अनुकूलता निष्पक्षता से ज़्यादा महत्त्वपूर्ण हो ही जाएगी। रचना की स्थायी प्रतिष्ठा से ज्यादा तात्कालिक प्रशंसा, पद, प्रचार का महत्त्व हो, तो आलोचना भी जुगाड़ूपन का शिकार होने के लिए अभिशप्त होगी।

साहित्य एकल विद्या नहीं है। उसकी मानसिकता अनायास इतिहास, समाज-विज्ञान, दर्शन, संस्कृति जैसी तमाम विद्याओं के संश्लेषण से निर्मित होती है। रचना में यह संश्लिष्ट मानसिकता अभिव्यक्ति-कौशल के माध्यम से आकार लेती है। ज़ाहिर है उसके मर्म तक पहुँचने के लिए आलोचक में भी समानान्तर योग्यता होनी चाहिए। मूल पाठ का प्रति पाठ निर्मित करने का कौशल भी। इस गम्भीर दायित्व का निर्वाह फौरी तौर पर नहीं किया जा सकता। अगर ऐसा होता है तो आलोचना अपनी विश्वसनीयता खो देती है। आलोचना का स्वरूप एक हद तक इस बात पर भी निर्भर रहता है कि उससे पाठक की अपेक्षा क्या है। रचना की ही तरह आलोचना का भी लक्ष्यीभूत पाठक वर्ग होता है। दिक्कत यह है कि इन तमाम स्थितियों के बारे में अपेक्षित दायित्व-बोध का क्रमशः क्षरण हुआ है।

आलोचना किसी रचनाकार से हिसाब बैठाने या चुकाने का मामला नहीं हो सकती। वैसे कूड़े-कर्कट को समय छाँटता चलता है। दिक्कत इस अम्बार के बीच से आलोक के उन विरल अंशों को पहचानने और रेखांकित करने की है जिनमें साहित्य के भविष्य को बचाने और विकसित करने की सम्भावना

निहित है। पहचान कठिन है, क्योंकि ऐसे प्रयास 'नोट्स', 'टिप्पणियों', 'डायरी में अंकित टीपों' के कण-रूप में ज़्यादा बिखरे हैं, स्थिरमना आलापीय लेखन के रूप में कम।

प्रदूषण के विश्वव्यापी खतरे की मौजूदगी में अभिव्यक्ति के हर प्रयत्न को सूचना तकनीकों के उस हमले से बचाने का संकट अलग है जिसमें एक ही माध्यम प्रसंग-भेद से वरदान और अभिशाप किसी का भी रूप ग्रहण करने के लिए लगभग स्वतंत्र है। गम्भीर साहित्यिक रचना और आलोचना की दुनिया में 'ब्लॉग' और 'फेसबुक' संस्कृति के वांछित-अवांछित हस्तक्षेप की भूमिका का जायजा लेने की ज़रूरत को भी बहुत समय तक टाला नहीं जा सकता। फिलहाल आलोचना इस विकट परिस्थिति के बीच अपना अस्तित्व बचाए और बनाए रखने की साधना में त्रस्त और व्यस्त है।

नामानुक्रमणिका

ध

न

भ

म

●●●